Tef Fonfara

Die Kraft der spirituellen Transformation

Humor, Harmonie, Heilung

Haftung

Die Informationen dieses Buches sind nach bestem Wissen und Gewissen dargestellt. Sie ersetzen nicht die Betreuung durch einen Arzt, Heilpraktiker oder Psychotherapeuten, wenn Verdacht auf eine ernsthafte Gesundheitsstörung besteht. Weder Autor noch Verlag übernehmen eine Haftung für Schäden irgendwelcher Art, die direkt oder indirekt aus der Anwendung des Inhalts dieses Buches entstehen könnten.

Bitte fordern Sie unser kostenloses Verlagsverzeichnis an:

Smaragd Verlag
In der Steubach 1
57614 Woldert (Ww.)
Tel.: 02684-97848-10
Fax: 02684-97848-20
E-Mail: info@smaragd-verlag.de
www.smaragd-verlag.de

Oder besuchen Sie uns im Internet unter der obigen Adresse.

Deutsche Erstausgabe: Januar 2013

Umschlaggestaltung: preData
Foto Autor: Ulrike von Gemmingen
Satz: preData
Printed in Czech Republic
ISBN 978-3-941363-84-7

Tef Fonfara

Die Kraft der spirituellen Transformation

Humor, Harmonie, Heilung

Smaragd Verlag

Über den Autor

Tef Fonfara ist in Süddeutschland geboren und aufgewachsen. Nach der Ausbildung bei einer Tageszeitung und einem Kunststudium arbeitete er als Grafiker, Texter und Rock'n'Roll-Gitarrist. Danach lebte er für ein Jahr in Manhattan/New York und performte in Clubs sowie in US TV-Shows. Nach Süddeutschland zurückgekehrt, erfand er für den SDR eine populäre Comedy-Serie, die zwölf Jahre lang in über 800 Folgen gesendet wurde. Es folgten weitere Serien für SWF und SWR.

Tef Fonfara lebt seit 1988 als Vegetarier, gibt Heilungssitzungen und Meditationskurse. Im Internet kennen ihn viele über sein Meditations-Portal, das er 2004 zur kostenlosen Nutzung seiner „Licht-Atem-Meditation" online stellte und das monatlich von Tausenden besucht und genutzt wird.

Der Autor hat das Buch mit nur einem Finger getippt.

www.licht-atem-meditation.de
www.online-meditation.de
www.fonfara.de

Inhalt

Der Tag des Raben

Es gibt Wahrheiten und Zusammenhänge, die so alt sind wie die Menschheitsgeschichte. Diese Wahrheiten haben wir schon immer gewusst, sie aber vorübergehend vergessen. Und wenn wir wieder erinnert werden, erkennt jeder für sich seine Wahrheit auf seine individuelle Weise. Dies ist die Geschichte über eine dieser Wahrheiten. Diese Wahrheit, mein ganz persönlicher Erkenntnisbereich, darf als grenzenloses Denkmuster mit Humor und Großzügigkeit ausprobiert und genutzt werden. Ich spreche hier vom spannenden Geschehen direkter Energieauswirkung. Und weil man sich darunter eigentlich nichts vorstellen kann und nun vielleicht den unterhaltsamen Beginn eines Science-Fiction-Krimis um die Machenschaften geheimnisvoller Kraftwerksbetreiber vermutet oder gar eine handliche Anleitung für Hobby-Zauberer erwartet, kann man in der Tat getröstet werden, denn darum geht es, zumindest im weitesten Sinn...

Die eigentliche Geschichte wird hier im geschriebenen Wort vermittelt, aber auch im Raum dazwischen – in den Leerräumen zwischen Worten und Zeilen. Lass es fühlbar werden.

Ich stand in unserem sonnigen Südzimmer, von dem ich jahrelang der Ansicht war, dass dieser schöne Raum eigentlich viel zu groß und ungenutzt ist, um darin „nur" zu schlafen. Der herrliche Südblick schenkte stets Licht, und die Sicht auf die Nachbarschaft verriet menschliches, ungeschminktes Stadtgeschehen in den Altbauwohnungen und Hinterhöfen. Im Sommer wird hier draußen fröhlich zusammengesessen und gefeiert. Der mehrsprachige akustische Background vermittelte mir allabendlich immer ein gewisses Gefühl von Lebensart, Temperament, Freude und aktiver menschlicher Auseinandersetzung. Ich selbst folgte nie den Einladungen und setzte mich auch nie dazu, irgendwie fühlte ich mich eher als Betrachter und stiller Außenseiter, außerdem stimmen mich manche Biertischgespräche oder gar Alkoholgenuss nachdenklich, und ich fühle mich dabei etwas hilflos. Aber dennoch liebe ich es, mitten in der Stadt zu wohnen, und die Sicht aus der fünften Etage lässt mich auf meine Art am Geschehen teilnehmen. Nun verbringe ich in der Tat nicht Stunden und Tage am Fenster, aber das Vordach bot meinen beiden Siamkatzen eine sonnige Fläche zum Relaxen, und so stand ich manchmal, zeitlos in Gedanken versunken, die beiden Katzen betrachtend, am geöffneten Südzimmerfenster.

An diesem herrlich sonnigen Vormittag war es ebenso, die Katzen spazierten auf dem Vordach herum, und ich hatte im Zimmer einiges zu tun. Meine Augen waren auf das Geschehen im Zimmer gerichtet, doch plötzlich bemerkte ich seitlich im Blick den Schatten eines am Fenster vorbeifliegenden, großen schwarzen Vogels. Damals konnte ich noch nicht ahnen, was es bedeutet, etwas „seitlich im Blick“ zu sehen, aber es löste augenblicklich eine besondere Spannung und Aufgeregtheit in mir aus. Ja, es war auch der Klang, der etwas in mir wachrief, ein von irgendwoher so naturvertrauter Klang – der Klang des

Luftstroms beim Gleiten der Flügel. Da ich den Vogel nur seitlich sah, konnte ich die genaue Größe und die Art nicht wahrnehmen, aber es passierte ganz schnell, und der Vogel kam mir im Moment riesig, ja, sogar unbeschreiblich groß vor.

Das löste in mir eine Kette von Reaktionen aus. Assoziationen mit einem aus dem Zoo entflogenen Riesen-Raubvogel, der bei seiner möglichen Beutesuche meine Katzen auf dem Vordach sichtete, ließen mich in rettender Absicht ans Fenster schnellen. Und da flog der Vogel noch einmal vorbei, und ich vernahm mit einer unbegreiflichen, aber freudigen Aufgeregtheit diesen natürlichen Klang gleitender Flügelschwingen. Bis ich es begriff, war alles vorbei, die Katzen waren noch da, und alles war bestens. Nur ich fühlte mich wie „ausgerastet" und wusste auch nicht, was mich daran so sonderbar erregte. Es war kein Riesen-Raubvogel, sondern ein Rabenvogel, und er war auch nicht aus dem Zoo ausgerückt, sondern flog von irgendwoher zufällig zweimal an meinem Fenster vorbei. Doch mein erstes Wahrnehmen entstand „seitlich im Blick", und ich nahm ihn aus einer mir noch nicht vertrauten Sichtweise viel größer und mächtiger wahr. Er war viel mehr als nur ein schwarzer Vogel. Und dies, am Tag des Raben, war der Beginn einer großen Erkenntnis, die mein Leben so sehr verändern und mich viele Wahrheiten lehren sollte.

Irgendwie war mir der Vogel vertraut. Ich spürte aus einem inneren Gefühl heraus, dass ich Kontakt zu ihm aufnehmen musste. Als ich ihn am nächsten Tag wiedersah – er saß gegenüber auf einem Hausgiebel –, empfand ich dieselbe Aufgeregtheit wie am Vortag. Mir fiel das Märchen vom Raben und dem Fuchs ein. Der Rabe hatte ein Stück Käse im Schnabel, und der Fuchs wandte einen Trick an und stahl ihm den heruntergefallenen Käse. Also müssen Raben Käse mögen, dachte ich und reagierte sofort. Ich warf ein Stück Schweizer Käse auf das schmale Vordach. Der drüben auf dem etwas entfernten Gebäude sitzende schwarze Vogel hatte dies tatsächlich bemerkt und kam sofort herübergesegelt, als hätte er nur darauf gewartet. Den an Freiheit gewohnten und scheu reagierenden Vogel wollte ich auf mich aufmerksam machen, um ihm irgend etwas zu signalisieren. Ich hatte das Gefühl, als wären wir alte Bekannte. Und es kam mir auch eher vor wie ein „Hallo“, das ausgetauscht wurde.

Einen Tag später, als ich ihn wiedersah, wiederholte ich den Vorgang. Den darauffolgenden Tag machte ich es ebenso, und es war dem Vogel wohl schon nach wenigen Tagen vollkommen klar, dass auf dieses Dach in der fünften Etage immer wieder jemand ein Stück Käse warf. Daran kann man sich gewöhnen, muss er sich gedacht haben, und blieb in der Gegend. Er tauchte regelmäßig auf, und ich begann, ihm einen täglichen Snack in Form von etwas Hartkäse zu präsentieren, den ich spät nachts vor dem Schlafengehen schon auf das Vordach legte.

Irgendwie entstand ein gewisses Liebesgefühl zu ihm. Oft wenn ich zu Hause saß und in Gedanken mit meiner Arbeit beschäftigt war, passierte es, dass mir mein schwarzer Rabenfreund plötzlich in den Sinn kam. Ich schaute elektrisiert hinaus, und im gleichen Moment flog er draußen vorbei, rein zufällig. Dies passierte viele Male, und ich fragte mich, warum das so war, dass ich, kurz bevor er draußen vorbeiflog, an ihn denken musste. Wie war es möglich, dass mich ein Gedanke erreichte, der mit der konkreten Realität des darauffolgenden Moments zusammenhing? Wir kennen das: Das Telefon klingelt, und in dem Augenblick, bevor wir den Hörer abnehmen, ist uns schon klar, wer uns da gerade anruft. Es ist die unerklärliche und spontane Kraft einer Verbundenheit, die geheimnisvoll im Zusammenhang mit Gedanken wirkt. Aber vielleicht ist es auch umgekehrt? Vielleicht erhalten wir zuerst von irgendwoher einen Impuls, der sich bei uns in Form eines Gedankens bemerkbar macht, bevor das Geschehen eintritt? Wie auch immer das sein mag, mir musste einfach klar werden, dass es zwischen mir und dem Rabenvogel eine Verbindung gab. Das könnte der Grund sein, weshalb ich auf diese Geschehnisse so heftig reagierte und überaus positiv fühlte.

Dieses Gefühl einer liebevollen Verbundenheit ließ nicht nach. Ich bemerkte, wie sich im Laufe von Wochen und Monaten dieser Zustand festigte, meine elektrisierenden Gefühle zu ihm wurden allmählich zu einer eigenen Kommunikationsform, in der es keiner Worte bedurfte. Scheinbar gab es hier eine Verständigung, die im Unsichtbaren lag und sich vorerst nicht erklären ließ. Man muss sich das vorstellen: Ich stand nachdenkend am Fenster meines Arbeitsraums und blickte über die darunterliegenden Bäume hinweg auf das Häusermeer der Stadt. Ich konzentrierte mich gedanklich auf meine Arbeit und schaute auf nichts Bestimmtes. Mein Blick hätte innerhalb dieses Panoramas überall landen können. Aber wie fremd gesteuert blieb er am Wipfel eines ganz bestimmten, sehr weit entfernten Baums kleben. Und auf diesem Baum sichtete ich plötzlich einen winzigen schwarzen Punkt, den ich gefühlsmäßig sofort als „meinen" Raben identifizierte. Hätte ich mir vorgenommen, nach ihm auszuschauen oder ihn bewusst zu suchen, hätte ich vermutlich diesen unscheinbaren Punkt in der Ferne nicht wahrgenommen. Aber ein unbekannter Sog zog meinen Blick zufällig direkt zu diesem Punkt.

Und dann geschah etwas Sonderbares: Im dem Moment, in dem ich den Raben so weit entfernt sitzend bemerkte, überkamen mich augenblicklich wieder diese so vertrauten Gefühle einer grenzenlosen inneren Freude. Und genau das musste der Vogel telepathisch gespürt haben, denn exakt im gleichen Moment schwang er sich vom Baum und flog schnurgerade in meine Richtung – direkt auf mich zu! Kurz vor unseren schrägen Atelierfenstern schwang er sich nach oben über das Haus hinweg. Für eine Minisekunde sahen wir uns in die Augen, es war wie ein Liebesaustausch. Das konnte doch alles kein Zufall sein! Ich war mir sicher: Der Rabe hatte mich gespürt und ich ihn. Doch was sollte das bedeuten? Ich war längst nicht mehr der Ansicht, dass sich dieses kraftvolle Tier nur zufällig in dieser Wohngegend aufhielt. Irgendwie hatte er etwas mit mir zu tun. Irgendwelche Zufälligkeiten oder energetischen Einflüsse hatten uns zusammengeführt.

Doch was heißt hier eigentlich Zufall, nur weil es einem

„zufällt“? Dieses steinalte Wortspiel benutze somit auch ich, weil es in unserer Analogie einer wirklich guten Beschreibung entspricht.

Es gab danach noch weitere Zufälle dieser Art, und die Ereignisse häuften sich. Ich wurde aufmerksamer und bemerkte allmählich so viele Zufälligkeiten, dass ich beschloss, das Phänomen des sogenannten Zufalls näher zu erforschen.

Dieser Vogel, welche eine Rabenart es auch sein mochte, hatte den Weg zu mir gefunden. Er lebte frei und war in meiner örtlichen und auch gefühlsmäßigen Nähe wie ein Helfer mit seiner undurchschaubaren Kraft. Ich wurde aufmerksamer, und die Fütterung auf dem Vordach wurde längst zu einem täglichen Ritual. Mein Rabenfreund bekam nicht nur Käse, denn nach einiger Zeit musste ich zwangsläufig das Menu ändern, da wegen des schmackhaften Käses auch Tauben angelockt wurden, und das Taubenfüttern ist in unserer Stadt unter Androhung einer hohen Geldstrafe verboten. Also versuchte ich es mit kleinen erwärmten Stücken Rinderherz, die sonst für meine Katzen bestimmt waren. Tauben mögen kein Rinderherz, aber mein Rabenfreund war ganz wild darauf. Und so nahm ich in Kauf, mich zum täglichen Zuschneiden von blutigen Fleischstücken zu überwinden, danach wusch ich mir das Rinderblut von den Händen, und dies ist nicht gerade eine genussvolle Vorstellung für mich und für alle, die kein Fleisch essen...

Der Rabe wurde sehr langsam etwas zutraulich, ohne seine natürliche Scheu und Vorsicht zu verlieren. Es war die Zeit der Annäherung, in der ich bemerkenswerte Entdeckungen machte. Anfangs war der Vogel so vorsichtig, dass er nicht wagte, auf dem Vordach zu landen, wenn ich zwei Meter entfernt daneben auf dem Balkon stand und zusah. Also musste ich ihn allein und ungestört speisen lassen. Erst Monate später konnte ich ihm aus etwas Distanz vom Balkon aus zusehen. Erstaunlicherweise war dies nur möglich, wenn ich ihm nicht in die Augen schaute und dabei möglichst gleichzeitig mit den Gedanken woanders war. Ich versuchte, durch die Art meiner mentalen Ausstrahlung sehr „neutral“ zu sein. Wenn ich mich ihm aber zuwandte und ihm dabei in die Augen schaute, erschrak er, flog weg und kam erst später wieder. Besonders wenn wir uns in die Augen sahen, löste dies eine sehr spezielle Energie aus, die mir unerklärlich war. Der direkte Blick in die Augen musste auf seltsame Weise etwas bewirken, was mit direkter Energieübertragung zu tun hatte. Es schien, als könnte man allein mit den Augen beziehungsweise mit dem Blick schon Dinge bewirken, Vorgänge beeinflussen oder eine besondere Kraft übermitteln.

Eigentlich ist das nichts Neues. Wir kennen dieses Phänomen von uns Menschen. Jeder hat schon einmal geflirtet und einer unbekannten sympathischen Person tief in die Augen geschaut und Liebe und Zuneigung signalisiert. Der Blick ist der erste Impuls beim Kennenlernen, ein Blick ist vielsagend. Deshalb spricht man oft auch von der „Liebe auf den ersten Blick“. So musste das auch mit meinem Raben gewesen sein. Allerdings war er vermutlich nicht daran gewöhnt, einem Menschen – und dann auch noch aus nächster Nähe – tief in die Augen zu schauen.

So sollte er wohl erst einmal die Wärme des menschlichen Blicks erfahren und meine liebevolle Absicht kennenlernen. Später hatte sich die gegenseitige Zutraulichkeit so weit fortentwickelt, dass er irgendwann unvermittelt angeflogen kam und wir uns in die Augen schauten, danach nahm er vom Vordach die Beute auf und flog weiter zu seinem Fressplatz.

Witzigerweise hatte ich in dieser Zeit ein aufschlussreiches Erlebnis am Rande. Es war in einem Schuhgeschäft. Ich bemerkte ein unscheinbares Ehepaar mit einem Kleinkind. Die Eltern suchten nach geeigneten Schuhen, doch das Kind langweilte sich währenddessen und wurde ein wenig unleidlich und quengelig. Es steigerte sich und wurde lauter, bis dem Vater der Geduldsfaden riss. Er schrie das Kind an und wurde ziemlich grob und unfreundlich. Das löste die übliche Kettenreaktion aus. Jetzt brüllte das Kind laut los. Ich war betroffen über das Verhalten. Der Vater bemerkte, dass ich ihn in seiner unbeholfenen Art, wie er mit dem Kind umging, beobachtet hatte. Er blickte zu mir herüber, und ich schaute ihm sehr direkt und mit deutlicher Kraft tief in die Augen. Darüber erschrak dieser erwachsene Mensch dermaßen, dass er zuerst erstarrte und sich dann sofort verwandelte, sich in liebevoller Art seinem Kind zuwandte und es tröstete. Ich hatte ihm nichts gesagt, es war nur der Blick, der dies scheinbar bewirkt hatte.

An warmen Sommerabenden saß der Rabe gegenüber auf dem nahen Baum, der damals dort noch stand. Vom Balkon aus schaute ich ihm lange, oft eine halbe Stunde lang oder länger, in die Augen, und ich saß körperlich unbewegt und vollkommen entspannt wie in einer Meditation. Jeden Abend kam er, setzte sich auf den nahen Ast, genoss die Zeit, oft eine halbe Stunde lang, und bevor er wieder wegflog, um sein Nachtquartier aufzusuchen, spürte ich es. Kurz zuvor dachte ich jedes Mal: „Jetzt flieg!“ Kaum gedacht, flog er los.

Es war nicht wichtig zu ermitteln, wer hier wen zuerst gefühlt oder beeinflusst hatte. Tatsache war, dass wir uns überhaupt fühlten. Ich war längst davon überzeugt, dass der Rabe wegen irgend einer Seelenkonstellation zu mir gekommen war und darum nun in meiner Nähe lebte. Andere Raben oder Krähen gab es derzeit noch nicht in diesem südlichen Teil der Stadt. Nur dieser eine Vogel war gekommen. Er spürte mich, und ich spürte ihn. Ich fragte mich, was das zu bedeuten hätte und was ich mit ihm zu tun haben könnte? Was gibt es da noch alles, das wir nicht wissen und nicht sehen können, aber so viele Male fühlen? Was geschieht überhaupt zwischen Himmel und Erde?

Ich begann darüber – geistig intern – zu recherchieren, und daraus begann manche Erkenntnis zu wachsen. So könnte man auch sagen: Raben haben das Gesamtwissen. Und dazu lächelnd: Wer sich mit Raben gut stellt, hat wahrscheinlich keinen Nachteil. Wer einen Raben als Freund hat, darf es genießen. Es scheint, Raben empfinden das Sein in jedem Moment und zu jedem Zeitpunkt mit einer anderen Art von Intelligenz. Sie lassen jeden Augenblick mit einem Urverständnis geschehen.

Während meine Freunde und Bekannten mein Treiben

um den Kult des schwarzen Vogels über einen längeren Zeitraum aufmerksam und schmunzelnd beobachteten, wurden mir wundersame Geschichten im Zusammenhang mit Raben zugetragen. Unsere Freundin Ann, die ihre Kindheit und Jugend im Oberland verbracht hatte und in dörflicher Gemeinschaft aufgewachsen war und viele ländliche Riten kennt, erzählte eine besonders sensationelle Geschichte. Es sind immer die Geschichten, die jemand erlebt oder erzählt bekommen hat, und diese Geschichten werden allmählich zum festen Bestandteil sagenumwobener Betrachtungen oder philosophischer Lebensweisheiten: Es war einer der Vettern von Anns' Familie, der eines nachmittags zu seinen Eltern sagte, er ginge hinaus auf den Acker, um Raben zu schießen. Dann nahm er sein Gewehr und ging. Auf dem Weg zum Acker stolperte er, hielt das Gewehr ungünstig und erschoss sich selbst.

Mit einem Lächeln registriere ich, was für einen schlechten Ruf die schwarzen Vögel in ländlichen Gegenden heute noch haben. Wegen ihrer mystischen Vorgeschichte genießen sie einen sehr speziellen Ruf, besonders wegen ihres Bezugs zum Okkulten. Doch sie waren in allen Zeiten den Wissenden immer nahe. Zauberer und Hexen wussten die Kräfte zu nutzen, daraus hervorgegangene Ängste waren immer nur der Ausdruck der Unwissenden.

Alles, was in diesen mystischen Zusammenhängen passiert, ist in jeder Form der Ausdruck der eigentlichen schöpferischen Kraft, die sich jeder nutzbar machen kann und darf. Je liebevoller diese Energie angewendet wird, desto intensiver wirkt sie im Sinne des unendlichen Spiels der göttlichen Natur und bringt viele Vorteile für alle Beteiligten. Das nennen wir manchmal Magie, Natur, Kosmos oder Gott. Es sind alles Worte, die wir erfunden haben und die wir benutzen, um über Dinge zu sprechen, die wir nicht erklären können oder eigentlich überhaupt nicht verstehen. Worte bescheren der Menschheit deshalb auch die meisten Missverständnisse.

Wer die Realität der Natur in ihrer Funktion und schöpferischen Kraft bewusst erkannt hat, bedarf keiner Worte. Für diesen Ausdruck gibt es keine sprachliche Form oder Analogie, die das Geschehen im Unsichtbaren wörtlich darstellen könnte. Keine Formeln und Gleichungen aus Worten und Zahlen würden ausreichen, diese höheren Zusammenhänge zu verdeutlichen oder zu erklären, genauso, wie man Gefühle nicht grammatikalisch zuordnen, geschichtlich definieren oder gar mathematisch belegen kann. Gefühle kommen einfach und sind da. Sie geschehen. Sie sind individuell und persönlich. Und sie lassen sich nicht diskutieren. Gefühle haben eine Menge mit der Urkraft zutun, und was das bedeutet, sollte mir die Zukunft zeigen, und das ist mehr als nur eine Geschichte über Raben.

Inzwischen fragte ich mich mit dieser Mischung aus Schmunzeln und Selbstkritik: War ich jetzt ein Esoteriker geworden? Eigentlich hatte ich mir für die nähere Zukunft andere Dinge vorgenommen und in der Arbeit konkretere Ziele gesteckt, aber Esoterik? So etwas war nicht eingeplant. Außerdem hatte ich mich nie zuvor gefragt, was Esoterik eigentlich genau bedeutet. Immerhin besaß ich kein Pendel oder irgendwelche magischen Geräte, um Dinge zu bewirken oder Geheimwissen wirken zu lassen. Ich aß zwar kein Fleisch, aber das Interesse für Grenzbereiche endete für mich damals unwissend im Vorfeld Einsteins Relativitätstheorie.

Also beschloss ich, mich ein wenig besser zu informieren und erhielt genau zu diesem richtigen Zeitpunkt per Post von meinem langjährigen Freund Ernesto ein esoterisches Handbuch. Das half mir im Moment weiter. Dann veranstaltete jemand in unserer Stadt eine „Esoterik-Messe“, und ich überlegte, was das zu bedeuten hatte. Es war vermutlich überhaupt die erste Esoterik-Messe, die stattfand und später einen Boom von esoterischen Veranstaltungen und weiteren Messen dieser Art hervorrief. Ich beschloss, dort vorbeizuschauen. Als ich die Veranstaltungsräume betrat, gab es vieles zu sehen, und ich fühlte mich eher befremdet. An den Wänden hingen unzählige Versionen von Christus in allen Darstellungen: als Gemälde, in Kopien, Drucken und Zeichnungen mit und ohne Heiligenschein. Jesus auf einer Esoterik-Messe? Ich hatte nie zuvor darüber nachgedacht, ob Christus womöglich ein heimlicher oder geheimnisvoller Esoteriker war. Hatte man das uns vielleicht verschwiegen? Sollten wir uns über diesen Religionsstifter noch immer zu wenig Gedanken gemacht haben? Er war ein rebellischer, bedeutungsvoller Wundermann, seine geschichtlich kurzen Auftritte waren publikumswirksam und hatten einen Unterhaltungswert mit werblichem Langzeiteffekt. Den Rest besorgte seine 2000jährige Event-Agentur in eigenen kirchlichen Gebäuden. Dies meine ich nicht ketzerisch oder gar verachtend, saloppe Formulierungen im wörtlichen Umfeld von Kirche und Religion machen mir keine Angst, denn es ist auch der Ausdruck dafür, dass mich kirchliche Strenge und konventionelle Werte nicht berühren.

Und warum sollte ich gerade bei religiösen Inhalten meinen Humor verlieren? Für meinen Geschmack war sowieso viel zu viel Ernst und Verbissenheit im religiösen Geschehen der vergangenen Jahrhunderte. Die dogmatischen Barrieren aus Moral und erhobenem Zeigefinger konnten mich nie erschrecken. Meine Haltung blieb unverändert: Christus war eine humorvolle Erscheinung in seiner Person, und es steht auch nirgends geschrieben, dass Gläubige oder Ungläubige nicht lachend durchs Leben gehen sollen. Er sagte auch nie, man solle ihn anbeten, denn mit den Worten „folget mir" meinte er nicht die Ausübung eines Personenkults, sondern dass man seinen Ideen folgen und das Heilen in die Welt tragen sollte. Damit ist auch sehr konkret das Auflegen der heilenden Hände gemeint.

So schlenderte ich weiter durch die Esoterik-Messe und betrachtete mir diesen Jahrmarkt für Seelenartikel und Erleuchtungswerkzeuge. Da saßen in den Messeständen Messebesucher testend mit Riesenbrillen und Spezialgestellen auf dem Kopf, dass ich mir ein wenig das Lachen verkneifen musste. Die von diesen Geräten eingenommenen Menschen waren alle ernst und meditierten hemmungslos. Sie konzentrierten sich verbissen auf den unvermeintlichen Alphazustand – wohlgemerkt in Erwartung eines angekündigten Schwingungsverhaltens zum grenzenlosen Fortschritt der Seele. Andere wiederum, die diesen Seelenfortschritt bereits erreicht hatten, ein ausgeprägtes Verkaufsverhalten zelebrierten und mit diesem erlesenen Dauerlächeln aus den Messeständen herausstrahlten, waren schon viel weiter und besaßen die echte weltliche Lizenz, anderen auf ihrem Weg zu helfen.

Ansonsten Pendel über Pendel, Kristalle, Wundertüten, indische Wahrsager mit stierem Blick, Persönlichkeitsanalysen-Software oder glitzernde Kultgeräte für astrologische, kosmische oder irdische Höhepunkte. Irgendwie ist das nicht meine Welt, dachte ich. Dann aber gab es doch etwas, das mir ziemlich außergewöhnlich und fast sensationell vorkam, sodass ich stehenblieb und mich kundig machen musste. Es gab Videos von philippinischen Heilern zu sehen, die wie am Fließband medizinische Wunder vollbrachten. Das ist ja unglaublich, dachte ich. Es seien dokumentarische Aufzeichnungen ohne Tricks und doppelten Boden, sagte der Herr am Verkaufsstand, und ich glaubte ihm das tatsächlich. Man sah, wie diese Heiler im Trancezustand in lebende menschliche Körper hineinfassten und die kranken Teile herausholten, alles ohne Skalpell, Narkose und Schmerzen. Danach heilte die offene Wunde sehr schnell zu, und der Patient war guter Dinge. Das war unglaublich! Und weil ich grundsätzlich alles „Unglaubliche“ oder „Unmögliche“ bezüglich bisher bestehender Realitäten in meinem Leben immer interessant fand und nie ablehnte, wie ich auch meine grenzenlosen Fantasien nie einschränken wollte und auch deshalb die Freiheit meiner höchst individuellen Glaubensform immer bewahren konnte, war ich sehr beeindruckt und ging, in Gedanken versunken, nach Hause.

Das war 1988, und Jahre später veröffentliche unser Zweites Deutsches Fernsehen eine Dokumentation über Scharlatane, die im Sinne philipinischer Heiler mit Taschenspielertricks verblüffende Umsätze machten. Ein Mitarbeiter des Senders teilte mir vertraulich mit, dass der Autor des Films ein konservativ überzeugter Gegner andersartiger Denkweisen sei, entsprechend subjektiv war sein Film.

Über den Winter kam der Rabe wie gewohnt, meistens morgens und abends. Er holte sich die üblichen warmen Innereien wie Rinderherz, Rindermilz und noch andere, für mich recht unappetitliche Teile, ab. Ich grillte ihm auch Hühnerfleisch, und alles in diesem Ritual hatte eine gewisse Richtigkeit und Regelmäßigkeit gefunden, als wäre es schon immer so gewesen. Im selben Programmablauf bekamen ebenso meine beiden Katzen ihren Teil. Und auch der Nachbarskatze Molly, die mit den geräuschvollen Schneidevorgängen bei der Fleischzubereitung akustisch vertraut war und deshalb bereits bettelnd unten im Hof wartete, warf ich viele Male ein dickes Stück Herz aus der fünften Etage vom Balkon hinunter. Der organisierte Ablauf bekam mit der Zeit eine eingespielte Reihenfolge: Zuerst bekamen meine beiden Katzen ihr Fleisch, danach der Rabe auf dem Vordach, und dann erst bekam die Nachbarskatze ihren freundschaftlichen Anteil.

Eines Tages ergab es sich bei diesem – von Nachbarn heimlich belächelten – Futterritual, dass ich mich versehentlich nicht an die Reihenfolge dieses Ablaufs hielt und die Nachbarskatze Molly ein großes blutiges Stück Fleisch mittels eines Wurfes aus der fünften Etage zuerst bekam, und das, obwohl ich das Vordach für die Rabenmahlzeit noch nicht „versorgt" hatte. Zu meinem Erstaunen rührte die Nachbarskatze dieses Mal den begehrten Leckerbissen nicht an. Sie blieb im Hof unbewegt davor sitzen. Der Rabe wartete auf dem Baum, meinte wohl, das wäre für ihn bestimmt und schwang sich dann hinunter in den Hof, wo er wegen der Beengtheit des Gemäuers nie zuvor gelandet war, und setze sich erstaunlicherweise im dichten Abstand neben Molly, die Nachbarskatze. Dazwischen lag das verlockend große Stück Rinderherz. Ich beobachtete den Vorgang aus der Höhe vom Balkon und glaubte, meinen Augen nicht zu trauen: Die Katze und der Vogel standen sich friedlich gegenüber und starrten sich an – ohne jedes räuberische Getue um Feind oder Beute. Es schien, als wären sie alte Freunde, die sich aus irgendeiner Zeitebene in der Unendlichkeit kannten und jetzt ihre alte seelische Beziehung in die Gegenwart und weltliche Realität hineinspielen ließen. Darum könnte die Katze zum Raben gesagt haben: „Mein Freund, du kannst das Stück Fleisch haben und zuerst essen." Nichts passierte. Ihre Gedanken müssen Berge von Daten ausgetauscht haben. Oder sie spürten „nur" ihre Verbundenheit im Moment des „Hier" und „Jetzt". Es passierte immer noch nichts, und Minuten vergingen. Ich wollte das aus der Nähe sehen und rannte die Treppe hinunter in den Hof. Die beiden Tiere standen sich noch immer regungslos gegenüber. Es war, als würden sie dort stehen und ihre Unendlichkeit und die Freude wie zwei Seelen genießen, die sich nach einer langen Reise wiedergetroffen und erkannt hatten. Das ging minutenlang. Nichts veränderte sich. Ich wollte es auflösen, um den Raben hier im Hof nicht zusätzlichen Gefahren auszusetzen. So kam ich langsam hinzu, nahm die Katze auf den Arm und ging mit ihr einige Schritte zur Seite. Jetzt erst ergriff der Rabe das Fleisch und startete mühsam und mit heftigem Flügelschlag seinen Flug aus der engen Häuserschlucht.

Es war ein seltsames mystisches Erlebnis voller Frieden. Meine Gefühle waren intensiv, und ich war mir sicher, dass diese Szene eine Erinnerung in mir wachrief, die ich in ihrer magischen Bedeutung nicht erklären konnte, aber deren Selbstverständlichkeit ein Urvertrauen in mir weckte. Es schien so, als ob ich mich an etwas erinnerte, das ich schon immer gewusst hatte. Scheinbar gibt es viele Symbole am Wegesrand eines jeden individuellen Lebens, manchmal erkennt man sie nicht, aber man fühlt sie...

Jeder Mensch hat viele Chancen, und wenn man aufmerksam durchs Leben geht, gibt es viele Situationen, Momente und Möglichkeiten, die Zeichen zu bemerken und Zusammenhänge zu erkennen. Es sind die Kleinigkeiten und scheinbar unwichtigen Dinge, die solche Zeichen signalisieren. In einer ausgeklügelten Kette von Zufallsereignissen erreicht jeden zur richtigen Zeit die richtige Information, das richtige Buch oder die richtige Botschaft.

Jeder Mensch hat im Leben eine gewisse Anzahl von Begegnungen mit Menschen, die unvermittelt auftauchen, um dem jeweiligen Empfänger eine Botschaft als Lebenshilfe weiterzugeben. Oft aber übersieht man diese Botschaften, weil man sie nicht erkennt oder bemerkt. Möglicherweise ist man gerade auf weltliches Geschehen fixiert, hat eher seine Aufmerksamkeit auf Politik, Geschäftliches oder Katastrophengeschichten gerichtet, oft auch auf das persönliche Sorgenpaket. Ein abgelenkter oder gestresster Mensch ist nicht immer empfänglich für sensible Eingebungen oder andere bemerkenswerte Vorgänge, die uns intuitiv – oder irgendwie aus der Welt der Zufälligkeiten – erreichen. Der Betroffene übersieht leicht, was tatsächlich geschieht. Wenn man eine solche Begegnung verpasst oder eine solche Information nicht wahrnimmt, ist dies keineswegs schlimm, denn das Ereignis wird sich in dieser oder ähnlicher Form wiederholen, Botschaften gehen nicht verloren. Es gibt für jeden Mensch von sogenannten zufälligen Helfern und Freunden aus dieser oder der unsichtbaren Welt immer wieder Informationen zur Lebenshilfe. Manchmal sind es Menschen, die wie Engel aus heiterem Himmel auftauchen und so manchen unterhaltsamen Aspekt der Lebensfreude von sich geben. Es sind winzige Momente, die kraftvoll sind, wenn man sie bemerkt und vielleicht sogar nutzt.

Ich weiß über viele „wichtige" Personen zu berichten, die mein Leben wesentlich beeinflusst haben. Wenn man diesbezüglich etwas zurückblickt, haben einige dieser zufälligen Begegnungen einen großen Unterhaltungswert, der die Seele zum Schmunzeln bringt. Es war die Rektorin meiner ersten Grundschulklasse, die erstmals in mir den

„schüchternen, zurückhaltenden Jungen“ bemerkte. Es war in frühen Jahren der Kinderpsychologe, der „diesen zartbesaiteten, stillen Jungen“ betreute, um in ihm den fröhlichen Rabauken zu erwecken – und das ist ihm bestens geglückt. Es war Pit, der Pfadfinderführer, der mir als Zwölfjährigem die ersten Gitarrenakkorde beibrachte. Es waren die prügelnden Lehrer des humanistischen Gymnasiums, die mich direkt manche „humanistische Gerechtigkeit“ erkennen und erleiden ließen.

In der nächsten Schule war es der Klassenlehrer, der mich bei seinen cholerischen Zornanfällen in seiner Hilflosigkeit verdrosch. Aber er erreichte damit nichts, er konnte mich nicht ändern. Und als er dies Jahre später einsah, tat es ihm wohl sehr leid. Irgendwann starb er, und ich denke, dass er beim Übergang in die Zeitlosigkeit alle seine Ungerechtigkeiten des Lebens noch einmal sah, dieses Mal aus einem anderen Blickwinkel – traurig und schmerzhaft. Diese hochinteressanten Gesetzmäßigkeiten während des Ablebens möchte ich an einer späteren Stelle detaillierter ausführen.

Jede dieser Personen hat mich ihre Art der Liebe gelehrt, alle diese Formen von Liebe, Schmerz und Leid betrachte ich rückblickend mit einem großen Schmunzeln und glaube, die Zeichen dieser Zeit verstanden zu haben.

Als ich die berufliche Ausbildung bei einer großen Tageszeitung begann, sollte ich den Betriebsratsvorsitzenden Fritz kennenlernen. Fritz war für mich sehr faszinierend und ein bedeutungsvoller Mensch. Er war schon über 50 Jahre alt und konnte auf ein bewegtes Leben zurückschauen. Eigentlich war er eine Anti-Figur, zumindest aus bürgerlicher Sicht. Das faszinierte mich. Fritz war all das, was nicht ins damalige reguläre, bürgerliche Bild der 60er Jahre passte: Er war Kommunist, DKP-Mitglied, Jude, engagiertes Gewerkschaftsmitglied, aktiver Atomwaffengegner, einer der ersten Ostermarschierer, und dazu noch homosexuell. Diese Neigung hätte ich nicht bemerkt, wenn er es mir viele Jahre später nicht erzählt hätte. Während des Dritten Reichs organisierte er in Deutschland eine Untergrundbewegung, wurde verfolgt und gefasst und erlebte eine schlimme Zeit. Dann konnte er nach Kuba flüchten, verbrachte dort neun Jahre seines Lebens und kam nach dem Krieg nach Deutschland zurück, wo er bei der Zeitung als Redaktionsbote begann und bald in den Betriebsrat und später zum Betriebsratsvorsitzenden gewählt wurde. Sein Glaube hieß Kommunismus, aber nicht etwa wegen einer damals vielleicht angestrebten Weltherrschaft. Machtstreben war nicht sein Ziel, sein Kampf war gerichtet gegen die industrialisierte Macht und die Unmenschlichkeit seit Erfindung der Maschine. Sein Engagement galt in der Tat der ausgebeuteten Arbeiterklasse unter sehr menschlichen Aspekten. Sein Interesse galt Minderheiten und Randgruppen, für die er sich persönlich sehr einsetzte. Und wenn ich mit ihm durch unsere City schlenderte, schenkte er so manchem Bettler fünf Mark (das war viel Geld) und meinte, hier sei sein Geld besser angelegt als auf der Bank. Landläufige Meinungen über geschäftstüchtige Juden wurden dadurch für mich zu einem lächerlichen Klischee. Fritz war der belesenste Mensch, den ich seinerzeit kannte. Seine einzigen Wohnzimmermöbel waren außer einer abgeschabten Sitzgruppe nur überfüllte Bücherregale. Er verstand es, überzeugend zu reden und zu diskutieren. Er lehrte mich, wie man in einem Streitgespräch gegen sechs oder mehr Gegner gleichzeitig mit Worten und intelligenten Darlegungen erfolgreich argumentiert. Er verstand es, in Diskussionen gegen viele Meinungen gleichzeitig und unter Anwendung von Zitaten und geschichtlichen Belegen zu brillieren, konnte gegnerische Argumente locker entkräften und behielt dabei immer seinen jüdischen Humor. Fritz war rhetorisch perfekt und wurde oft zu diesen hitzigen 1968er Polit-Diskussionen als beliebter und belesener Gast eingeladen, und er nahm dazu sogar lange Anreisen in Kauf.

Das alles faszinierte mich, denn ich war damals der Ansicht, gut sprechen zu können, mit Worten geübt umzugehen, intelligent zu argumentieren und dazu noch besser zu sein als andere sei eine der höchsten Qualitäten, die es zu erlangen galt. Unter diesen Glaubenssätzen sah ich mein anzustrebendes Ziel, nämlich die grenzenlose Beherrschung rhetorischer Gewandtheit. Erst viele Jahre später, nachdem ich mich in diesem Talent geübt hatte, bedurfte es einer Korrektur meiner Glaubenssätze, denn je besser ich sprechen, diskutieren und argumentieren konnte und je mehr ich wusste und mit meinem Wissen hätte brillieren können, desto weniger wollte ich letztendlich überhaupt noch „der Beste sein“, geschweige denn, alle in der Runde rhetorisch niederschmettern. Ich wollte nicht mehr mit Worten jonglieren, schwierige Themen diskutieren oder womöglich jemanden von irgendetwas überzeugen.

Ich kam zu der Ansicht: Je mehr man weiß, desto weniger muss man noch besprechen. Man kann zwar weltliche Themen umfangreich diskutieren, aber der wirklich Wissende – und besonders der Wissende bezüglich höherer Zusammenhänge – wird eher schweigen. Auch wird er sich mit seinem Wissen bestimmt nicht aufdrängen. So werden wir letztendlich keinen Wissenden finden, der sein Wissen diskutieren, darlegen oder beweisen muss, denn der Wissende weiß. Wer dennoch diskutiert, ist sich seiner Sache oder seines Wissens nicht sicher und sucht eine diesbezügliche Bestätigung in einer Diskussion oder im fanatischen, engagierten Gespräch. Ich meine, dies ist für viele Menschen der eigentliche Grund, warum sie diskutieren.

Aus meinen lehrreichen Erfahrungen mit Fritz gingen noch andere Erkenntnisse hervor. Eines Tages erhielt er eine briefliche Einladung aus kirchlichen Kreisen zu einer Diskussion mit dem Thema: „Was erwartet der Kommunismus heutzutage von der Kirche?“ Er antwortete brieflich: „Überhaupt nichts!“, und reiste erst gar nicht zu der Veranstaltung. Im Club Voltaire, wo andere ihre politischen Referate hielten, las er stundenlang unter dem schallenden Gelächter seines linken Publikums aus seiner Todesanzeigen-Sammlung vor. Besonders altertümliche oder religiöse Textausführungen, wie sie in der Tagespresse in ländlichen Gegenden noch Anwendung finden, fand er köstlich und es wert, sie zu sammeln. Aus diesem Grund hatte er sogar eine oberbayrische Landzeitung abonniert. Fritz war ein ungläubiger Mensch im religiösen Sinn. Er hatte für spirituelle Gedanken und Themen eher ein Lächeln oder einen jüdischen Witz übrig. Was nach dem Tod kommt, war ihm anscheinend egal. Die Errettung des Proletariats war ihm viel wichtiger. Seinem Mitbewohner sagte er, er solle ihm im Falle seines Todes rechtzeitig die Goldzähne herausnehmen, um sie zu behalten, der Körper würde sowieso der medizinischen Fakultät gespendet. Wenige Jahre später starb er, und über tausend Menschen kamen zur Trauerfeierlichkeit. Aus mir wurde allerdings trotz der lebensprägenden Freundschaft kein Kommunist. Ich konnte stattdessen so viele Wahrheiten des Lebens aus der Begegnung mit diesem wundervollen Menschen erfahren, und es war ein wirklich glücklicher Umstand, ihm begegnet zu sein. Er tat so viel Gutes und half vielen Menschen in Wort und Tat. Es war ihm vielleicht nicht bewusst, wie menschlich er zu Lebzeiten agierte und dass er eigentlich wie ein wahrhaftig spiritueller Mensch handelte. Er lebte einfach, sah in allem den menschlichen und sozialen Aspekt und war gut.

Daraus erwuchs für mich eine große Erkenntnis: Man muss nicht über religiöse Riten und spirituelle Zusammenhänge Bescheid wissen. Man muss nicht in Verbissenheit den Sinn des Lebens erforschen oder womöglich auch noch den Weg der Erleuchtung suchen. Und es ist nicht notwendig, sich den Kopf mit vielen, oft unnützen Gedanken um Leben und Tod zu zerbrechen. Manche Menschen behindern sich scheinbar, weil sie sich beim Nachdenken über abwegige Glaubenssätze und Theorien verzetteln.

Es genügt, einfach zu sein – in Worten, Taten und Gedanken gut zu sein und keinen Ort in Scherben zu hinterlassen. Wer so lebt, ist ein Heiliger. Der unreligiöse, ungläubige Fritz, der in den 60er Jahren die Arbeiterschaft „retten“ (oder zumindest in ein gerechtes soziales Umfeld zurückführen) wollte, war bestimmt eine Art Heiliger, er hatte bloß keine Ahnung...

Viele Menschen suchen nach Lösungen. Die Lösungen liegen auf dem Weg. Ganz zufällig ergeben sich immer wieder Ereignisse, die hilfreich sind, falls man sie bemerkt. Das kann auch sehr abstrakt passieren, die Zufallsstruktur kann unterschiedlich wahrnehmbar werden.

So tragen wir möglicherweise eine Frage oder ein Lebensproblem im Herzen, bitten um eine Antwort und erhalten Rückmeldungen oder Hinweise in unerwarteter Form. Ganz zufällig setzt man sich beispielsweise vor das Fernsehgerät und schaltet irgendeinen der Kanäle ein. Und plötzlich fällt irgendwo mitten in einem Film ein gesprochener, für uns zusammenhangloser Satz. Man kennt die Handlung des Films nicht, und der Sinn des Dialogs bleibt unerkennbar, aber dieser eine gesprochene Satz hat es in sich. Dieser alleinstehende Satz hat eine Aussage, und die Aussage passt zufällig exakt zu unserer Frage, mit der wir uns derzeit beschäftigen. Und darin liegt die Lösung – falls wir das Signal bemerken. Jede zufällige Aussage aus einem anderen Umfeld kann uns einen möglichen Hinweis für eine Antwort geben, falls wir solche zufälligen Zusammenhänge und Hinweise erkennen oder überhaupt bemerken.

Dies muss keinesfalls per TV vollzogen werden, die Möglichkeiten des Zufalls provozieren wir immer, so auch, indem wir eine zufällige Seite eines Buches aufschlagen oder sonst irgendwie auf „Empfang" eingestellt sind. Man läuft beispielsweise irgendwo auf der Straße und schnappt von fremden Leuten einen aus einer Unterhaltung hörbaren halben Satz auf. Hier passiert vielleicht dasselbe. Dieser zufällig hörbare Wortverlauf passt in den Zusammenhang unserer Überlegungen oder Lebensfragen, und es ist vielleicht eine Botschaft für unsere Lösung. Oder man schlägt eine Zeitschrift auf, eine Headline springt unerwartet entgegen, man liest sie und empfindet sie in einem anderen Zusammenhang eher wie eine persönliche Botschaft und denkt: „Das ist ja wie für mich geschrieben!"

Etwas sehr Witziges passierte mir viele Jahre später, als der Film Matrix in die Kinos kam. Ich wollte mir Matrix anschauen, aber leider schlief ich im Kino ein, was ganz sicher nicht am Film lag. Ich verschlief den kompletten Film. Nur einmal wachte ich ganz kurz auf und vernahm nur diesen einen Satz: „Denke nicht darüber nach, ob du der Auserwählte bist, sei es einfach!", dann schlief ich weiter. Noch am nächsten Tag musste ich darüber lachen, von der Filmhandlung wusste ich nichts, aber die witzige Botschaft kam an und hatte einen recht großen und persönlichen Unterhaltungswert.

Auch die Haltung unserer Vernunft ist maßgeblich beteiligt an einer realistischen Einschätzung solcher Botschaften, denn nicht immer sind gestellte Fragen im Zusammenhang zum Leben für Experimente dieser Art geeignet. Fragen wie: „Wie alt werde ich?" haben einen besonderen Stellenwert, denn wenn wir im gleichen Augenblick im Radio die Beatles hören mit dem Song „When I am sixtyfour" und wir dann tatsächlich daraus assoziieren, wir würden 64 Jahre alt, ist die Antwort genauso fragwürdig wie die Wahl der gestellten Frage.

Wir entdecken den Bezug zu unserem persönlichen Bereich, zu unseren Gedanken und Überlegungen. Es gibt viele botschaftliche Aussagen, die persönlich gewertet werden können. Lösungen findet man immer. Dies sind nur Beispiele, und es kann in jeder anderen Form – visuell, akustisch, gefühls- oder gedankenmäßig – stattfinden, jegliche Art von Zufall hat Bedeutung, vorausgesetzt, dass dieser jeweilige Zufall in Kraft und Ausführung bemerkt wird. Unendlich viele Mosaiksteine des Zufalls würden in einer unvorstellbaren Perfektion zusammenpassen, wenn man die Zusammenhänge überblicken und die Gesamtsicht aller Zufallsereignisse rational wahrnehmen und nutzen könnte. Hier gibt es eine Logik. Diese Logik ist nach unserem regulären Vorstellungsvermögen nicht erfassbar, sie ist in ihrer Wirkungsweise vielschichtig und multidimensional und findet weit außerhalb unserer Denkmuster statt. Dafür haben wir keine Sprache, daher ist diese Logik, die sich so vielschichtig ausbreitet, in unserer derzeitigen Analogie eher schwer zu erklären. Dennoch möchte ich in einem späteren Kapitel einen Versuch einer solchen Darstellung wagen.

Wenn man die sichtbaren Auswirkungen aller Ereignisse in ihrer Zufälligkeit weiterverfolgt, könnte man bemerken, dass in aller Gesamtheit noch unendlich mehr „Zufälliges" perfekt zusammenpasst. Menschen in ihrer Geschichte, Auswirkungen in ihrer Zeit, Entwicklungen, Kulturen, Strömungen, Bewegungen, Veränderungen, Denkweisen und Religionen – alles passt im jeweiligen Geschehen mit den jeweiligen Menschen perfekt zusammen.

Jeder ist am „richtigen" Ort, um individuelle Erfahrung in der entsprechend „richtigen" Zeit zu machen. Dazu dient auch immer eine präzise gewählte Umgebung und die Begegnung und Erfahrung mit bestimmten Mitmenschen zum „richtigen" Zeitpunkt. Wer hat uns das vorgegeben? Diese vielschichtige Bestimmung aller Ereignisse scheint im höchsten Ausmaß von Intelligenz geregelt zu sein und ermöglicht somit im Sinne höchst individueller Erfahrungen unendliche Formen und Möglichkeiten des Erlebens.

In sich ist alles richtig. Aber verstehen wir die vielen scheinbaren Ungerechtigkeiten, die Schicksale, Tiefschläge und Lebensdramen? Alle Ereignisse, Begegnungen und alles Geschehen sind das Ergebnis von Ursache und Wirkung, besonders in den Bereichen dieser uns so fremden Logik. Das können wir uns nicht vorstellen, da unser Denken gradlinig ist. Wären unsere Sicht- und Denkweisen im multidimensionalen, unendlichen Sinn vielschichtig, wüssten wir mehr über die Auswirkungen und Folgen aller Ursachen. Wir könnten somit alles besser übersehen, aber könnten wir auch besser damit umgehen?

Wir haben diese multidimensionale Fähigkeit, sie nur vorübergehend vergessen, um die „dreidimensionale Version des Wachstums" innerhalb von Raum und Zeit zu erforschen und zu erlernen. Und genau das entspricht unserer Basis vom Leben auf der Erde. Es ist unser irdisches Lernprogramm und eine selbst gewählte Aufgabe, der Mini-Aspekt größerer Zusammenhänge. Zum Erfassen dieses Mini-Aspektes ist unser Gehirn fähig. Wenn wir diesen Mini-Aspekt verstehen und in aller Menschlichkeit erfahren haben, eröffnen sich von selbst die größeren Aspekte und werden automatisch überschaubar.

Wenn das einige Jahre früher jemand zu mir in dieser Form gesagt oder ich es damals irgendwo gelesen hätte, wäre ich vielleicht erstaunt gewesen. Das hätte ich nicht einfach so „glauben" wollen, ich will es lieber „wissen", falls ich dazu irgendwie fähig bin. Und wenn ich etwas „weiß", muss ich nicht mehr daran „glauben", denn dann „weiß" ich!

Ich habe mein Leben lang nie glaubensmäßig etwas abgelehnt, nur weil es mir unbekannt oder unvorstellbar vorkam. Ich meinte immer, alles könnte möglich und wahr sein. Ich war mir immer sicher, dass es noch einiges mehr gibt, das wir mit unseren Augen nicht sehen können. Es gibt noch so viele, scheinbar irreale und unglaubliche Ereignisse zwischen Himmel und Erde, die wir gar nicht wahrhaben wollen. Fehlt uns der richtige Blickwinkel? Oder sind wir nur zu bequem? Aber dennoch sind wir ständig auf der Suche, oder?

Ich war immer offen und bereit und habe nie gesagt: „Das gibt es nicht!" Für mich war immer alles möglich, aber ich wollte es auch interessiert, in Liebe und Hingabe, erforschen, wenn ich die Gelegenheit dazu hatte. Dies waren meine Glaubenssätze, die mich glücklicherweise immer in die Bereitschaft versetzten, abzuwarten, was noch kommen würde. Eine solche Haltung möchte ich von Herzen weiterempfehlen. Die günstigste Voraussetzung wäre, grundsätzlich nichts abzulehnen, was unmöglich, unvorstellbar oder unbekannt erscheint. Diese Haltung erweitert viele Horizonte und Realitäten, wie sich später noch zeigen wird. Wer im Denken und Glauben alle Begrenzungen bricht und die Grenzen des scheinbar Unmöglichen überschreitet, wird sich nicht mehr an dogmatische Vorgaben oder konventionelle Denkweisen halten können. Dies ist die größte, mir derzeit bekannte Freiheit. Wer sich mit nichts einengt, ist aufgeschlossen für Neues. Auch dies sollte nicht als dogmatische Vorgabe verstanden werden. Man darf meine Ausführungen als mögliches Denkmuster vorbehaltlos und unterhaltsam genießen. Und das Günstigste wäre, nichts davon zu glauben oder abzulehnen, sondern mit Lust und Lebensfreude alles selbst zu erforschen. Dann weiß man es. Und das darf als ein wesentlicher Tipp verstanden werden. Ja, das Beste wäre, man folgt seiner Intuition und vertraut seiner inneren Stimme und seinem Gefühl. Das Gefühl ist absolut verlässlich.

Mit neuen Gefühlen ging mein Leben aufregend und immer auf Überraschungen gefasst weiter. Bemerkenswert ist, dass, wo auch immer ich mich aufhielt, um meiner Arbeit und später meinem Engagement der Heilung nachzugehen, in nächster Nähe ein Rabe auftauchte. Oft sah ich ihn gar nicht, aber im entscheidenden Moment hörte ich den Rabenschrei und verstand symbolisch: „Ich bin in deiner Nähe!“ Sicher war dies an allen möglichen Orten nicht immer „mein“ Rabe. Er konnte ja schließlich nicht überall sein, und wenn ich einen Raben oder eine Krähe fliegen sah, konnte ich den Vogel in der Luft sowieso nicht immer genau erkennen. Das war auch nicht wesentlich. Ich hatte eher das Gefühl, dass alle Raben in meiner Nähe mich begleiteten und ich einen allgemein guten Draht zu diesen Tieren entwickelte. Man könnte dies auch mit einem Glücksgefühl beschreiben, das mir allmählich im Handeln Sicherheit und Kraft gab.

Im Frühjahr plötzlich tauchte ein zweiter Rabe auf: „Mein Rabe“ hatte eine Frau gefunden! Nun kamen sie zu zweit auf dass Dach in meine fünfte Etage geflogen und holten sich sensationelle Leckereien ab. Und wenn in aller Frühe zum offenen Südzimmerfenster ein lautes „Raaaaab“ hereinbrüllte, konnte der Tag nur noch gut werden. Dieser Rabenschrei konnte mich in Halbschlafstimmung so sehr verzücken, und ich fühlte, wie vertraut mir das alles war.

Es ist der Zustand einer Trance, als wüsste man bereits alles. Damit meine ich die Beziehung und die direkte Verbundenheit zu allen Wesen, Seelen, Pflanzen und Tieren – wie auch zu Raben. Es ist alles zusammengehörig und eins. Wir sind zusammen gleichwertig und bilden die Gesamtheit. Jeder Mensch lebt darin seine persönliche Individualität aus. Manche Menschen wissen dies nicht und kennen ihre tatsächliche Stärke und Größe (noch) nicht. Sie verzieren deshalb ihren schönen Körper mit vergänglichem Ziergut, um so scheinbare Größe und Wertigkeit zu zeigen. Aber in Wirklichkeit können wir Wesen uns gegenseitig nichts vormachen, unsere Verbundenheit ist offensichtlich, und jeder Mensch hat seine Ausstrahlung, die alle Wahrheiten signalisiert – ungeschminkt, ehrlich, direkt und ohne jede Maskerade. Bestimmte Teile unserer Wesenheit zeigen, wer und wie wir sind. Das erkennen wir gegenseitig. Wir bemerken es zwar nicht bewusst, aber wir reagieren. Und wir reagieren sogar im erstaunlichen Maß! Menschen haben Zuneigungen, Abneigungen, können sich „nicht riechen", oder ein komisches Gefühl warnt uns vor bestimmten Begegnungen und lässt menschliche Nähe nicht zu. Letztendlich spielt es keine Rolle, wie wir uns kleiden oder welche Autos wir fahren, die innere Wahrheit eines jeden Einzelnen lässt sich nicht verstecken. Diese Wahrheit in ihrer eigenen Ausstrahlung bewirkt Freude und Vertrauen, oder auch Misstrauen, Einsamkeit und Angst. Unsere Gesellschaft und unsere Kultur haben das Bild des idealen West-Menschen geprägt, das einem Bacardi-Werbespot entspricht. Schöne Menschen, schöne Gesichter, schöne Welt. Dagegen kann man eigentlich nichts sagen, denn jede Zeit hat ihre relative Schönheit. Doch diese Schönheit ist vergänglich. Eine andere Schönheit bleibt. Joseph Beuys (Künstlerlegende) sagte: „Schönheit ist der Glanz des Wahren."

Die moderne Gesellschaft unserer Zeit lebt ihren gestylten Kult nach den werblichen Vorbildern materialistisch geprägter Klischees. Sogenannte moderne Menschen glauben: „Das ist es! Nur so lässt es sich leben!" Materielles Gehabe symbolisiert Wohlstand, denn „man hat es zu etwas gebracht". Diese Menschen meinen, so sei das Leben.

Daraus haben sich Denkweisen geprägt, und diese haben Märkte geschaffen. Für diese Märkte werden Waren produziert, die im Sinne dieses modernen Glaubens verkauft werden müssen. Es ist in der Tat unfassbar, und es ist die Ambivalenz des Jahrtausends: Ein Großteil der Weltbevölkerung hungert, während aufwändige Werbefeldzüge mit Milliarden-Etats notwendig sind, damit Produkte verkauft werden können, die letztlich niemand braucht! Aber Besitz hat Wirkung – und Auswirkung...

In der Zeit des Ablebens zeigt sich dem Betroffenen eine unverschlüsselte und direkte Wahrheit bezüglich Besitz. Materielle Güter werden zurückgelassen. Was wir in uns tragen, zeigt den wirklichen Reichtum unserer Wesenheit. Oder es bleiben die Löcher, die uns, unausgefüllt und leer, ein Leben lang Angst, Hass und Einsamkeit beschert haben und jetzt große Traurigkeit aufkommen lassen. Zur Stunde des Todes erkennen wir uns selbst wieder – und das in vollem Umfang: Wir sehen, wer und wie wir wirklich sind und wie wir gelebt haben. Wir sehen uns ohne die dreidimensionale Blende, die uns zur weltlichen Daseinszeit so sehr abgelenkt hatte. Ein Leben lang sahen wir die Dinge beschränkt und bastelten uns unsere eigenen multimodernen Glaubenssätze über Wohlstand, Reichtum und über den auf persönlichen Profit ausgelegten traurigen Umgang mit Mensch und Natur.

In dieser beschränkten Sichtweise – innerhalb der Zeit und des dreidimensionalen Raums – liegen ein Sinn und ein Grund, die uns das weltliche Leben erlernen halfen. Nach dem Tod erkennen wir, was wir alles „nicht so gut“

gemacht oder wem wir sogar Leid zugefügt haben. Und unsere Seele beschließt daraufhin im Sinne des gesamtheitlichen Wachstums, bestimmte Weltenerfahrungen noch einmal zu machen, um möglicherweise dann bestimmte Formen von Menschlichkeit zu perfektionieren. Und dazu bekommen wir die Gelegenheit – nicht eine, sondern unendliche viele, denn die Zeit hat dabei keine Bedeutung. Es gibt keinerlei Begrenzung, und alles ist möglich.

So gibt es in Wirklichkeit keinerlei Bestrafung, alles was dabei an „Ungemütlichkeiten“ entsteht, ist die Folge unserer Gedanken und Taten. Die Hölle, in die manche von uns angeblich mit ihren Sünden auf ewig verdammt werden, ist eine angstmachende Story und dient als psychologischer Verkaufstrick bestimmter Religionen. Niemand bleibt irgendwo auf ewige Zeit verdammt, unbewegt und ohne Lebenskraft hängen. Auch verstorbene und noch nicht weitergewanderte Seelen werden eine Lösung erfahren. Jede Wesenheit hat immer die Gelegenheit, sich fortzuentwickeln, zu wachsen, wieder Mensch zu werden, manchmal langsamer, manchmal schneller. Aber die Zeit hat dabei keine Bedeutung, und es gibt, wie bereits gesagt, keine Strafe und keinen Bestrafer, nur ein entsprechendes, selbst gewähltes Lernprogramm für das nächste Erdendasein.

Manche Religionen meinen mit „Hölle“ den Zeitverbleib nach dem Tod, nämlich dann, wenn wir direkt nach dem Ableben erinnert werden beziehungsweise − ohne dreidimensionale Blende – erkennen, wie viele Momente es gab, in denen wir wirklich viel Leid und Schaden hinterlassen haben. Das schmerzt jetzt so sehr, dass man dies wirklich als Hölle bezeichnen könnte. Es betrifft die sogenannten „Sünder", „Täter" oder andere, die in diese Reihe passen. Sie befinden sich in einer besonderen Todeserfahrung, in der die Seele stark trauert und die hinterlassene Spur tief schmerzt.

Dieser Zustand ist der ungeschminkte Spiegel unserer weltlichen Taten und kann, falls wir uns entsprechend unmenschlich verhalten haben, zwar „höllisch" sein, aber auch dies ist vergänglich, und niemand wird auf ewig bestraft.

Für Wissende ist der Tod nichts Trauriges. Wissende können mit dem Tod als Wandlung vollkommen angstfrei und spielerisch umgehen. Es gibt Techniken, den eigenen Tod fantasievoll und mit der Kraft der eigenen kreativen Liebe positiv zu „formen" (oder abenteuerlich zu steuern, wenn dieser Zeitpunkt kommt). Dies geschieht durch eine gewisse meditative „Vorprogrammierung", die ich später noch ansprechen möchte. Der Wissende hat keine Angst vor dem Tod, er hat nur etwas Reisefieber...

Oft sitze ich an warmen Nachmittagen im Straßencafé und betrachte mir die vorbeigehenden Menschen, die unterschiedlichsten Arten von Persönlichkeiten wie Reiche, Arme, rechtschaffene Bürger, Künstler, Geschäftsleute, Intellektuelle. Darunter sehe ich Menschen, denen es schlechter geht als anderen. Manchen geht es sogar ziemlich schlecht, und man sieht ihnen die Armut und das Drama des Lebens an. Sie haben dazu körperliche oder seelische Leiden und sind verbittert. Andere wiederum wurden in den Wohlstand hineingeboren und kennen gewisse Sorgen nicht. Das alles gibt zu denken. Warum kommen manche arm zur Welt? Und wofür werden sie bestraft? Warum haben nicht alle die gleiche Chance? Wer hat sich diese scheinbar maßlose Ungerechtigkeit ausgedacht?

Die meisten von euch sind längst vertraut mit den Gesetzmäßigkeiten, die man auch Karma nennt. Es gibt niemanden, der uns bestraft oder im höheren Sinne Entscheidungen fällt, die uns schaden. Alles, was geschieht, haben wir selbst veranlasst. Wir sind selbst die Ursache. Unser Handeln hat Auswirkungen. Diese rollen wie eine Welle auf uns zurück – ob wir es wollen oder nicht.

In einer sehr exakten Gesetzmäßigkeit erreicht uns all das wieder, was wir aussenden. Wenn wir Liebe aussenden, werden wir Liebe zurückerhalten. Wenn wir jemandem einen Schaden zufügen, werden wir denselben Schaden zurückerhalten, wir werden dieselben Schmerzen erfahren oder das Drama erleben, das wir ursprünglich selbst verursacht und anderen eingehandelt haben. Alles bewirken wir selbst! Wir sind die Langzeit-Regisseure unseres eigenen Films der Unendlichkeit, und eigentlich ist das Happyend längst klar, nur fällt es uns schwer, diese dramaturgische Weltkurve zu kriegen.

Nun darf man sagen: Wenn man weiß, dass sich alles karmisch so verhält, wie wir es selbst inszenieren, könnte man davon ausgehen, dass ein intelligenter Mensch, der dieses liest und ausprobieren möchte, unverzüglich beginnen wird, möglichst nur noch angenehme und positive Aktionen im Leben zu veranlassen, begründet mit dem Wissen, man erhält es genauso angenehm und positiv zurück. Man würde beginnen, nie wieder jemandem Schaden zuzufügen, wegen persönlicher Vorteile nie wieder andere Menschen auszunutzen oder zu schädigen, denn es würde mit absoluter Exaktheit wieder auf den Absender zurückkommen und sich genauso auswirken. Man könnte meinen, ein einigermaßen intelligenter Mensch würde nur so handeln. Er würde unter diesem Aspekt nie wieder Negativimpulse durch Gedanken, Worte und Taten entstehen lassen, denn er würde die Folgen bereits kennen. Er würde sich nie wieder durch seine Taten an anderen selbst schädigen wollen.

Bedauerlicherweise sieht es aber in unserer Welt nicht so aus. Intelligenz bedeutet, das angereicherte Wissen möglichst vorteilhaft zu nutzen. Ein intelligentes Wesen darf Fehler begehen und daraus lernen. Und es wird den Fehler nicht wiederholen, um eine unangenehme Erfahrung nicht zweimal machen zu müssen. Intelligenz heißt auch, Erfahrung nutzbar machen. Die Menschen sind scheinbar trotz des angereicherten Wissens nicht intelligenter geworden, denn sie wiederholen sich in ihren Gräueltaten.

Man darf feststellen, dass das derzeitige Wissen der Menschen nicht für einen Weltfrieden ausreicht. Und es wäre falsch zu sagen, dass der Großteil der Menschen wirklich böse wäre, weil sie betrügen, lügen, morden, Kriege führen und viele Negativereignisse in die Wege leiten. Oft sind es Einzelne, die Derartiges bewirken, und sie sind eigentlich Nicht-Wissende. Alle unmenschlichen Taten sind nur der Ausdruck für „Nicht-Wissen“!

Die Menschen wissen tatsächlich nicht, was sie tun. Sie wissen nicht, dass sie, wenn sie im Krieg jemanden erschießen, selbst auch als Opfer irgendwann erschossen werden. Sie betrügen, weil sie nicht wissen, dass sie irgendwann auch betrogen werden. Sie richten so viel Schaden an und fügen anderen so viel Schmerz zu, weil sie nicht wissen, dass sie damit ihre eigene persönliche Tragödie erschaffen. Sie „wissen" und „sehen" die tatsächliche Auswirkung nicht.

Die Reihe solcher Vergleiche ließe sich unendlich fortsetzen. Die Wirkungsweise hört sich logisch an, weniger logisch erscheint der zeitliche Verbleib bis zur Rückwirkung unserer Taten. Wie lange dauert es, bis wir die Auswirkungen zu spüren bekommen? Kann die Summe aller Auswirkungen uns überhaupt noch erreichen, wenn unser Leben nur 40 oder 60 Jahre lang dauert? Reicht die gegebene Lebenszeit aus, dass wir alle karmischen Ereignisse rechtzeitig zurückerhalten?

Hier beginnt es spannend zu werden, denn wir fragen: Was ist denn eigentlich los auf der Welt? Wann wirken sich die negativen Taten Einzelner karmisch aus? So viele Menschen wie machtgierige Geschäftsleute, korrupte Politiker, fanatische Religionsführer, hinterlistige Privatpersonen, Eheleute und Menschen aller Rassen handeln zu ihrem Vorteil und fügen anderen oft Leid zu.

Diese Macher erschaffen sich innerhalb einer Lebensepoche ein so verflochtenes karmisches Netz, dass man meinen könnte, die Zeit der verbleibenden Jahre würde niemals ausreichen, damit sich alle Taten irgendwann rückwirkend im eigenen Leben zeigen konnten. Spätestens an dieser Stelle darf der Sinn der Wiedergeburt angesprochen werden.

Die Reinkarnationslehre war schon in vielen Zeiten ein reguläres Glaubensmuster, mit dem die Menschen auf natürliche Weise umgehen konnten. Im geschichtlichen Aufkommen der kirchlichen Religionen veränderte sich das. Nach religiöser Erkenntnis war nun die Wiedergutmachung nicht mehr möglich, weil es nun gleich ab in die Hölle ging. Ein Versöhnen mit Gott und allen Geschöpfen wurde somit untersagt. Und darum ist die Erfindung der Hölle ein ziemlich ausgeklügelter Marketing-Deal!

So kam die Angst verbreitende Idee von der sogenannten Hölle zum Tragen. Gegner und Wissende sollten auf traurige Weise zum Schweigen gebracht werden.

Die Zeiten haben sich längst geändert und die Institutionen zur Überwachung religiöser Glaubensvorschriften in der westlichen Welt an Bedeutung verloren. Die Wiedergeburt ist selbstverständlich ein Thema, und schon lange darf jeder darüber sprechen, ohne verfolgt und verbrannt zu werden. Wir leben nicht nur einmal. Wir sterben, und unsere Seele erkennt unsere ungemütliche Spur, die wir hinterlassen haben. Es würde unbeschreibliche Einsamkeit und seelisches Leid bedeuten, wenn wir tatsächlich in diese spektakuläre Hölle müssten, uns nie wieder mit jemandem versöhnen und nie wieder ins Licht heimkehren dürften. Es wäre Stillstand, wenn es nicht die Möglichkeit unendlichen Wachstums gäbe und sich nicht die vielfältigen Formen anbieten würden, das Leben immer wieder neu zu erlernen und in liebevoller Absicht zu verbessern. Auch der Religionsfanatiker darf sich fragen: Gibt es tatsächlich irgendwo auf Erden oder draußen im Kosmos irgendeinen Stillstand?

Nach dem Ableben erfahren wir diesen Zustand der Erkenntnis und beschließen in diesem Schmerz, alles wieder gutzumachen. Und dies ist unser eigener dringlichster Wunsch. Wird dies nicht bereinigt, ist nach der Rückkehr von der Erde die Verschmelzung mit unserer lichtvollen Seele nicht gegeben. Wir tragen einen Schmerz in uns, mit dem wir nicht in das große Licht zurückkehren wollen und können. Es ist unsere eigene Entscheidung, zur Erde zurückzukehren. Darum kommen wir wieder. Wir leben viele, viele Male. Es ist ein höchst bedeutsamer Segen, dass es die Möglichkeit der Wiedergeburt gibt, und es wäre ein ziemlich unglücklicher Umstand, wenn wir das Leid ewig mit uns tragen müssten. Dies ist das spielerische Wirkungsfeld unserer persönlichen Entscheidungen. Hier spüren wir deutlich die Auswirkungen unseres Handelns und haben dabei das Glück, alles verbessern zu können.

Von Erdendasein zu Erdendasein hat jeder die Chance, den „Sinn des Lebens“ zu erlernen und an der Leiter des Fortschritts durch Dazulernen spielerisch zu wachsen. So beschließen wir selbst, wann und wo wir wieder auf die Erde kommen werden, um uns mit unseren Taten und deren Auswirkungen noch einmal auseinanderzusetzen und uns im Sinne des göttlichen Ziels zu entwickeln. Wir suchen uns selbst vor der Geburt unsere Aufgaben- und Erfahrungsbereiche aus, allerdings vergessen wir während des Erdendaseins vorübergehend diesen Plan und das Geschehen früherer Leben.

Es ist ein Segen, dass wir uns normalerweise an frühere Leben nicht erinnern können, denn wie groß wäre die mentale Last, die wir ständig in unserem Gehirn mit uns herumschleppen müssten?

In jeder Begegnung mit anderen Menschen würden wir vielleicht erinnert werden, was uns diese Person schon einmal zugefügt hat, wir wären möglicherweise verstimmt oder gar voller Hass auf bestimmte Menschen (oder je nach Vorgeschichte sogar auf mehrere Menschen, Institutionen, Gesellschaften, religiöse Organisationen), und die Voraussetzung für einen neutralen, wiedergutmachenden Neuanfang wäre nicht gegeben. Es wäre viel schwieriger, eine neue Erdenzeit mit derart ungünstigen Gefühlen zu beginnen und dauerhaft gut zu leben, also ist es ein großes Geschenk, dass wir uns an diese Vorgänge nicht mehr erinnern können.

Wie sehr wären wir eingeschränkt, wenn wir in manchen Begegnungen an eine alte unbezahlte Rechnung, einen Streit, eine Ungerechtigkeit oder Unmenschlichkeit erinnert werden würden? Ein Glück – wir haben es vorübergehend vergessen.

Unvoreingenommen stürzen wir uns nun in Abenteuer, um Vergangenes zu bewältigen und den menschlichen Aspekt des Lebens zu erlernen. Nicht zufällig kommen wir in Europa, Amerika oder Afrika als Weißer oder Schwarzer zur Welt, nicht zufällig sind wir arm oder reich, von Geburt an behindert oder kerngesund, und ebenso nicht zufällig treffen wir während der Lebenszeit an bestimmten Orten mit bestimmten Menschen zusammen.

Dabei begegnen wir besonders den Menschen, mit denen es noch etwas zu bereinigen gibt. Eheleute, die irgendwann im Streit auseinandergegangen sind, werden sich immer wieder treffen, sich neu kennenlernen, neu verlieben, bis sie endlich gelernt haben, liebevoll miteinander umzugehen. Das dauert manchmal mehrere Leben lang und kann über Jahrhunderte oder länger gehen, und immer wieder treffen sie zusammen. Sie lernen sich in jedem weiteren Leben neu kennen, sind aber in Wirklichkeit alte Bekannte, die wegen ihres karmischen Ping Pong-Spiels zusammengeführt werden. Dies entspricht selbstverständlich dem „seelischen Interesse" aller Beteiligten.

Den jeweiligen Lebensplan erstellen die Betroffenen während des jenseitigen Zustands, also vor der Geburt zum neuen Leben. Keiner gibt ihnen den Weg vor. Niemand befiehlt eine Richtung. Die Seelen entscheiden selbst. Vorgegeben ist nur das kosmische Zusammenspiel im göttlichen Sinne der schöpferischen Gesamtidee.

Die Regelung durch die Wiedergeburt ist scheinbar die einzige Korrekturmöglichkeit, seelischen Frieden in Ewigkeit zu erlangen. Alle Seelen, die zu Erdenzeit kein friedliches Beisammensein erfahren haben, können im Jenseits auf dramatische Weise nicht wieder in vollkommener Liebe zusammentreffen, sich nicht mit der friedlichen Unendlichkeit verbinden und mit dem göttlichen Ganzen eins werden.

Alle diese aktiven Wesenheiten – das sind wir, du, ich, alle, die wir hier auf dem Weg sind, werden die friedliche Gesamtheit irgendwann wieder lichtvoll betreten. Das bezieht sich auf Menschen aller Konstellationen und Religionen, auf alle vergangenen, gegenwärtigen und zukünftigen Situationen in Taten, Worten und Gedanken. In einer Kette von Auswirkungen verschaffen wir uns selbst die Bestimmung fürs Leben und treffen (natürlich „rein zufällig“) mit den Menschen „ähnlicher Bestimmung“ wieder zusammen.

Oft sind es sehr viele, denen wir während eines Lebens wieder begegnen. Und es ist gut, dass die Beschaffenheit unseres Gehirns die Gesamterinnerung an alle Begegnungen der Vergangenheit nicht zulässt. Diese würde uns in unserer dreidimensionalen Denkstruktur mit ungünstigen Gedanken prägen, und der neutrale, eher göttliche Ausgangspunkt wäre nicht gegeben.

Weil sich die Personen jedes Mal neu kennenlernen, bietet sich stets die beste Möglichkeit eines Neuanfangs, fernab vom Aspekt alter zwischenmenschlicher Auseinandersetzungen. Darin liegt der Vorteil der zeitlich beschränkten Sicht während des Erdendaseins. Doch die Entscheidungen trifft jedes Wesen selbst. Niemand spricht eine Strafe aus oder sagt womöglich: „Im nächsten Leben geht es dir schlecht“ oder „Du hast dieses oder jenes wieder gutzumachen.“ Solche Ängste müssen wir uns von niemandem einreden lassen.

Beispielsweise wird der skrupellose Geschäftemacher, der hilflose Menschen in ihrer Not für eigenen Profit ausgebeutet hat, im Jenseitigen beschließen, nun die Erfahrung zu machen, selbst als armer Mensch ausgebeutet zu werden. So wird er in einem ärmlichen Umfeld unter wirtschaftlich schwierigen Bedingungen wiedergeboren, ausgebeutet werden, Not erfahren und dabei (vielleicht) diese Sichtweise des Lebens neu einschätzen lernen. Wenn er aber diese Chance vermasselt, weil er sie nicht wahrnehmen will, den Zusammenhang nicht erkennt oder einfach keine Lust hat, mit Mitmenschen liebevoll umzugehen, stehen ihm noch unzählige weitere Inkarnationen zur Verfügung, um das „Leben" zu lernen. So wird der einst skrupellose Geschäftemacher immer wieder schwierige Lebensformen wählen, es ist sein Weg, Menschlichkeit zu erkennen und Mitgefühl zu lernen. Irgendwann wird er wieder ein Geschäftsmann sein und erkannt haben, dass man mit materiellem Reichtum eine große Verantwortung übernimmt. Geld ist die wichtigste irdische Energie, mit Geld kann man sehr viel Gutes bewirken. Reiche Menschen tragen darum eine große Verantwortung gegenüber der Welt, der Menschheit und allen Wesen, sie hätten die Möglichkeit, viel Gutes zu tun.

So lässt sich dieses Spiel auf alle Gruppierungen und Situationen übertragen, dies gilt für den Sklaventreiber auf der Galeere, der selbst zum Sklaven wird, wie für den machtgierigen Herrscher, der zum Beherrschten wird.

Armut und Reichtum, Not und Wohlstand, Liebe und Hass sind sich deshalb sehr nahe und beinhalten ein stetes Wechselspiel für den Menschwerdenden. Mörder werden in der Planung zum nächsten Leben vielleicht die eigene Ermordung als Todesform wählen, um auch diese Erfahrung zu machen. Der Mord, die vielleicht heftigste weltliche Tat, darf aber hinter den Kulissen dennoch göttlich beleuchtet werden:

Bevor es zur Tat kommt, gibt es einen Dialog zwischen der Seele des Mörders und der des Opfers. So sagt die Opferseele zur Mörderseele: „Wenn du die Erfahrung machen möchtest, im Weltlichen ein Mörder zu sein, möchte ich sehr gerne dein Opfer sein“, bietet sich an, um dem angehenden Mörder diese weltliche Erfahrung möglich zu machen und ergänzt: „Nimm mich als Opfer, der Grund ist meine allumfassende Liebe zu dir.“ Nach diesem kosmischen Dialog findet die Tat statt, der Mörder hat die Chance, diese Erfahrung mit allen Konsequenzen zu „erleben“. Es ist ein Liebesakt zwischen den Seelen und lässt sich aus weltlicher Einschätzung mit den Maßstäben von „Gut“ und „Böse“ nur schwer begreiflich machen.

Diese Erkenntnis ist für mich spannend und auch unterhaltsam, dennoch nicht unbedingt ein Thema für jeden Ansprechpartner. Ich war zu einem Abendessen eingeladen, ungefähr zwanzig Personen saßen an einem langem Tisch. Ich kannte fast niemanden und hielt mich im Gespräch eher zurück, auch weil ich anderen gerne zuhöre, wenn sie etwas zu erzählen haben. Neben mir saß gemäß Platzzuordnung ein älterer Herr, ein Richter. Und ich wurde zuvor schon vor ihm gewarnt bezüglich seiner ultra-konservativen Ansichten. So verlief ein friedlicher Abend, man führte temperamentvolle Gespräche zu allen Themen, und ich hörte meistens nur zu. Irgendwann kam das Thema auf Straftaten, Mord und Gerechtigkeit. Der Richter hatte das Wort, und was er zu sagen hatte, war ziemlich amtlich, niemand wollte widersprechen. Und weil er direkt neben mir saß, war ich akustisch so eingebunden, dass ich mich dem kaum entziehen konnte, ich fühlte mich direkt angesprochen. So begann ich, meine Haltung zu den Dingen zu erzählen. Plötzlich verstummten alle Gespräche im Raum, und es herrschte absolute Stille. Alle schauten mich mit großen Augen an, vielleicht auch, weil ich zum ersten Mal an diesem Abend etwas Konkretes von mir gab. Darauf hatten wohl alle gewartet. Und nun begann ich, in dieser anhaltenden atemlosen Stille dem amtlichen Richter meinen vollkommen anderen Standpunkt zu Mörder und Opfer darzustellen. Ich erzählte ihm, dass sich vor der Tat die Seele des Opfers mit der des Täters unterhält und diesen weltlichen Deal in Liebe anbietet. Alle hörten gebannt zu, und es blieb mucksmäuschenstill im Raum. Als ich fertig war, blieb der Richter erstaunlich ruhig und wirkte sehr nachdenklich. Hinterher erfuhr ich, dass alle vor Freude fast kreischend geplatzt wären, weil ich dem konservativen Richter diese „Spirit-Nummer" aufgetischt hatte. Es war wohl für alle der Höhepunkt des Abends, doch für mich war es ein Liebesdienst für den Richter.

Auch Tiere, die sich von anderen Tieren fressen lassen, tun dies im Grunde als Liebesdienst innerhalb des kosmischen Gefüges. Die beteiligten Seelen stehen in Kontakt, im höheren Sinn ist jedes Fressen und Gefressen werden ein harmonisches Ereignis, wenn es auch weltlich anders aussieht.

Die USA sind gezeichnet von einem besonderen karmischen Gefüge: Rassisten inkarnieren wechselweise einmal als Schwarze und dann wieder als Weiße, bis sie in liebevoller Menschlichkeit miteinander umgehen. Und sie werden mit ihren eigenen Naturkatastrophen so beschäftigt sein, dass sie keine Zeit mehr haben werden, Kriege zu führen. Die Dinge werden sich von selbst regeln. Genauso wie es einst unvorstellbar war, dass ein Schwarzer das Land regieren würde.

Wenn in Kriegs- oder Katastrophenzeiten ganze Bevölkerungsgruppen ausgelöscht werden, ist die Tragik sehr groß und das menschliche Leid unbeschreiblich. Gläubige Menschen fragen ihren Gott: Warum bestrafst du uns so? Warum tust du uns das an?

Karmisch betrachtet, ist das tragische Geschehen der Ausdruck einer verständlichen Logik. Massensterben unterliegen keiner Zufälligkeit. Es ist kein Zufall, wen es trifft und wen nicht. Beim Untergang von Bevölkerungsschichten, Religions- oder Randgruppen können wir spannende karmische Zusammenhänge entdecken: Die Täter von Kriegsüberfällen und Massakern tragen, karmisch gesehen, ein kollektives Leid. Es geht darum, dieses zu bereinigen, und sie erfahren gemeinsam beim nächsten Leben einen kollektiven Tod. Und so wiederholen sich Ereignisse. Die Unmenschlichkeiten der weltweiten Gegenwart sind oft Ausdruck von Karma; die einen morden, die anderen sterben im Kollektiv. Täter werden zu Opfern, und beim nächsten Mal ist es umgekehrt. Nichts geschieht zufällig. Vieles wird sich wiederholen, denn die kriegerischen Ereignisse nehmen scheinbar kein Ende. Es ist nur Ursache und Wirkung, genannt Karma.

Komplette „Seelen-Interessengemeinschaften“ beschließen somit, eine bestimmte Todeserfahrung gemeinsam zu machen, um besonders auch in dieser Konstellation zu lernen. Die kollektive karmische Reinigung wird von der „Seelen-Interessengemeinschaft“ gemeinsam jenseitig geplant. Gemäß dieser Verabredung inkarnieren alle beteiligten Seelen auf der gleichen Zeitebene, und der gemeinsame Tod erfolgt zum „richtigen Zeitpunkt“. Wir erfahren von 200 Erdbebenopfern oder 2000 Toten in einem Kriegsgebiet. Wir nehmen die Tragödie wahr, den funktionellen Zusammenhang aus der Sicht einer „höheren Richtigkeit“ sehen wir nicht, uns bleiben oft Zorn, Hass, Verurteilung, Traurigkeit, Einsamkeit...

Dies betrifft alle tragischen Ereignisse mit kollektiven Todeserfahrungen. Somit war geregelt, welche Personen beim Attentat auf das New Yorker World Trade Center sterben würden, und darum war niemand der Betroffenen wirklich zufällig in den Türmen. Die Seelen hatten sich verabredet. Niemand stirbt zufällig, weder bei einem Attentat, noch im Kriegsfall oder bei einem Autounfall, erst recht nicht durch Krankheit.

Andere diskutierten später, ob der amerikanische Kriegsangriff gegen den Irak berechtigt war. Bei aller Traurigkeit aber war der karmische Hintergrund auch ein Ereignis, das dazu diente, im Irak die Situation der Menschen zu verändern und neu zu orientieren – aus weltlicher Sicht ein Kriegsangriff, aus höherer Sicht die Einleitung einer regionalen Neuorientierung globaler Art.

Nun hat aber Herr Bush aufgrund der veranlassten Taten ebenso ein karmisches Päckchen zu tragen, und man könnte rätseln, wie er dies nun wieder bereinigen könnte... Die multidimensionalen Vernetzungen von Ursache und Wirkung verfügen über eine äußerst sensible Verteilung aller Zeitereignisse, auch wenn wir dies vorerst nicht sehen oder gar verstehen können. Wie sollte man nun über Herrn Bush denken? Kann sein Handeln eigentlich verurteilt werden, wenn wir alle Zusammenhänge einer „höheren Richtigkeit" nicht sehen können? Nach welchem Maßstab könnte dies bewertet werden? Sollte es überhaupt bewertet werden?

Alle Formen, die nicht mit der natürlichen weltlichen Daseinsentwicklung zu tun haben, sind Ereignisse, die wir als Lernprogramm ebenso mit ins nächste Leben übernehmen, wie zum Beispiel Süchte. Alle Arten von Süchten lenken verstärkt vom Basiszustand des Lebens ab, denn das Leben in der Grundform ist fröhlich und ein Genuss. Es bedarf keiner künstlichen Genussform. Wird der künstliche Genuss zum Dauerzustand, wird das eigentliche Leben verzerrt. Sucht ist Ablenkung, in die man sich unter schwierigen Lebensbedingungen hineinkatapultiert. Aber es gibt auch diejenigen, die problemlos und unter besten sozialen Bedingungen diese Welt betreten und unerwartet in sehr jungen Jahren heftig zu trinken beginnen oder sich plötzlich harten Drogen zuwenden. Sie haben die Sucht als unvollendete Erfahrungsform des letzten Lebens mitgebracht. Entweder sie finden wieder ihren Weg, oder sie hängen derart in ihrer Sucht fest, dass es zum frühen Tod kommt. Ein Heroinabhängiger, der sich in jungen Jahren den „goldenen Schuss“ gibt und stirbt, ist im Grunde seiner eigentlichen Bestimmung vorerst nähergekommen. Wenn der Betroffene keinen Ausstieg aus diesem Problem sieht und möglicherweise ein ganzes Leben qualvoll als Suchtkranker verplempert, plant seine Seele etwas früher das Ende und einen weiteren Neuanfang.

Auch Suchtkranke bekommen die nächste Chance. Aus diesem Blickwinkel darf man sagen, dass überhaupt nichts wirklich schlimm ist. Entscheidet sich der Betroffene für negative Taten und problematische Situationen, sind dies nur unterschiedliche Richtungen, die Wege des menschlichen Wachstums auszuprobieren und mit allen Konsequenzen kennenzulernen. Wer einen besonders steinigen „Umweg“ wählt, wird daran wachsen und sehr stark werden. Die Möglichkeiten von Wachstum sind unendlich. Der Mensch ist höchst individuell. Alle Wege des Erlernens sind möglich. Kein Weg ist wirklich „schlecht“, nur sind manche besonders steinig. Das sucht sich der Mensch in seiner Individualität selbst aus und wählt aus allen erdenkbaren Varianten die persönliche Lebensrichtung zwischen „schwieriger Phase“ oder „freudiger Zeit des Erwachens“.

Zur Anfangsfrage: „Wie lange dauert es, bis sich Karma auswirkt?“, darf ergänzend bemerkt sein, dass wir hier Beispiele dargestellt haben, in denen es darum geht, wie sich ein riesiger Karmaberg zeitlich verhält. Doch es gibt auch die anderen, die im Licht Tanzenden. Ich meine Menschen in Harmonie in einem ziemlich karmafreien Zustand. Menschen in dieser wunderbaren Situation können selbstverständlich auch erneut durch eine Tat Karma erzeugen, dies würde dann wiederum in einem Jahr, in einer Woche oder in Sekundenschnelle zurückwirken, je nach „Qualität der Zeit".

Mit dieser Erkenntnis sitze ich nun noch immer im Straßencafé und sehe alle die Menschen, die mit ihren selbstinszenierten Ereignissen und selbstgewählten Lebensumständen vorbeilaufen. Ich sehe Armut, Krankheit, Not und alle dazugehörenden Gegensätze. Ich schmunzle bei dem Gedanken, wie viele Leben es wohl dauern wird, bis der eine oder andere aus dieser karmischen Vernetzung freikommt. Aber so muss es nicht sein. Dieses karmische Gesetz kann immer und sofort unterbrochen werden, es genügt tatsächlich nur der Schritt der inneren Erkenntnis, und es lassen sich sofort Richtung und Verlauf der Dinge ändern. Der Mensch kann sofort beginnen, den Problembereich zu überspringen. Niemand wird wirklich behindert, die eigene Denkrichtung zu ändern, denn bevor wir die Lebensumstände ändern, sollten wir die Denkrichtung korrigieren.

So lange die Menschen diese einfache Erkenntnis nicht erfahren, „wissen sie nicht" und bevorzugen scheinbar eine schwierige Zeit. Doch dies erfährt jedes Wesen für sich persönlich. Der Mensch entscheidet selbst über seine Realität. Jeder hat seine eigene, persönliche Realität, manchmal ist sie kompliziert, für manche ist sie weniger schwierig. Doch es steht nirgends geschrieben, dass wir die Wahrheit nicht im Einfachen suchen dürfen. Die Lösung liegt im Einfachen. Ich wiederhole jetzt das, was in

Millionen von Büchern bereits geschrieben steht: Die Formel heißt Liebe. Es gibt nur diesen einen Weg und diese eine Lösung. Wer diese Spielregel noch nicht kennt, lebt seinen persönlichen Ausdruck von Unwissen – oder, besser: „Wer nicht liebt, weiß nicht!“ oder, noch besser: „Wer Unrecht tut, ist ein Nicht-Wissender!“

Jede „böse Tat“ ist immer nur ein Ausdruck für „nicht wissen“! Im Grunde ist der Mensch gut, der Mensch als ganzes Wesen. Der wirklich wesentliche Punkt dabei ist, dass Menschen, die „Böses“ tun, tatsächlich meistens glauben, das Richtige zu tun. Sie wissen es nicht besser. Oder sie sehen keinen anderen Ausweg. Sie meinen, es ist richtig, was sie tun, weil sie „nicht wissen“. Ein deutscher Diktator vernichtete Millionen von Juden, weil er glaubte, es sei richtig so. Was für ein maßloser „Denkfehler“!

Menschen, die in ihren Entscheidungen den langen Weg schwieriger Erfahrungen gehen und somit viele weitere Leben inszenieren, um eigene Sichtweisen in neuen Formen zu erkunden, brauchen scheinbar zeitlich länger, bis sie letztendlich mit glanzvollem Wissen als reine unbelastete Seele in die heilige Ewigkeit zurückzukehren. Dies ist jedoch nur scheinbar so und unterliegt einer Einschränkung der menschlichen Betrachtung. Die Seelen waren immer da und werden immer da sein. Es gibt keinen zeitlichen Anfang und kein zeitliches Ende. Für „mehr Erfahrungen“ einer Wesenheit wird deshalb nicht „mehr Zeit“ benötigt. Nichts dauert länger oder kürzer, es sei denn, wir beurteilen weltliche Angelegenheiten. Wenn wir den Zeitverlauf bis zum astrologischen Urknall in Lichtjahren zurückrechnen, ist dies nur der subjektive Ausdruck aus weltlicher Sicht – der eingeschränkte Blick aus der Dreidimensionalität. Zeit spielt aus höherer Sicht keine Rolle. Zeit existiert nicht!

In Wirklichkeit ist alles Geschehen gleichzeitig, auch wenn unser Gehirn diese Vorstellung nicht zulässt. Alles passiert gleichzeitig. Jede entstandene Energie bleibt in dieser Gleichzeitigkeit unvergänglich erhalten. Unsere Wesenheit genießt den Status einer Bewegung in Lichtgeschwindigkeit. Diese Bewegung in Lichtgeschwindigkeit wäre ebenso zeitneutral, und es gäbe keinen Alterungsprozess. Es entspricht unserer Seele, die nie altert.

Das Element der Zeit hat nur während unseres räumlichen Erdendaseins eine Bedeutung. Zeit wirkt nur innerhalb dieser dreidimensional eingeschränkten Sicht. Auf der Erde ist das Zeitelement hilfreich für unseren Lern- und Wachstumsprozess. Nur die Zeit zeigt uns im messbaren Bereich das Vergängliche und macht unsere Entwicklung in der zeitlichen Bewegung sichtbar. Innerhalb der messbaren Zeit sind wir in der Lage, unseren Fortschritt zu erkennen. Würde hier auf der Erde alles gleichzeitig geschehen, könnten wir den weltlichen Weg nicht wahrnehmen. Wir könnten keine bewusste Erfahrung mit unserem fleischlichen Körper machen, in der Gleichzeitigkeit sind fleischliches Wachstum und körperliche Vergänglichkeit nicht möglich. Unsere menschliche Gehirnfunktion ist perfekt in die gradlinige Denkstruktur des Weltlich-Vergänglichen eingepasst. Die Zeit ist ein wichtiges Display, an dem wir den Stand unserer weltlichen Dinge ablesen können.

Beim Ableben verliert die Zeit sofort an Bedeutung. So, wie wir den fleischlichen Körper und die damit verbundene Weltlichkeit nicht mehr benötigen, ist der Aspekt der Zeit aufgelöst. Jedoch jegliche entstandene Energie bleibt bestehen, da sie nicht nur im Weltlichen existiert. Diese globale Gesetzmäßigkeit kann als kreativer Impuls für alles Geschehen und im Sinne der schöpferischen, göttlichen Idee auf eine sehr einfache Formel gebracht werden, wir nennen es kosmische Kraft – oder wieder „Liebe".

Liebe ist die Grundformel allen Wachstums – vom Gänseblümchen bis zum Entstehen eines Hochgebirges. Liebe ist für manche „nur" ein Gefühl, sie ist jedoch eine äußerst konkrete Kraft. Wo Liebe vermindert angewendet wird oder nur reduziert stattfindet, findet Wachstum langsamer oder anders statt. Das lässt sich praktisch ausprobieren: Nimm zwei frische Blätter eines Baums und lege beide auf deine Fensterbank in die Sonne. Dem linken Blatt schenke von nun ab keine Beachtung mehr, während du beginnst, das rechte Blatt zu lieben. Schaue dir das rechte Blatt täglich mehrfach an, erkenne es in seiner natürlichen Schönheit, sprich in Gedanken oder mit Worten zu diesem Blatt und gib ihm deine fürsorgliche Zuneigung. Nimm es in die Hand, streichle es und sage ihm von Herzen, dass du bemüht bist, dieses Blatt in liebevoller Absicht am Leben zu erhalten. Vielleicht geht dein Test so aus: Das unbeachtete linke Blatt wird in wenigen Tagen verwelkt sein, während das rechte noch lange danach Frische und Leben ausstrahlt. Probier es aus, du wirst erstaunt sein!

Nun darf ich zu den Gedanken um Zeit, Raum und Wiedergeburt ergänzend anmerken, dass Karma ab einer bestimmten menschlichen Reife nicht mehr stattfindet. Karma als Begriff für Ursache und Wirkung löst sich auf: Eine Wirkung gibt es nicht mehr, weil es keine Ursache gibt.

Wissende verstehen es, in allem Geschehen eine Richtigkeit zu erkennen. Diese Richtigkeit bezieht sich auf alles Sichtbare und Unsichtbare – frei von Raum und Zeit. Es gehört zur Spielregel, um Mensch zu werden. In allem Geschehen passiert nichts zufällig. Alles Geschehen, das uns zustößt oder das wir auslösen, ist richtig. Und damit passiert etwas Wesentliches: Wir verzichten auf Bewertungen. Ein „Falsch“ oder „Böse“ existiert nicht. Wir verlassen die duale Denkform, weil alles in sich nur „gut“ ist, es gibt keinen Grund mehr, etwas zu bewerten. Diese Haltung hat eine kosmische Richtigkeit, die unserem Gesamtwachstum sehr nützt. Das sogenannte „Böse“ haben wir zeitweise selbst erschaffen, um mit dieser Dualität außergewöhnliche Wege zur Menschlichkeit auszuprobieren und zu erlernen. Und auch hier gibt es den göttlichen Aspekt hinter den Kulissen: Da die gesamte Schöpfung aus purer Göttlichkeit besteht, ist auch der abwegigste Aspekt aus Dunkelheit und Einsamkeit ein göttlicher, da alles innerhalb der göttlichen Idee stattfindet. Es ist eher ein kreatives Forschen der Seelen, wie weit man sich von der Göttlichkeit entfernen kann und dennoch um die Göttlichkeit weiß. Das ist etwas sehr Schönes, was ich später noch vertiefen möchte.

So saß ich während der warmen Monate oft im Straßencafé, und eines Tages fragte mich ein junger Mann, ob ich ihm den Sinn des Lebens erklären könnte. Gegenüber auf einem Dachgiebel saß ein schwarzer Vogel, und ich hörte sein deutliches kraftvolles „Raaab". Ich fragte den jungen Mann humorvoll, ob er es mit sieben Sätzen oder mit sieben Worten erklärt haben wolle. Und er antwortete: „So kurz wie möglich bitte!" Und ich bot ihm eine Erklärung mit nur drei Worten an: „Lebe und lache!" Ich war mir sicher, ihm eine gute Antwort gegeben zu haben, denn genau so darf der Sinn des Lebens auf einen Nenner gebracht werden. Besser noch könnte es lauten: „Liebe, lebe und lache!"

Grenzbereiche der Logik

Es steht nirgends geschrieben, dass das Leben tragisch abgewickelt werden muss. Was uns scheinbar wie eine Strafe vorkommt und so manches Mal in aller Härte ausgelebt werden soll, ist immer von der eigenen seelischen Grundsatzentscheidung vorbestimmt. Weil wir uns nicht mehr daran erinnern können, meinen wir, es sei eine Strafe. Doch so dürfen wir auch den humorvollen Aspekt der Wiedergeburt ansprechen.

Der Witz der Sache ist, dass es viele Momente gibt, in denen wir, falls wir aufmerksam genug sind, an frühere Leben erinnert werden. Dies geschieht zum Beispiel, wenn wir an einen scheinbar fremden Ort kommen, aber offensichtlich trotzdem über die örtlichen Begebenheiten Bescheid wissen. Wie ein Blitz fährt es in unser Gedächtnis, und für eine Sekunde empfinden wir, dass wir den Ort schon kennen oder eine bestimmte Handlung schon einmal erlebt haben. „Hier war ich schon mal" oder „das kenne ich schon" oder „das habe ich schon einmal erlebt", sagt uns eine vertraute Stimmung. Die begleitenden Gefühle sind so vertraut, dass wir uns den Zustand gar nicht erklären können. Diesen Zustand nennen wir Déjà-vu. Fast jeder hat schon einmal eine Déjà-vu-Erfahrung gemacht und das Unerklärliche einfach hingenommen. Es ist etwas Vertrautes, aber man weiß nicht warum. Es ist die kurzfristige Erinnerung an einen früheren Moment: entweder die Erinnerung an ein Ereignis in einem früheren Leben oder an unsere jenseitige Planung vor dieser Inkarnation.

Wir haben ein bestimmtes Lebensereignis geplant (oder in unserer Bestimmung vorgesehen), das dann in diesem Leben in Aktion tritt. Im Déjà-vu könnten wir an diesen Plan erinnert werden.

Wer solche Zustände bewusst erlebt, darf sie genießen. Man spricht sogar dieselben Sätze in denselben Zusammenhängen oder wiederholt Handlungen, die man schon kennt oder an deren Inhalt man sich erinnert. Und auch hier bemerken wir das vertraute Zusammenspiel außersinnlicher Wahrnehmungen, als würden wir eine Erfahrung noch einmal machen. Das Schicksal versetzt uns zweimal in dieselbe Lage, und wir dürfen ein zweites Mal unsere Entscheidung treffen.

Oft aber erinnern wir uns nicht einmal an den Ort oder die entsprechende Handlung, sondern nur an die begleitenden Gefühle. Gefühle machen uns die Zustände vertraut. Déjà-vu-Erlebnisse sind Gefühlserinnerungen. Wenn man sie erlebt, kann man sich darin treiben lassen, ohne darüber nachdenken oder sie analysieren zu müssen. Mit dem rationalen Denken entfernen wir uns vom erlebten Zustand, weil wir versuchen, den Vorgang mental zu erfassen. Gefühle sind nicht immer erfassbar. Déjà-vu-Erfahrungen sind Überschneidungen mit anderen Realitäten, zeitliche Schnittstellen des globalen Geschehens, und bewirken eine gefühlte Gleichzeitigkeit. In der Meditation kann das trainiert werden – Gleichzeitigkeiten löschen sich gegeneinander aus, und Vergangenheit, Gegenwart und Zukunft verbleiben zeitlos. Es ist auch ein Schnittpunkt der Gefühle, eine gute Position, um wiederum die

Zeitlichkeit von Vergangenheit, Gegenwart und Zukunft zu beeinflussen. Unser rationales Gehirn beginnt jetzt zu glühen: Es passt ja überhaupt nicht in unser Vorstellungsmodell, wenn wir sagen, wir könnten die Vergangenheit beeinflussen, denn sie hat ja schon stattgefunden. Doch die Gleichzeitigkeit allen Geschehens ist die eigentliche Wirklichkeit, und die uns vertraute Zeit nur die weltliche Illusion. Nun darf man sich fragen, wozu man die Vergangenheit beeinflussen sollte?

Wir könnten Dinge ungeschehen machen, die uns karmisch belasten. Hier gelten die spielerischen Normen karmischer Auflösung in einer beseelten Stimmung – fernab von Bewertungen wie „Gut und Böse“ oder „Richtig und Falsch“. Es geschieht wertfrei aus dem Herzen. An späterer Stelle möchte ich Wege vorschlagen, karmische Vorgaben ungeschehen zu machen und in großzügigen Sichtweisen die Richtigkeit allen Geschehens wertfrei schätzen zu lernen.

Zwischen den verschiedenen Inkarnationen gibt es tatsächlich unterhaltsame Aspekte und Zusammenhänge, die ich in persönlichen Beobachtungen erfahren habe. In der Wahl der Wiedergeburt sind alle Formen möglich. Wer in einem Leben schon einmal ein Genie war, wird in späteren Leben das Geniale weiterhin in sich tragen, aber es kaum in dieser Größe zum Ausdruck bringen. Diese Erfahrung wurde bereits gemacht, das Genie wird neue Erfahrensformen suchen. Es möchte vielleicht im nächsten Leben gar kein Genie sein, sondern einen anderen Aspekt kennenlernen.

Dazu folgende Geschichte: Meine Freundin Denise, die in New York lebt und als Sängerin arbeitet, studierte vor Jahren klassische Musik. Als Hauptthema im Abschlussseminar behandelte sie ausführlich das Leben und die Werke Mozarts und war dadurch mit seiner Geschichte detailliert vertraut. Viele Jahre später lernte sie einen jungen Mann kennen und lud ihn irgendwann zu sich nach Hause ein. Mit Musik hatte er nichts zu tun, er arbeitete in einem normalen bürgerlichen Beruf. Als er jedoch Denises Appartement betrat, setzte er sich unerwartet an ihr kleines Spinett und spielte Musik von Mozart – ohne Notenvorlage! Denise war äußerst überrascht über seine Perfektion und fragte ihn, ob er Musik studiert hätte. Er aber antwortete, er hätte nie gelernt, Klavier zu spielen. Er könne überhaupt nicht Klavier spielen, nur Mozartstücke, nichts anderes. Außerdem hätte er keine Notenkenntnisse, und wenn er Mozarttitel spiele, denke er nicht darüber nach, sondern spiele einfach drauflos.

Das war für Denise vollkommen unverständlich, besonders deshalb, weil dieser höchst begabte Mensch sein Talent überhaupt nicht ernst nahm. Er war nicht daran interessiert, mit dieser Fähigkeit perfekte Mozart-Interpretationen öffentlich aufzuführen. Es war ihm egal, und er dachte nicht daran, sich mit Musik intensiver zu beschäftigen, weder beruflich, noch in seiner Freizeit. Dass er damit jemanden beeindrucken könnte, verblüffte ihn überhaupt nicht, er hatte ganz andere Interessen. Als Denise ihn irgendwann auf seinen Geburtstag ansprach und das Datum wissen wollte, stellte sich heraus, dass er am 27.

Januar geboren war. Denise war mehr als verblüfft, es war auch der Geburtstag eines gewissen Wolfgang Amadeus Mozart. So ein Zufall...! Und wir lernen daraus: Über Inkarnationen darf auch geschmunzelt werden.

Es gab auch in meinem Leben Ereignisse, bei denen mir Informationen aus früheren Zeiten bekannt wurden. Ich sollte dieses Wissen nutzen und Erkenntnisse daraus sammeln, um meine derzeitige Lebensweise zu verstehen. Ich war aus irgendeinem Grund immer der Ansicht, dass der Mensch weitaus mehr zu leisten vermag, als er glaubt. Wenn er am Grenzbereich angelangt ist und meint, er sei am Ende seiner physischen Kraft, kann er in Wirklichkeit noch ungeheure Energien entwickeln und Unglaubliches leisten. Das Gehirn meldet: „Erschöpfung!“, aber das Gehirn trügt, denn es glaubt nur, der Mensch sei am Ende. Es sagt uns nicht, wozu der Körper noch fähig ist. Das habe ich jahrelang ausprobiert und angewendet, indem ich die Nächte durchgearbeitet und auf den so gesunden Schlaf verzichtet habe. Schlafen empfand ich damals als vertrödelte Zeit. Ich wollte eher den Grenzbereich erfahren und bis zum Umfallen arbeiten. Aber ich bin nicht umgefallen. Wenn man glaubt, es geht nicht mehr, dann geht es in Wirklichkeit noch lange. Die Falschmeldung des Gehirns dürfen wir ignorieren. Jenseits des Grenzbereichs unserer Leistung liegen noch reichliche Kraftreserven, besonders Marathon-Läufer wissen das. Diese Reserven geben die eigentliche Kraft. Im Zustand der absoluten Erschöpfung oder Übermüdung, auch im Bereich des Halbbewusstseins, wenn man weitgehend nicht mehr bewusst oder gezielt nachdenkt, sondern nur noch agiert und reagiert, können Dinge geschehen, die man nicht für möglich hält. Eine eigentliche Kraft wird geweckt, die nur in diesen Extremzuständen zur Wirkung kommt, als gäbe es eine Urkraft, die uns plötzlich führt und der wir blind vertrauen können. Diesen Grenzbereich habe ich oft erforscht und vieles ausprobiert. Beispielsweise war ich viele Male morgens um sechs Uhr von irgendeiner nächtlichen Arbeit noch wach, aber vollkommen erschöpft. Doch ich wollte nicht schlafen und arbeitete bewusst noch eine Stunde länger oder nahm bis sieben Uhr in der Früh die Gitarre in die Hand und ließ die Finger von selbst laufen, um mich in diesem Fluss treiben lassen. Solche Dinge tat ich viele Male. Dieses gewollte Verhalten fühlte ich seit vielen Jahren in mir – ich wollte einfach nicht schlafen. Da ich aber vor dem Fernseher fast immer einschlief (vom Nichtstun) und sehr spät nachts in einem geräderten Zustand wieder aufwachte, wäre es das Normalste gewesen, sofort ins Bett zu gehen, um weiterzuschlafen. Aber dem war nie so. In diesem jämmerlichen Zustand zwischen Halbschlaf und Übermüdung rief ich den letzten Funken Willenskraft und zwang mich zur weiteren nächtlichen Arbeit an beruflichen Dingen. Es war mir unerklärlich, warum ich das tat und nie schlafen wollte, ich war aber überzeugt von der Richtigkeit meiner Lebensweise.

Durch besondere Umstände, die ich noch ansprechen werde, erfuhr ich später, dass ich in meinem letzten Leben mit einem Herrn George Ivanovich Gurdjieff zusammengewesen sein soll. Gurdjieff war ein Wissender und Magier, er lehrte viele Grenzbereiche durch die praktische Anwendung körperlicher Aktivitäten. Sein Engagement gegen ungenutzte Zeit war Teilbereich seines angewandten Wissens. Eines Tages erreichte mich ein Taschenbuch mit einer Abhandlung über Gurdjieff. Das Buch lag vor mir, und der Buchtitel knallte mir ins Hirn: „Der Kampf gegen den Schlaf!" Eine deutlichere Botschaft als diese fünf Worte hätte es für mich nicht geben können, es war die Antwort auf meine damalige Frage. Damit wurde mir bewusst, dass meine Lebensweise Ausdruck einer Ausbildung aus früherer Zeit war, und das könnte tatsächlich mit Gurdjieff zu tun haben. Ich lebte jetzt erneut mein altes Wissen, meinen „Kampf gegen den Schlaf", und wusste nicht warum. So nutzte ich diese Kräfte und machte mir ihre Kreativität zu eigen. Ich war dankbar, die Ursache meines Handelns gefunden zu haben.

Manche Menschen sind vertraut mit den Zusammenhängen früherer Leben. Sie haben das Wissen und sind hier inkarniert, um wohlwollend auf das weltliche Klima einzuwirken, zu helfen oder bedeutsame, heilsame Botschaften zu vermitteln.

Der Großteil der Menschheit kennt diese Zusammenhänge nicht und weiß nichts von früheren Leben. Die abendländischen Religionen beruhigten die Suchenden über Jahrhunderte mit dogmatischen Vorgaben, und nur noch wenige waren mit dem Wissen um Leben und Wiedergeburt vertraut. Das Fischezeitalter, aus dem das Christentum hervorging, ist vorüber, und die Zeit hat sich gewandelt. Die Menschen sind offener geworden und interessieren sich immer mehr für größere Zusammenhänge. Sie wollen alles erfahren, was man ihnen jahrhundertelang verschwiegen hat. Plötzlich erforschen sie ihre früheren Leben, sei es aus Neugier, Sensationslust oder spirituellem Wissensdurst. Und es gibt bekanntlich Techniken, die Vorleben zu erkunden. Eine dieser Techniken ist die Rückführung. Im Trancezustand erinnern wir uns an vergangene Ereignisse, wir „sehen" beziehungsweise erkennen, wer wir schon einmal waren, wo wir lebten, wem wir schon früher begegneten und vieles mehr. Hier möchte ich anmerken, dass solche Sitzungen nicht in der Öffentlichkeit bekannt waren und nur an verschwiegenen Orten stattfanden. Als ich dieses niederschrieb, entsprach es dem Zeitgeist von damals, und ich hätte mir nicht vorstellen können, dass Dinge wie Rückführung, Hellsichtigkeit und Ähnliches zwanzig Jahre später normale Themen der Fernseh-Abendunterhaltung sein würden.

Heute ist die Rückführung „modern" geworden. Einige geben für derartige „Forschungsreisen" in monatelangen Sitzungen sehr viel Geld aus, um in ihrer spirituellen Aufgeregtheit möglichst viel zu erfahren. Rückführungen sind therapeutisch dienlich, wenn der Krankheitsherd oder die unerklärliche Herkunft eines bestimmten physischen oder psychischen Leidens erkundet werden soll. Beispielsweise leidet ein Kopfschmerz-Patient ein Leben lang an heftigen Schmerzen, und Ärzte finden keine medizinische Ursache. Nun könnte es sein, dass der Patient in einer Rückführung erkennt, dass er im vorigen Leben hingerichtet wurde und dabei den Kopf verlor. In der Bewusstwerdung dieser

Erinnerung liegt die Therapie. Wenn Leidenden geholfen werden kann, ist die Rückführung eine begrüßenswerte Methode. Wer jedoch Rückführungen aus reiner Lust erleben möchte, spielt mit den Gesetzen der Natur, denn es hat seine Richtigkeit, wenn sich unser Gehirn den Erinnerungen an frühere Leben nicht öffnet, da dieses Wissen nicht immer Vorteile bringt.

Manche Menschen erfahren, dass sie früher schon einmal Könige, Fürsten, historische Persönlichkeiten oder gar Papst waren. Das engt die Sicht sehr ein. Wer sich in geistiger Orientierung auf frühere Leben seine Gegenwart oder die Zukunft aufbaut, klebt an Vergangenem, an Dingen, die möglicherweise längst zum Abschluss gebracht wurden. Es bringt keine Vorteile, Rückführungen zur persönlichen Unterhaltung durchzuführen, es sei denn, es geht um ein bedingtes Leiden oder um die Lösung eines globalen Problems.

Es ist nicht notwendig, für spirituelle Exkursionen regelmäßig Geld auszugeben. Jegliches Wissen erreicht uns dennoch, wenn es für den Moment dienlich oder die Zeit reif ist für große Erkenntnisse. Wer aufmerksam durchs Leben geht, wird es nicht übersehen. Was wir erfahren sollen, erreicht uns sowieso ganz „zufällig". Manche Menschen geben für ihren spirituellen Wissensdurst viel Geld aus und absolvieren ein Seminar nach dem anderen, belegen spirituelle Schnellkurse und meditative Exkursionen, erforschen alle Heilmethoden, reinigen sich in Schwitzhütten, umgeben sich mit Mineralien, Heilkräutern, astrologischer Software, online mit einem hellsichtigen Ratgeber und können davon nicht genug bekommen. Oder sie werden an einem langen Wochenende per Intensivkurs ein echter Schamane und können bald selbst Schamanen ausbilden. Diese Menschen tun sich wirklich keinen Gefallen. Sie geben den einzelnen Erkenntnissen keine Möglichkeit, in der Zeit zu wachsen. Sie leisten sich nicht den dafür vorgesehenen Erfahrungszeitraum, sondern überfordern sich. Niemand kann große Erkenntnis mit Löffeln fressen oder mit Geld erkaufen. Menschlicher Fortschritt ist nicht käuflich. Spirituelles Wissen wächst mit der Erfahrung, und die macht man persönlich und meis-tens nicht bei einem Wochenendkurs. Der Weg lässt sich per Kauf nicht beschleunigen, ebenso wie wir die Zeit nicht vordatieren können. Wir dürfen unserer Seele und unserem Körper die Zeit gönnen, um Erkenntnisse fruchten zu lassen, denn sonst könnte dies ein Rückschritt und ein Zurückfallen bedeuten, um ursprüngliches Wissen im Kleinen noch einmal neu zu erlernen. Das Wissen liegt im Einfachen. Jeden Menschen erreicht so viel Wissen und spirituelles Erwachen, wie er es in der jeweiligen Situation verkraften kann. Das geschieht automatisch, und niemand wird überfordert. Wer sich selbst überfordert, hat das Wesentliche nicht erkannt.

Als ich in den Achtzigerjahren den Gedanken hatte, ich müsste mich in praktischer Form um meinen spirituellen Fortschritt bemühen, wollte ich mich zu einem „Seherkurs“ anmelden. Eine Autostunde entfernt, bot eine spirituell arbeitende Frau einen Kurs an, in dem man lernen konnte, die Aura eines anderen Menschen zu sehen und möglicherweise auch alle darin sichtbaren Krankheitsbilder.

Die Aura ist das allgemein unsichtbare elektromagnetische Feld um jeden Körper. Die Struktur der menschlichen Aura ist eine genaue Spiegelung der Person, eine exakte Wiedergabe der körperlichen Verfassung und noch vieles mehr. Alles Geschehen eines Menschen zeichnet sich durch elektromagnetische Schwingungen ab. Hellsichtige Menschen, die die Aura anderer sehen können, erkennen in der Farbstruktur die gesamte Situation dieses Menschen, seine Krankheiten, Leiden oder Glückszustände. Das feinstoffliche Abbild verrät alles.

Es interessierte mich sehr, und ich dachte, es sei etwas wirklich Wichtiges auf meinem Weg. Ich wollte lernen, die menschliche Aura zu sehen. So liebäugelte ich damit, einen solchen Seherkurs zu besuchen, wobei diese Wochenendseminare nicht gerade billig waren. Es wäre auch das erste Mal gewesen, dass ich für spirituelle oder esoterische Interessen Geld ausgegeben hätte (außer für gute Literatur). Dann aber geschah etwas Unerwartetes: Als ich mich endlich dazu entschieden hatte, mich zu diesem Seminar anzumelden, veränderten sich blitzartig meine Finanzen ungünstig, und ich konnte mir den Kurs nicht mehr leisten. Und als ich eine Zeit später ein zweites Mal plante, den Seherkurs zu besuchen, ging mir witzigerweise wieder das Geld aus. Es sollte nicht sein! Ich konnte damals noch nicht wissen, dass alles anders kommen würde. Alles Wissen erreicht uns von selbst und meist „zufällig", wie folgendes Erlebnis zeigt:

Eines Tages erhielt ich eine Essenseinladung von Bastian, der ein kleines Restaurant führt und für sein extravagantes Auftreten bekannt ist. Er trägt Vollbart und langes

Haar, echten Goldschmuck und ausgefallene Kleidung, und er hat meistens das Bedürfnis, die materiellen Ergebnisse seiner Leistungen in überschwänglicher Weise gerne und jederzeit zur Schau zu stellen. Darum trug er oft mehrere kleinere Mini-Goldbarren in der Tasche mit sich herum, die er stolz vorzeigte, und ließ sich hin und wieder für die örtliche Klatschkolumne vor seinem Rolls Royce fotografieren.

Viele halten ihn für ein wenig verrückt. Ich achte ihn, weil er ein gutes Herz hat, in großzügiger Weise Künstler unterstützt und auch Freunden von mir schon geholfen hat. Ich erinnere mich an eine Ausfahrt in seinem Rolls Royce, um in der Frühe um sechs Uhr an Muttertag irgendwo auswärts frischen Flieder zu schneiden. Ich kam an diesem Morgen direkt von einer Party und verschlief im Zustand völliger Übernächtigung bedauerlicherweise die ganze Fahrt in seinem Nobelauto.

Eigentlich kannte ich Bastian nicht besonders gut, aber nun erhielt ich diese Essenseinladung. Er und seine Frau wollten mich zu einem kleinen Treffen mit „interessanten Leuten wie Rechtsanwälten, Ärzten usw." aufs Land mitnehmen. Er artikulierte es so, um mir die Einladung schmackhaft zu machen. Und er meinte vielleicht auch, dass ich diese Berufsgruppen besonders wichtig und interessant fände. Während wir fuhren, erwähnte er beiläufig, dass in Begleitung seiner Schwiegereltern auch ein Hellseher käme. Was immer das heißen sollte, ich registrierte wortlos diesen Hinweis, und Bastian machte ebenso den Eindruck, als hätte er nur eine unwesentliche Bemerkung gemacht und ging nicht genauer darauf ein.

Als wir nach einstündiger Fahrt durch eine traumhafte Landschaft in einem kleinen Nest am Fuße eines Bergmassivs ankamen, fanden wir gleich das antike Fachwerkhaus, das im Laufe der Jahrzehnte liebevoll zu einem kleinen Restaurant umgebaut worden war und das Flair des Besonderen ausstrahlte. Man saß draußen in der lauen sommerlichen Abendluft an langen Holztischen. Weil wir zu früh da waren und die anderen Gäste noch fehlten, konnten wir die schönsten Plätze wählen. Bald darauf kamen auch Bastians Bekannte, und in kurzer Zeit saß alles dicht gedrängt um den Tisch. Dann erschienen auch Bastians Schwiegereltern, die in diesem Ort wohnten. Mit ihnen kam ein älterer Herr, und sie fanden noch Platz am anderen Tischende. „Das muss er sein", durchzuckte es mich. Wie von einem Magneten fühlte ich mich von der unscheinbaren Person am anderen Ende des Tisches angezogen, ja, ich fühlte es, er musste der Hellseher sein.

Bei der nächst möglichen Gelegenheit, die sich in der Sitzordnung bot, setzte ich mich neben ihn. Daraufhin meinte er, er hätte es die ganze Zeit schon gespürt und nur darauf gewartet, dass ich mich zu ihm setze, er sei Hellseher. Das waren seine ersten Worte. Es war eine vorbestimmte Fügung, als müsse es so sein. Von diesem Moment an unterhielt ich mich drei oder vier Stunden lang konzentriert mit diesem Mann und „übersah" die anderen „interessanten Leute" an diesem Tisch. Ich vergaß um mich alles und sah nur noch diesen Menschen, der auch Fritz hieß (schon wieder ein Fritz...). Was mich dabei bewegte, war nicht etwa die Neugier um meine Zukunft oder die Erwartung sensationeller Mitteilungen. Mich interessierte vielmehr diese Person und ihr Leben. Ich wollte wissen, wodurch sie hellsichtig geworden war und etwas über die Technik erfahren. Wir sprachen sehr lange, und dann sagte der Hellseher doch noch etwas über meine Person. Als wir über die Aura der Menschen sprachen, erwähnte er, er könne auch meine Aura sehen, die sehr groß sei und in einem Radius von circa zwei Metern um mich wäre.

Nachts tauschten wir die Adressen aus und verabschiedeten uns. Auf der Heimfahrt erwähnte Bastian, ich hätte mich ja den ganzen Abend nur mit dem Behinderten unterhalten. „Was für ein Behinderter?“, fragte ich. Und dann erst fiel es mir auf – natürlich, Fritz war körperlich etwas behindert, ich hatte es nicht bemerkt und nur seine Erscheinung gesehen.

Spät nachts, wieder zu Hause angekommen, saß ich noch mehrere Stunden allein auf dem Balkon und schaute in den Vollmond − eine gute Stimmung, die vielen neuen Gedanken kraftvoll wirken zu lassen.

Es kommt alles von selbst auf uns zu, dachte ich noch einmal. Was wir erfahren sollen, wird uns erreichen. Wenn man es einfach geschehen lässt, hat man die besten Voraussetzungen. Lehnt man Geschehnisse ab oder lässt sie glaubensmäßig nicht zu, ist das eine schwierige Ausgangsposition, neue Erkenntnisse zu erfahren, weil man zu sehr damit beschäftigt ist, ständig zu überprüfen, was rational möglich ist oder verstandesmäßig nicht sein darf. Es sind immer nur die eigenen Glaubenssätze, die solche Blockaden schaffen. Über den Umgang mit den eigenen Glaubenssätzen – zu glauben, was möglich ist und was nicht – entscheidet jeder denkende Mensch für sich selbst, und deshalb sind Erfahrungen höchst individuelle Ereignisse. Genau darum sind Menschen nicht gleich, zumindest auf weltlicher Ebene...

Großzügige Menschen schaffen sich einen großen und toleranteren Spielraum des Geschehens. Je größer dieser Spielraum ist, desto größer ist die Freiheit und in ihr jede Bewegung. Wer das Leben versteht und genießt, weiß sich körperlich und geistig in einem großen Spielfeld der Toleranz zu bewegen. Je großzügiger die eigenen Glaubenssätze dem Geschehen alle Möglichkeiten einräumen und gestatten, „Unmögliches" geschehen zu lassen, umso schneller erreicht man das Ziel, das man im weitesten Sinn als Wahrheit bezeichnen könnte. So erforscht jeder Mensch seine eigene Wahrheit. Die Wahrheiten sind so vielfältig und unendlich wie die Summe der Gedanken aller Menschen auf der Welt. Das ist die Summe einer globalen Ausgangsbasis. Alle Gedanken zusammen bedeuten die höchste Potenz schöpferischer Kraft. Das ist der Beginn der Unendlichkeit und das das Grundprinzip allen Seins: Zu Beginn steht die Grundidee, die sich vielschichtig und ohne Begrenzung immer weiter mit sich selbst multipliziert und ausweitet. Daraus entsteht Alles-was-ist. Und Alles-was-ist nennen wir Gott. Gott ist die Idee, die alles beinhaltet, ohne Anfang und Ende, ohne Raum und Zeit. Doch wie sollen wir dies in unserer dreidimensional beschränkten Sichtweise verstehen? Wie sollen wir uns mit Worten in diesen fremden Dimensionen verständlich machen? Wir nennen in völliger Unkenntnis das ganz Große vereinfacht Gott, weil wir Gott nicht als Gesamtheit global erfassen können. In diesem Nichtverstehen bringen wir unsere liebevolle Menschlichkeit zum Ausdruck, zumal Gott auch als Gefühl verstanden werden kann.

Gefühle sind wortlose Kommunikationsmittel und beinhalten mehr Raum, als unsere fünf Sinne kennen. Wer Gefühle empfindet, verfügt nicht über genügend Worte, diese zu beschreiben. Kein Sprachlabor kann Gefühle alphabetisch darstellen. Sie sind präziser als alles, was mit Worten und Begriffen zum Ausdruck kommen kann.

Wenn wir nachts schlafen, kommuniziert ein Teil von uns mit anderen Wesenheiten. Die Seelen sprechen miteinander, tauschen Erfahrungen aus und bereiten sich auf die Geschehnisse des nächsten Tages vor. Dies geschieht über Gefühle, denn diese beinhalten alle Informationen. Manchmal können wir uns an den Inhalt eines Traums am nächsten Morgen nicht mehr erinnern, aber an die Gefühle. Die Träume bleiben undefinierbar, die Gefühle aber sind wirksam. Manche Träume bleiben bis zum nächsten Morgen klar in Erinnerung, und es gibt Träume, die völlig skurril sind. Wir verstehen nicht, warum wir einen solchen „Mist“ geträumt haben. Aber wir haben keinen Mist geträumt. Der Gefühlsschub ist der Austausch lebenswichtiger Daten für die Vorbereitung auf die Geschehnisse des nächsten Tages und sehr wohl von intelligentem Inhalt.

Der als skurril empfundene Traum ist nur der Versuch unseres Gehirns, diesen riesigen Datenstrom aus Gefühlen in unser dreidimensionales Denkmuster zu übertragen. Es sind Übersetzungsfehler unseres Gehirns, weil die weltliche Analogie für eine präzise Darstellung nicht ausreicht. In unserem Denkmuster werden die Informationen verzerrt dargestellt, nicht zuletzt aufgrund unserer Glaubenssätze. Und dabei entstehen plötzlich skurrile Träume mit absurden Handlungen.

Diese Übersetzungsfehler sind eigentlich keine Fehler. Der Fehler beginnt erst, wenn wir versuchen, darüber nachzudenken – und dazu benutzen wir unser Gehirn. Aber das Gehirn leistet nicht so viel, dennoch ist es für unsere weltlichen Dinge sehr wohl perfekt ausgelegt. Das Gehirn ist wie eine Computer-Festplatte, es kann nur das wiedergeben, was wir zuvor draufgeladen haben, und das sind – grob gesagt – unsere Erfahrungen, unser Wissen und unsere Glaubenssätze. Würden wir unsere ungemütlichen Träume einfach so hinnehmen und nicht bewerten, hätten wir ein besseres Lebensgefühl und würden keine Energie mit unnützem Rätselraten über eigenartige Träume verschwenden. Ein anderer Teil von uns verarbeitet die Nachrichten bestens, und es gibt keinen Grund, sich wirklich wegen Träumen Sorgen zu machen oder wegen eines Traums zu erschrecken. Manchmal sagen die Menschen: „Ich habe etwas Schlimmes geträumt." Tatsächlich hat man nie etwas Schlimmes geträumt, denn wir verstehen rational nur die höhere Logik nicht. Wenn wir über schlimme Träume erschrecken, ist dies nur die Realität unseres Unwissens.

Eine Ausnahme sind Träume mit sehr deutlichen Botschaften. Diese sind so intensiv, dass wir sie im Herzen erleben, vielleicht auch sofort hellwach werden und das

Traumgefühl sehr lange in uns tragen. Solche Träume können wir wegen ihrer Intensität nicht vergessen, wir dürfen ihnen eine hohe Bedeutung schenken. Manchmal verbleibt nur eine Gefühlsstruktur, die uns ein Leben lang beseelt, ein anderes Mal bekommen wir eine konkrete Botschaft oder werden auf etwas hingewiesen. Manche Botschaften verstehen wir sofort, andere erst nach zwanzig Jahren, können aber bis dahin ein Gefühl dafür entwickeln. Es hat immer seine Richtigkeit.

Wer öfter schöne Träume hat, kann sich darin üben, dass Träume besser in Erinnerung bleiben, um sie länger zu genießen. Man konzentriert sich vor dem Einschlafen auf den Wunsch, „dass Träume bis zum Morgen bitte im Bewusstsein bleiben und in die Realität des Tages übernommen werden, um in Erinnerung zu bleiben". Wir wünschen uns das intensiv und lassen uns mit diesem Gedanken tief, sehr tief, in den Schlaf fallen. Es ist unser letzter wirklicher Wunsch vor dem Einschlafen, und wir bitten unser Höheres Selbst, uns dabei zu helfen, die Träume und nächtlichen Reisen bewusst werden zu lassen, um sie deutlicher wahrzunehmen. Das kann man gerne vor jedem Einschlafen machen.

Wer es übt, wird sich an seine umfangreichen Traumreisen erinnern können und dem Verständnis näher kommen, dass ein Teil unserer Wesenheit jede Nacht unterwegs ist und Momente in anderen Zeiten und Welten erlebt. Diese Reisen sind so schnell wie unsere Gedanken. Wir bewegen uns in Realitäten, die in der weltlichen Vorstellung keinen Platz finden. Unsere Gedanken bewirken alles, und unser Glaube ist der Träger der Kraft. Der Gedanke erschafft eigene Realitäten, die wirksam sind. Glaube und Gedanken bewirken eine Eigendynamik in ihrem Geschehen, sie beeinflussen die Realitäten außerhalb und innerhalb unseres Körpers, bis hin zur Krankheitsbildung oder Heilung.

Manche Menschen glauben, wenn es ihnen schwindelig wird, müssten sie gleich umfallen. Dann fallen sie auch tatsächlich um. Hinterher wundern sie sich, warum sie umgefallen sind, tatsächlich aber wollten sie umfallen, weil sie glaubten, umfallen zu müssen. Wären sie überzeugt davon, dass man bei einem Schwindelgefühl nicht gleich umfallen muss, wäre es nicht geschehen. Solche Ereignisse lösen die Gedanken aus, weil wir an das glauben, was wir als Glaubensmuster hinterlegt haben. Unsere Gedanken und die Kraft des Glaubens bewirken den Rest.

Ich hatte auch einmal die Phase, in der ich glaubte, möglicherweise umfallen zu müssen. In der City von Manhattan bewegen sich auf der Straße die Menschen sehr schnell vorwärts. Jeder geht mit großen Schritten und hat es eilig, weil das Klima der Stadt schnelllebig ist und niemand Zeit hat. Wenn man in Manhattan unterwegs ist, drückt man nicht gerade Gemütlichkeit aus. Und es fällt jedem leicht, große Schritte zu machen, weil die Energie dieser Stadt dazu auffordert. So gewöhnte ich mir während meiner Zeit in Manhattan, wenn ich zu Fuß unterwegs war, ebenso eine schnelle Gangart an und fühlte mich tatsächlich gut dabei. Wenn man nur wenige Blocks entfernt etwas zu tun hat, geht man sowieso zu Fuß, auch weil es gerade in dieser City und ihren besonderen Stadtteilen zu Fuß großen Spaß macht und es immer etwas zu sehen gibt. Doch eines Tages wurde es mir, als ich wieder zu Fuß unterwegs war, beim schnellen Gehen schwindelig. Es wurde so heftig, dass ich stehenbleiben musste, weil ich glaubte, umzufallen. Nie zuvor hatte ich so etwas erlebt und stützte mich an einer Hauswand ab. Diese Schwäche konnte viele Ursachen haben, zum Beispiel der ungesunde Lebensstil, die dauerhafte nächtliche Aktivität und der wenige Schlaf, ebenso die Daueranstrengung des ewigen Lärmpegels dieser Stadt, oder die große Sommerhitze in Bezug auf den Kreislauf. Ich erholte mich schnell und lief weiter.

Einige Tage später erlebte ich dasselbe wieder und glaubte zuerst, möglicherweise umfallen zu müssen. Doch ich nahm mir fest vor, auch dieses Mal nicht umzufallen und blieb kurz stehen und wartete, bis es mir wieder besser ging. In den Wochen danach erlebte ich öfter das plötzliche Schwindelgefühl, jedes Mal, wenn ich zu Fuß unterwegs war. Und jedes Mal nahm ich mir fest vor, nicht umzufallen. Mit der Zeit hatte ich bei diesen Schwindelanfällen schon eine solche Routine, dass ich zu mir selbst sagte: „Ach ja, das nun wieder – aber ich falle sowieso nicht um! Ich bin noch nie umgefallen, und außerdem muss ich nur kurz warten, bis alles vorüber ist..." Ich nahm diese Momente allmählich so gelassen und humorvoll hin, dass mir die Schwindelanfälle immer unwichtiger vorkamen. Dennoch wusste ich weder Ursache noch Bedeutung. Doch dann folgte die Lösung.

Ungefähr zwei Jahre später, als ich längst nicht mehr in Manhattan lebte, machte ich eine sehr bedeutsame Erfahrung. Ich holte einen Freund, der beim Theater beschäftigt war, von seiner Arbeit ab, und wir liefen quer über den Platz, vorbei am Theatersee, bis hin zur anderen Seite des Parks. Plötzlich wurde es mir wieder schwindelig. Gelassen und in einem unendlichen Vertrauen zu mir selbst nahm ich den Zustand locker hin und lief einfach weiter. Der Schwindelzustand wurde sehr heftig, aber ich blieb ruhig und ließ alles geschehen. Dann geschah das Erstaunliche: Auf dem Höhepunkt dieser inneren Vibration veränderte sich für einen winzigen Moment meine optische Sichtweise. Ich nahm ein älteres Paar, das ein Stück vor uns lief, in seiner Feinstofflichkeit wahr. Das heißt, ich sah die Aura des Mannes und die der Frau. Bunte Farbstreifen in schneller Bewegung gingen von ihren Körpern weg und vermischten sich ineinander. Bis ich es begriff, war es schon wieder vorbei. Und es verging noch eine Weile, bis mir bewusst wurde, was ich gesehen hatte. Zwischen Erstaunen und Verzückung dauerte es eine halbe Stunde, bis ich die soeben erlebte Situation in Worte fassen konnte. Ich erzählte meinem noch anwesenden Freund, was vorhin im Park passiert war. Natürlich konnte er nicht nachvollziehen oder im geringsten ahnen, welche Bedeutung der Vorfall für mich hatte.

Was war vorgefallen? Ich hatte, ohne dass ich es wollte, für einen Moment meine Körperfrequenz verändert. Dadurch war ich erstmals in der Lage, Dinge zu sehen, die mir bis jetzt verborgen geblieben waren. Ich sah die Aura zweier Menschen.

Seit diesem Ereignis wurde es mir niemals mehr auf diese Art schwindelig. Ich lernte, wie sich mein Körper im Laufe der Zeit von selbst zu dem entwickelte, was man als ein verändertes Schwingungsverhalten bezeichnen könnte, was mir – ohne eine selbstauferlegte Blockade wie möglicherweise Angst oder Furcht – eine höhere Sicht bescherte. Das Schwindelgefühl war der Ausdruck von Wachstum sowie der lehrreiche Weg und die Entwicklung zu einer für mich besonderen Form von Fortschritt. Es kam – und ich ließ es geschehen und machte mir keine Sorgen. Es fühlte sich an wie ein Zeitsprung innerhalb einer Lebensphase.

Diese Etappe persönlicher Erfahrungen möchte ich noch mit einer humorvollen Randbemerkung ausschmücken. Andere machen ebenso ihre spirituellen Erfahrungen und messen ihre Richtung an bedeutungsvollen Namen oder zeitgemäßen Riten. Sie lesen nur sehr gezielte Literatur, übernehmen wohlwollend mystische Vorgaben besonderer Magier oder die Holzkette eines berühmten Gurus und pflegen den Umgang mit besonderen Kulten, Yoga-Formen oder Meditationsregeln: Als ich über einen jungen Mann in meinem Bekanntenkreis vernahm, er ginge jetzt den „Weg des Kriya-Yoga“, tat ich kund, ich ginge jetzt den Weg des Yeti – wegen der großen Schritte.

Die magische Kraft der Gedanken

Das Frühjahr war ereignisreich. Wie bereits angedeutet, hatte mein Rabe die Frau des Lebens gefunden, sodass ich nun zwei schwarzgefiederte Freunde zu verköstigen hatte. Gegenüber, in den Bäumen des Friedhofs, bauten sie ein Nest und an der Zunahme der Fleischmenge, die mehrmals täglich von meinem Vordach abgeholt wurde, vermutete ich, dass die Jungvögel geschlüpft sein mussten und nun ebenso mit den Fleisch-Leckereien liebevoll versorgt wurden. Einige Zeit später zeigten sie sich dann auch. Das Elternpaar führte stolz seine vier Jungen vor, und somit waren es sechs Vögel, die schon morgens kurz nach Sonnenaufgang mit kreischendem Geräuschpegel den Menüplatz frequentierten. Das Fleisch auf dem Dach lockte allerdings auch scharenweise Wespen an. Trauben von Wespen klebten an den blutigen Häppchen und nagten in mühevoller Kleinarbeit ihren Anteil ab. Mich störte das nicht, die Raben noch weniger. So hatte jeder seinen lukullischen Lustgewinn.

Einige Zeit später stellte ich jedoch fest, dass die Wespen nicht nur wegen der Fleischeslust kamen, es gab noch ein anderes Interessengebiet, das ich erst allmählich bemerken sollte. Da war plötzlich eine Flugbahn mit vielen Wespen, es flogen minütlich geschätzte hundert Wespen an mir vorbei und krochen eifrig arbeitend direkt neben meinem Balkon unter die Dachziegel. Da schoss es mir in den Kopf: Ein Wespennest! Ja, sie hatten ein Nest gebaut, genau zwischen Südzimmerfenster und Balkon. Wie lästig, dachte ich, aber was sollte ich tun? Man hörte schon allerhand über die Gefährlichkeit von Wespen, besonders wenn man sie stört und dem Nest zu nahe kommt. Sie sind bekannt für ihre aggressive Haltung, und ich sah meine Balkongemütlichkeit für diesen Sommer infrage gestellt.

Ich hatte mich zu entscheiden, denn noch hätte man den Weiterbau verhindern und das Nest möglicherweise entfernen können. Aber wer sollte das tun? Und, vor allem, wie? Als Stadtmensch ist man nicht besonders erfahren im Umgang mit Wespennestern. Vielleicht überschätzt man ja auch nur die Gefährlichkeit, denn von der angeblichen Angriffslust dieser Insekten hatte ich bis jetzt noch nichts zu spüren bekommen. Aber wie viele Wespen sollten es noch werden? Ich hütete mich, die Ziegel anzuheben, um nachzuschauen. Und ich konnte überhaupt nicht abschätzen, wie weit der Bau schon fortgeschritten war. Aber sie sind ein Teil unserer Natur, sie haben doch gewisse Rechte, dachte ich. Und vielleicht fühlen sie sich gerade hier besonders wohl. Man sagt ja auch über Spinnen und andere Insekten: Wo sie sich niederlassen, „lebt der Stein", und dann ist das Haus baubiologisch gesund. In einem Stahlbetongebäude wäre es beispielsweise wesentlich ungemütlicher als hier in diesem Haus der Achtzigerjahre.

Ich beschloss, einer Weiterentwicklung der Dinge positiv entgegenzusehen und ließ das Wespenvolk gewähren. Und es gab tatsächlich vorerst keine Zwischenfälle. Ich ließ sie in Ruhe und sie mich. Der Sommer kam, und eine regenlose, sehr heiße Zeit begann. Da ich beruflich von keinen Büro- und Geschäftszeiten abhängig war und meine Arbeitszeit frei wählen konnte, entschied ich mich, weiterhin größtenteils nachts zu arbeiten. Nachts hatte ich die meiste Ruhe, keine Anrufer störten mich, und außerdem wollte ich diesen Lebensrhythmus nicht unbedingt verändern, den ich mir schon vor einigen Jahren, als ich in New York lebte, angewöhnt hatte. Dieser mir angenehme Stil nächtlicher Kreativität bis hin zur frühen Morgenstunde erinnerte mich an die intensive Zeit in Manhattan, wo sich so viele Aktivitäten nur nachts abspielen. Zudem hörte ich von einem Vorgang, der von asiatischen Mönchen erkannt wurde und genutzt wird. Es heißt, der Mensch ist in den zwei Stunden vor Sonnenaufgang besonders empfänglich für Geistiges und Kreativität. Die Mönche stehen deshalb um drei oder vier Uhr in der Früh auf, um zu beten, zu meditieren und zu arbeiten. Ich sah das mit der kreativen Arbeitszeit ähnlich, ging jedoch vorher erst gar nicht schlafen und beendete die nächtliche Aktivität erst gegen sechs oder sieben Uhr morgens. In diesem Rhythmus lebte ich nun seit neun Jahren, und es bekam mir gut. Doch grundsätzlich nur nachts zu arbeiten, möchte ich nicht weiterempfehlen, denn das nächtliche Schlafen ist für die Seele enorm wichtig, und was ich hier jahrelang praktiziert habe, sollte eine Ausnahmesituation sein.

In dieser Zeit war es mein Job, Musik und Radiohörspiele zu schreiben und zu produzieren. Und dazu braucht man konzentrierte Ohren und sehr viel Ruhe. Nachts stand dem nichts im Wege – wenn sich da nicht ständig Wespen durch die offenen Fenster und durch den Balkon in meinen Arbeitsraum verirrt hätten. Einzelne Wespen hatten sich verflogen, fanden den Weg nicht zurück und knallten wirr gegen die Lampen und Scheiben in meinem Arbeitsraum. Mein Gehör war so sehr auf die tontechnische Arbeit und die inhaltlichen Hörspiel-Geschehnisse konzentriert, dass jedes kleinste Störgeräusch mich aufs Heftigste ablenkte und zusehends nervöser machte. Das ständige Gesurre hielt ich allmählich nicht mehr aus. Und jedes Mal, wenn eine Wespe gegen die Deckenleuchte flog, empfand ich es so, als wäre es mein eigener Kopf, der irgendwo dagegendonnerte. Also musste ich eine Lösung finden, denn so konnte ich nicht mehr weiterarbeiten. Ich begann in mühevoller Geduld, jede Wespe einzufangen. Jeder kennt den praktischen Handgriff mit einem leeren Trinkglas und einem Stück Papier. Sowie das Insekt sich irgendwo niedergelassen hat und sich für einen Moment ruhig verhält – Glas drüber –, und es ist gefangen. Mit dem Papier hält man das Glas zu, und so brachte ich jede einzelne Wespe zum Fenster und entließ sie in die Freiheit. Solche Rettungsaktionen machte ich jede Nacht mehrere Male, um mir wieder die notwendige Ruhe zum Arbeiten zu verschaffen.

Im Laufe der nächsten Wochen und Monate rettete ich auf diese Weise unzählige Wespen, sodass alle überlebten und ich schließlich die Ruhe zum Weiterarbeiten wiederfand. Keine einzige Wespe sollte auf diese Art in meinen Räumen zu Tode kommen, dachte ich, und wurde so zu einem ziemlich routinierten „Wespenretter".

Das musste sich unter Wespen herumgesprochen haben, oder vielleicht empfanden sie die friedliche Ausstrahlung dieser Umgebung. Ich machte jedenfalls in der

Begegnung mit diesen Tieren eine Erfahrung, die meine bisherigen Glaubenssätze völlig neu definieren sollte.

Allmählich verlor ich meine ängstlichen Gefühle und bekam ein neues Bild von diesen ursprünglich geräuschvoll heranschwirrenden und aggressiv wirkenden Insekten. Nein, sie wirkten gar nicht mehr aggressiv, ich empfand sie als liebevoll und einzigartig. In einer dieser Nächte passierte dann etwas Sensationelles: Es war sehr heiß, und ich nahm noch ein nächtliches Bad. Danach war ich müde und hatte keine Lust mehr, noch so spät weiterzuarbeiten. Doch schlafen wollte ich auch noch nicht, und so erschien es mir angebracht, noch ein wenig zu lesen. Wegen der Temperatur verzichtete ich darauf, mich nochmals komplett anzukleiden. Also zog ich nur einen Bademantel über, setzte mich mit einem Buch aufs Sofa und streckte die Beine aus. Endlich Entspannung, dachte ich, und machte es mir so richtig gemütlich. Ich liebe es, in solchen Momenten noch zu lesen und zu relaxen. Nichts sollte mich hierbei stören. Was sollte mich auch jetzt noch aus der Ruhe bringen?

Doch kaum hatte ich es mir gemütlich gemacht und angefangen zu lesen, tauchte eine Wespe auf, die sich mal wieder in meinen Räumen verirrt hatte, und surrte gegen die Deckenleuchte. In diesem Zustand von Müdigkeit, entspannter Körperlage und allgemeiner Faulheit hatte ich erstmals keine Lust, dieses durchaus liebevolle Engagement zu bringen, jetzt aufzustehen und zu sehen, wie ich die an der Decke herumfliegende Wespe einfangen und retten könnte. Und da sagte ich boshaft im Geist: „Nein, ich habe jetzt keine Lust! Dich rette ich jetzt nicht!" Da geschah es: Völlig zeitsynchron zu meinem knappen Gedankengang flog die Wespe schnurgerade direkt auf mich zu – und war verschwunden! Ich blieb unbewegt sitzen und dachte: Das kann ja nicht wahr sein. Wo war die Wespe geblieben? In Luft aufgelöst hatte sie sich bestimmt nicht, und die Erklärung konnte nur darin liegen, dass sie noch immer irgendwo an mir saß. Eine Minute lang blieb ich unbewegt sitzen und schaute an mir beziehungsweise an meinem Bademantel herab, aber ich konnte die Wespe nirgends sehen. Sie musste also irgendwo in den Bademantel geflogen oder hineingekrochen sein. Wohlgemerkt – ich war darunter nackt. Die Vorstellung, dass da irgendwo zwischen Bademantel und meinem nackten Körper ein Insekt mit Stacheln krabbelte, rief eine gewisse Ungemütlichkeit hervor. Ich blieb jedoch ruhig sitzen und wartete noch etwas ab. Dann beschloss ich, mich ganz langsam zu erheben. Ich war mir vollkommen sicher, dass das Insekt irgendwo dazwischen hilflos saß und mich nun aufgrund meiner ersten Körperbewegung gleich pieksen würde. Aber wo und an welchem Körperteil das sein würde, sollte die Spannung anheben. Also erhob ich mich aus der gemütlichen Position und stellte mich vorsichtig aufrecht. Ich war auf alles gefasst und bereit, den Stich zu empfangen. Dann war es so weit. Kaum stand ich – schon spürte ich das unwiderrufliche Pieksen in meinem Oberarm. Reaktionsschnell schüttelte ich das Tier aus dem Ärmel.

Es war das einzige Mal, wo mir eine dieser nachbarschaftlichen Wespen einen Schmerz zufügte, und es war auch das einzige Mal, dass ich den Gedanken im Kopf hatte: „Dich rette ich jetzt nicht!“

Jetzt war ich um eine wichtige Erfahrung reicher. Ich erlebte Ursache und Wirkung in einem Atemzug. Nie wieder wollte ich bewusst im Geist oder mit Worten einer Wespe beziehungsweise einem Tier oder einem anderen Wesen meine Hilfe versagen. Dieses Insekt hatte die Energie meiner Gedanken gespürt und zeitgleich reagiert. Ich war wirklich sehr beeindruckt. Der Wespenstich im Arm war dagegen ein unwesentlicher Umstand, es ging vielmehr darum zu begreifen, in welch liebevoller Verbindung ich mit der Tierwelt und besonders auch mit kleinsten Insekten stand. Dieses winzige Lebewesen hatte ebenso Empfindungen wie mein Rabenfreund und während meiner ausgesandten Gedanken- und Gefühlsimpulse genauso prompt reagiert. Die Größe des Tieres spielte keine Rolle, nicht dieses kleine Insekt, sondern die Wesenheit in ihrer unsichtbaren gesamten Existenz empfand „befreundete Energien“ und somit auch die Kraft meiner Gedanken. Der kleine Körper reagierte nur. Und was dann geschah, ist eine lebensnahe Witznummer aus Ursache und Wirkung.

Ursache und Wirkung bestimmen das Geschehen. Aus karmischer Sicht könnte man nun noch eine weitere interessante Feststellung machen: Die karmische „Soll-und Haben“-Bilanz meiner damaligen Lebenssituation musste irgendwie schon ziemlich ausgeglichen gewesen sein, denn zwischen Ursache und Wirkung lag kein zeitlicher Abstand, die karmische Reaktion erfolgte sofort. Man sagt auch, man steht in seiner inneren Mitte. Sowie jedoch diese „karmische Waage“ aus der Balance gerät, zum Beispiel durch unharmonische Gedanken oder ungemütliche Taten, bekomme ich die Wirkung sofort zu spüren, also nicht in einigen Stunden oder Tagen oder gar im nächsten Leben, sondern direkt nach meiner ausgesandten Energie aus Wort, Tat oder Gedanke. Meine scheinbar ausgeglichene karmische Lage reagiert deshalb unverzüglich. Die Wirkung ist sofort sicht- oder spürbar.

So kann man sagen, dass die eigenen Energien – und besonders spürbar ist dies bei negativen Impulsen – sofort das reale Geschehen beeinflussen. Natürlich werden auch positive Impulse sofort wirksam, aber das fällt uns meistens nicht besonders auf, denn wenn es uns gut geht, machen wir uns kaum Gedanken darüber und nehmen diesen Zustand als selbstverständlich hin. Selten fragt man sich: „Warum geht es mir gerade gut?“ Wenn wir jedoch durch ungünstige Energien, die wir selbst verursachen, die Auswirkung zu spüren bekommen, haben wir je nach Heftigkeit ziemliche Nachteile und fragen uns: „Warum musste ich mir gerade jetzt den Fuß brechen?“ oder „Warum ist mir dieser Autounfall passiert?“

Bei meiner Wespenstich-Erfahrung hatte ich gedanklich bewirkt, dass mein Geschehen unmittelbar beeinflusst und verändert wurde. Die Auswirkung geschah hier sogar zeitsynchron zur gedanklichen Vorgabe – Ursache und Wirkung waren gleichzeitig.

Ich kenne das aus meiner Kindheit. Wenn ich etwas entsprechend „Ungünstiges“ gesagt hatte, bekam ich oft gleich danach entsprechende Signale und stieß mit dem

Kopf versehentlich an die Wand oder klemmte mir irgendwo die Finger ein. Meine Mutter sagte dann immer: „Jetzt hat dich der liebe Gott bestraft.“ Hatte ich also jedes Mal das Geschehen selbst beeinflusst, denn dies konnte nicht jedes Mal nur ein Zufall sein? Ist es nun an der Zeit, den Begriff des Zufalls neu zu definieren?

Dabei kommt man ins Grübeln: Sind alle Wesenheiten gleich groß und stark, und empfinden sie alle gleich intensiv? Auch wenn ihr Körper so klein ist? Sind in diesem Sinne alle Wesenheiten wie Tiere und Menschen überhaupt gleich? Warum sehen wir nur ihren Körper, nicht aber die ganze Wahrheit mitsamt dem Hintergrund? Was bedeutet eigentlich „Wesenheit“? Was wissen wir Menschen überhaupt? Sind Tiere und Pflanzen vielleicht sogar viel höher entwickelt, weil sie möglicherweise vieles wahrnehmen, was wir Menschen überhaupt nicht bemerken?

Das Wespennest unter den Dachziegeln musste sich ziemlich ausgebreitet haben, denn jede Minute landeten und starteten mindestens hundert oder zweihundert Stammesbrüder und Schwestern der Wespengroßfamilie. Ich konnte mich tatsächlich direkt vom Balkon aus darüberbeugen, und sie flogen alle ganz dicht an meiner Nase vorbei. Es störte sie nicht, dass ich da war, und kein einziges dieser stechenden Tiere kam mir zu nahe. Sie akzeptierten mich und gingen emsig ihrer Arbeit nach.

Der Regen blieb aus, und die Jahreszeit entwickelte sich zu einem der trockensten Sommer des vergangenen Jahrhunderts. Das veränderte Klima hinterließ seine Spuren, und ein orkanartiger Sturm, der mehrere Tage lang anhielt, knickte auf dem bepflanzten Vordach einige meiner hochgewachsenen Sonnenblumen um. Ich schnitt sie vollends ab und stellte sie in einer Wasserkanne auf den Balkontisch. Und dort blieben sie stehen, Tage, Wochen und Monate. Und immer goss ich etwas Wasser nach. Diese offensichtlich einzige Wasserstelle der Umgebung bekam Bedeutung, es musste sich unter den Wespen herumgesprochen haben.

Wespen sind beim Nestbau auf Feuchtigkeit angewiesen. Und so besuchten sie mich minütlich auf dem Balkon, landeten an den Sonnenblumen auf dem Balkontisch und kletterten am dicken Stengel hinunter bis zum Wasserrand, um die Erfrischung aufzunehmen und dann gezielt zurück zum Wespennest zu fliegen. Erstaunlicherweise konnte ich gleichzeitig an diesem Tisch sitzen und frühstücken. Es standen Honig und Marmelade daneben, aber keine einzige Wespe interessierte sich auch nur geringfügig für die anderen süßen Verlockungen oder belästigte mich beim Frühstück. Sind das nicht ganz wunderbare Tiere?

Sie wollten nur Wasser, und das bekamen sie. Was für eine harmonische Welt! Ich gab ihnen meine Liebe, und sie bescherten mir ihre friedliche Haltung. Ich rettete sie, wenn sie konfus in meiner Wohnung umherflogen, und sie lehrten mich die Sprache und Realität der Natur. Eigentlich durfte ich sehr dankbar sein, diese Erkenntnisse sammeln zu dürfen: Durch einen freundschaftlichen Stich lehrte mich eine einzelne Wespe, wie gut sie mich wahrnahm und wie intensiv mein gedanklicher Ausdruck verstanden wurde.

Wenn dies so möglich ist, dachte ich, müsste auch eine umgekehrte Variante der Gefühlsübertragung machbar sein. Also könnte ich ebenso eine positive Botschaft konkret weitergeben, diese sollte genauso ankommen und verstanden werden. Dieses Experiment kam auf mich zu, ohne dass ich es so konkret geplant hatte. Außersinnliche oder spirituelle Erfahrungen lassen sich nicht planen, sie fallen einem zu, wie es der „Zufall" so will...

Ich saß wieder einmal nachts an meinen Geräten und arbeitete. Da verirrte sich eine Wespe in der Verschalung der schmalen Wandlampe. Überall hätte ich sie mit einem Glasbecher retten können, aber in die Verschalung kam ich beim besten Willen nicht hinein. Und nie wieder wollte ich eine Rettungsaktion ablehnen, die Folgen hatte ich ja zu spüren bekommen. Intuitiv streckte ich meine Hand nach der Wespe aus und sagte in Gedanken zu ihr: „Wenn du auf meiner Hand landest, kann ich dich retten." Das absolut Unglaubliche geschah! Im Moment meines Gedankengangs flog die Wespe aus der Verschalung heraus und landete direkt auf meiner Handfläche. Ich konnte es nicht glauben, es geschah wirklich! Ich brauchte das Tier nur zum Fenster zu tragen und hinaus in die Freiheit zu lassen. Es funktionierte und geschah absolut zeitsynchron zu meinem gedanklichen Impuls, als wenn der Aspekt der Zeit keine Bedeutung gehabt hätte. Die darauf folgende Reaktionen wurde zu meiner Realität. War es wieder „bloß ein Zufall"?

Natürlich wollte ich bald wissen, ob es noch einmal funktionieren würde. Noch in der gleichen Nacht flog eine weitere Wespe in meinen Arbeitsraum und surrte an der

Zimmerdecke herum. Dieses Mal wollte ich gleich auf die Benutzung eines Trinkglases verzichten, streckte der Wespe meine Hand entgegen und sagte: „Wenn du auf meiner Hand landest, rette ich dich!“ Und es funktionierte wieder. Die Wespe kam unverzüglich angeflogen und setzte sich auf meine Handfläche, wo sie sitzen blieb, sodass ich sie zum geöffneten Fenster tragen und in die Freiheit fliegen lassen konnte. Ich war auch dieses Mal wieder äußerst beeindruckt. Bis jetzt hatte ich geglaubt, solche Tricks blieben nur Heiligen vorbehalten. Was war meine Voraussetzung? Ich strahlte innere Ruhe aus, keine Angst, keinen Hass, nur das liebevolle Bedürfnis, dieses Tier retten zu wollen. Am nächsten Abend saß ich mit Silvie vor dem Fernseher, da krabbelte plötzlich auf dem Teppich eine junge Biene, keine Wespe. Dann schwirrte sie nach oben in Richtung Lampe. Silvie wollte schon ein Trinkglas holen, um sich an der bei uns zu Hause längst eingebürgerten Rettungsaktion zu beteiligen. „Ich führe dir einen Trick vor“, sagte ich zu ihr, wobei ich mir nicht sicher war, ob es wieder klappen würde, denn schließlich hatte ich in dieser Sache nur die Erfahrung mit Wespen, und dies hier war eine Biene. Dann streckte ich wortlos meine Hand nach der Biene aus, und sie landete tatsächlich auf meiner Hand. Dort blieb sie sitzen, bis ich das Fenster geöffnet hatte und sie hinausließ.

Dieses Phänomen erinnerte mich an ein früheres Erlebnis. Es war vor vielen Jahren, als man noch bedenkenlos während des Sommers in der Sonne liegen konnte, um sich zu bräunen. Ich lag im Freibad auf der Wiese und las die Tageszeitung, als sich ein Schmetterling auf meinem Bein niederließ. Er flog nicht mehr weg, nur wenn ich beim Lesen die großformatige Zeitung umblätterte, flatterte er kurz hoch und setzte sich dann wieder auf mein Bein. Vielleicht liegt es an meiner verschwitzten Haut oder am Geruch, dachte ich, oder vielleicht sogar am Sonnenöl, denn irgendeinen Grund musste es geben, dass dieser Schmetterling bei mir verweilte. Aber ich benutzte an diesem Tag kein Sonnenschutzmittel, und eine Erklärung fand ich nicht. Der Schmetterling saß bestimmt über eine Stunde auf meinem Körper, bis er sich dann irgendwann verabschiedete und in der Natur verschwand. Im Urlaub in Italien, wenn sich andere am Strand räkelten, saß ich tagelang im Pinienwald und beobachtete Ameisenvölker und ihr Verhalten. Da war Leben drin! Und wie sie kommunizierten! Das fand ich wirklich spannend. Auch wenn ich einer Biene zusah, wie sie in eine Blüte kletterte, konnte ich den tiefen Ausdruck unendlicher Liebe zu diesem winzigen Tier empfinden.

Mit meinen Wespenfreunden war ich inzwischen so vereint, dass ich für eine Rettungsaktion nicht mehr meine Hand benutzte, sondern ich zeigte mit dem Finger die Richtung, wie sie fliegen sollten, um an das offene Fenster zu gelangen. Das funktionierte auch ziemlich gut. Später verzichtete ich auf den Finger und stellte mir es nur gedanklich vor, wie der Flugweg aussehen könnte. Dies spürten sie auch und flogen wie ferngesteuert zum Ausgang. Im nächsten Jahr war das Wespenvolk nicht mehr da. Dennoch verflogen sich immer wieder Wespen und Bienen in die Wohnung, und den Trick versuche ich heute noch anzuwenden. Manche der Tiere verstehen mich und reagieren sofort, andere verstehen mich überhaupt nicht. Es scheint nur zu klappen, wenn ich Ruhe ausstrahle und das Tier diese Harmonie wahrnimmt. Manche Tiere aber sind sehr aufgeregt und dann nicht fähig, die Energie zu empfangen. Dies ist oft bei jungen Tieren so. Oder es liegt auch an mir, weil ich mich nicht intensiv genug auf „fremde“ Wespen oder Bienen einstelle und sie darum meine Sprache nicht verstehen. Der Transportweg der Botschaft sind Gefühle, tiefe Gefühle zu diesen kleinen Wesen. Und sie spüren es, wenn es mir gelingt, sie in meine Harmonie einzubeziehen.

Man könnte meinen, alle diese erlebnisreichen Dinge wären für mich bereits vorprogrammiert. Es war Teil meiner Bestimmung, so zu empfinden. Ich hatte mir die Zeit genommen, diese Geschehnisse zu genießen und meine Gefühle zu schulen. Diesen schönen Zustand von Glück kann man als Ausdruck eines guten Lebensgefühls bezeichnen. So etwas vergisst man nicht mehr.

Manche Empfindungen kann man allerdings nicht immer deuten. Es gibt in der Zeit des spirituellen Erwachens Wahrnehmungen, die so außergewöhnlich sind, dass der Betroffene zuerst ratlos ist. Sensible Menschen verkraften nicht immer leicht alle Erfahrungen dieser Lebensphase, und oft ist es hilfreich, wenn ein guter Freund einen Hinweis geben kann oder man aufmerksam auf die Lösung wartet, die mit Sicherheit kommen wird.

Eines Nachts hatte ich eine außergewöhnliche Wahrnehmung meiner Gefühlsstruktur. Es geschah bei meiner nächtlichen Arbeit. Ich legte gegen halb vier in der Früh eine kurze Pause ein und setzte mich auf das Sofa. Dann passierte etwas Seltsames. Ohne erkennbaren Grund überraschte mich ein innerer Zustand tiefer Trauer. So etwas hatte ich nie zuvor gespürt oder kennengelernt. Die Wahrnehmung steigerte sich, und ich dachte in diesen Minuten tatsächlich, ich würde jetzt sterben...! Aber ich war vollkommen angstfrei. Ich wusste nicht, was mit mir geschah, war aber absolut davon überzeugt, den Tod zu fühlen. Ohne mich zu rühren, ließ ich dieses Ereignis über mich ergehen, und nach zwanzig Minuten war der Spuk vorbei. Ohne eine Erklärung zu finden, setzte ich mich wieder an meine Arbeit.

Für den nächsten Vormittag plante ich einen Besuch im Krankenhaus, wo seit einer Woche mein alter Freund Hanno lag. Ich hatte erst wenige Tage zuvor diskret von einer Bekannten erfahren, dass Hanno mit seinen 33 Jahren wegen eines Herzinfarkts ins Krankenhaus gekommen war. Aber es ginge ihm bereits besser, hieß es. Ich kannte Hanno seit unserer Jugend. In frühen Jahren schon mietete er ein altes Kino und ließ örtliche und später überregionale Bands auftreten. Auf diese Aktivität baute er ein großes Konzertunternehmen auf und wurde einer der großen engagierten Veranstalter dieser Gegend und holte viele internationale Rock- und Popgrößen in unsere Stadt.

Ich kam nun an diesem Vormittag ins Krankenhaus, um ihn zu besuchen, und fragte mich zur entsprechenden Krankenstation durch. Als ich endlich in die richtige Etage kam und das Krankenzimmer betreten wollte, eröffnete mir der Stationsarzt, dass Hanno in der Nacht verstorben war. Ich erkundigte mich nach dem Todeszeitpunkt. Sein Todeszeitpunkt war genau der Moment meiner nächtlichen Wahrnehmung. Ich hatte seinen Tod erlebt und geglaubt, es wäre gefühlsmäßig mein Tod. Bestimmt hatte er mich beim Ableben in seinem schnell ablaufenden Lebensfilm noch einmal gesehen, und das hatte ich gespürt.

Ich meine, auch beim bevorstehenden Todeszeitpunkt einer nahen Person oder eines geliebten Haustiers erlebt man im Zustand dieser inneren Aufgeregtheit vorübergehend tatsächlich großzügigere oder eben andere Sichtweisen. Diese Aufgeregtheit oder Trauer verändert zeitweise das eigene Schwingungsverhalten, was uns ermöglicht, kurzzeitig Dinge in der Zeitlosigkeit wahrzunehmen. Das ist auch der Blick in die Zukunft, irgendwie wissen oder sehen wir, wie es kommen wird. Danach vergisst man es oft wieder.

Nach einer 16-jährigen Lebenszeit wurde eine meiner beiden Siamkatzen sehr krank. Nach längerer liebevoller Pflege beschloss ich, ihr Leben vom Tierarzt beenden zu lassen. Am Vorabend dieses Termins hatte ich die Vision, wie die landschaftliche Gegend aussah, wo wir sie begraben würden. Die Vision zeigte mir einen Waldrand, der an eine Wiese grenzte, umgeben von friedlicher Atmosphäre. Dann vergaß ich diese Vision wieder. Am nächsten Tag war es dann so weit, am Abend wurde unsere „kleine Katze“, so hieß sie ein Leben lang, eingeschläfert. Ohne dass wir uns um einen friedlichen Ort Gedanken machten, fuhren wir los, um sie in dieser Vollmondnacht irgendwo zu beerdigen. Erst als alles vorbei war, erinnerte ich mich wieder an die Vision des Vorabends. Die „kleine Katze“ wurde an dieser wunderschönen Stelle am Waldrand der Erde zurückgegeben.

Danach gab es einige außersinnliche Wahrnehmungen. Man könnte sagen, unsere „kleine Katze“ hatte ihren Körper verlassen. Aber irgendein Teil von ihr war noch hier, als hätte sie sich mit ihrem körperlichen Tod noch nicht ganz abgefunden. Gerade so, als hätte sie es nicht eilig, mit dem restlichen Teil ihrer Wesenheit auf der großen Bühne des Kosmos weiterzuwandern. Das merkten wir, weil wir sie sahen! Ungefähr zwei Wochen lang ging dieses mystische Spiel: Wir saßen vor dem Fernseher und hielten den Blick normal nach vorne gerichtet. Und plötzlich meinten wir, sie liefe von links ins Zimmer herein, so, wie sie es die letzten sechzehn Jahre immer getan hatte. Wir konnten sie nur „seitlich im Blick“ wahrnehmen. Viele Male geschah dies, und jedes Mal dachten wir tatsächlich, sie käme ins Zimmer. Bei dieser Wahrnehmung „seitlich im Blick“ macht wohl jeder diese typische Reflexbewegung und dreht den Kopf sofort in die entsprechende Richtung. Doch da war nichts zu sehen. Anfangs meinte ich, mir diese Halluzinationen nur einzubilden, aber nachdem Silvie die gleichen Empfindungen hatte und wir manchmal sogar gleichzeitig den Kopf drehten, um nachzuschauen, belegte dies unsere Wahrnehmung. Wir hatten die Katze ja begraben, und ihr verstorbener fleischlicher Körper dürfte es wohl nicht sein, den wir hier mystisch wahrnehmen konnten.

Es war ein Teil ihrer geistigen Energie, die Existenz ließ sich nicht leugnen. Man könnte sagen, andere Wesen erkennt man bei direkter Ansicht in ihrer fleischlichen, körperlichen Größe, aber bei der Wahrnehmung im seitlichen Blick erfasst man einen anderen kraftvollen Teil von ihnen.

Ich verfolgte das Phänomen und kam zu der Ansicht, dass man dieses Talent schulen kann. Uns nicht immer vertraute Wesenheiten, die uns im Jenseits nahestehen und in liebevoller Absicht unsere Nähe aufsuchen, können, wenn es die eigene friedliche Haltung zulässt, für Momente sichtbar werden. Man „sieht" nicht ihren Körper, sondern eher eine Art Energie, wie einen Schatten oder ein strahlendes Licht. Sollten das die Geister sein, über die so viele Spukgeschichten geschrieben wurden? Man weiß, dass es hellsichtige Menschen gibt, die mehr sehen als nur ihre materielle Umwelt und mit diesen Fähigkeiten sehr gut umgehen können. Buddhistische Lamas, die mit großem Wissen wiedergeboren werden, haben oft interessante Fähigkeiten. Es kommt selten vor und widerspricht unserem Denkmuster. So gibt es Lamas, die die Technik beherrschen, sich unsichtbar zu machen. Der westlich erzogene Mensch könnte eine solche Behauptung als lächerlich und unglaubwürdig abtun. Ich kenne aber mehrere Menschen, die das gesehen und erlebt haben, es sind Augenzeugenberichte von Begegnungen mit einem solchen Lama.

Nach dieser Beschreibung löste sich der Lama vor den Augen der Betrachter buchstäblich in Luft auf, und man sah die Tapete dahinter – ohne Hypnose und ohne weltlichen Zaubertrick. Um diese geistige Technik zu erlangen, bedarf es einer Meditation von solch hoher Konzentration und innerer Entspannung, dass der Meditierende keine Gedankenenergie entstehen lässt, die als mentale Kraft sein Gehirn verlässt und nach außen dringt. Es entsteht kein Gedanke, der mit der Außenwelt zu tun hat, sondern eine mentale Ausstrahlung gleich Null. Dadurch wird die eigene Materie kurzfristig ausgeblendet. Wenn keine Energie von dem Meditierenden in die Richtung des weltlichen Betrachters gesendet wird, findet auch keine Schwingung statt, zumindest nicht im Bereich unserer weltlichen Sicht. Somit wird die optische Wahrnehmung unterbrochen, weil der Meditierende konzentriert sein Schwingungsverhalten nach innen verändert.

Für den Zuschauer funktioniert der Effekt der Unsichtbarkeit, wenn man die Person ganz direkt und geradeaus nach vorne blickend betrachtet. Aber „seitlich im Blick“ bleibt eine visuelle Erscheinung bestehen, seitlich haben wir eine andere Wahrnehmung. „Seitlich im Blick“ sehen wir anders und erleben eine andere Realität – eine von vielen!

Wir meinen, wir leben nur in dieser einen dreidimensionalen materiellen Realität, ebenso meinen wir, unser sichtbarer Körper aus Fleisch und Blut sei unsere Identität. Doch da ist mehr. Etwas „seitlich im Blick“ zu sehen entspricht nicht der klassischen Form von Hellsichtigkeit. Seitlich kann jeder Dinge wahrnehmen, jeder hat schon einmal gedacht, neben sich etwas gesehen zu haben. Wenn man spontan den Blick wendet und danach schaut, ist dann doch nichts da. Oder: Es ist still zu Hause, man ist allein in der Wohnung. Bestimmte Sensibilitäten gestatten einen hohen Grad an Aufmerksamkeit. Man zuckt zusammen – war da nicht gerade jemand? Ach nein, doch nicht! Es kann ja auch nicht sein – sagen wir uns (zu unserer Beruhigung). Was uns demnach beunruhigen könnte, ist die Angst vor dem Unbekannten, vor dem Nicht-Wissen – vor dem Dunkel.

Ich möchte dies deutlich anmerken – es ist vielleicht die einzige wirkliche Botschaft dieses Buches: Es gibt nichts, wovor wir uns wirklich fürchten müssen! Die Wesenheit Mensch hat nichts zu befürchten! Der Mensch hat nur einen Feind, und das ist die eigene Angst. Mit Angst blockieren wir uns und ziehen die Ereignisse an, die man als ungemütlich empfinden kann. Wirkliche Feinde, die uns etwas antun könnten, sind nicht existent, so lange wir keine unnötigen Gedanken dahingehend verschwenden. Das Unwissen prägt in uns Gefühle, die nicht vertrauensvoll sind. Angst ist eine Erfindung der Menschen und ihres Glaubens. Die Natur entstand aus der göttlichen Schöpfung und kennt tatsächlich nur göttliche Zustände, aber nicht den Zustand der Angst. Angst ist nur ein anderes Wort für „nicht wissen“. Wer nicht weiß, glaubt!

Die Menschen erlernen Wissen, bis dahin empfinden sie Angst. Ein Wissender hat keine Angst, denn er weiß! Tiere glauben nicht – und Tiere kennen keine Angst, nicht zu verwechseln mit dem in der Natur ausgeprägten Selbsterhaltungstrieb: Das Beutetier rennt um sein Leben, wir Menschen meinen, das Tier hat Angst. Das Tier lässt jegliches Ereignis im Hier und Jetzt geschehen. Es weiß bereits, was passieren wird. Es weiß, dass es von einem anderen, größeren Tier für ein gerechtes Zusammenspiel der natürlichen Ereignisse um Leben und Überleben gefressen wird. Dass es sich fressen lässt und das stärkere Tier dadurch weiterlebt, ist ein Liebesaustausch zwischen den beteiligten Seelen. Das Tier denkt nicht über die Folgen nach und hat deshalb keine Angst in dem Sinne, wie wir Angst definieren. Ein Tier kennt nur dann Angst, wenn das Geschehen seines Lebensbereichs in die Nähe menschlicher Gedankenstrukturen rückt.

Gedankliche Energie ist äußerst real und übertragbar, deshalb ist es möglich, dass unsere Haustiere, mit denen wir eng zusammenleben und die unserer Energie ausgesetzt sind, Angst im menschlichen Sinne empfinden und erfahren. Genauso ist es bei Schmerzen. Das Tier in der Wildnis empfindet im schöpferischen Sinne keinen Schmerz, weil es sich nicht sagt: „Oh je, tut das weh!" Es kommt bei Verletzungen auf natürliche Weise zu einem geheilten, behinderten oder verkürzten Weiterleben. Das verletzte Tier reagiert auf diese Verletzungs- oder Behinderungsimpulse in natürlicher Form, indem es mit sich so verfahren lässt, wie die Natur es wünscht: Ohne Wenn und Aber, ohne Beschwerde und Herumjammern. Erst die Hauskatze oder der Hund, zu denen wir vielleicht sagen: „Du armes Tier, dir geht es so schlecht!", wird diese vom Menschen ausgesandte Energie subjektiv aufnehmen und sich dann tatsächlich schlecht fühlen.

Wenn Tierfreunde viele Jahre mit einem Tier zusammengelebt haben und das Tier altersschwach geworden ist, dürfen wir mit ihm dennoch unbelastet und in dieser natürlichen Form des Schöpferischen umgehen. Wir dürfen es lieben und das Wunder achten, wenn das Tier dieses hohe Alter noch erleben darf. Wir sollten zusammen mit dem Tier jeden Moment als einen kollektiven Glückszustand empfinden. Das alte Tier hat es verdient, dass wir es nicht belasten mit unseren vorgefertigten Denkmustern und damit verbundenen traurigen Gefühlsbombardement wie: „Jetzt bist du aber alt! Ach, wie hast du es schwer...!" oder womöglich „Jetzt geht es dir aber so schlecht..."

Bei Wespen ist dies genauso. Wenn Wespen in Menschennähe kommen, werden sie auf die gleiche Weise diesen Empfindungen ausgesetzt. Eigentlich würden sie in ihrem natürlichen Verhalten nicht besonders reagieren, aber plötzlich unterliegen sie den Energieimpulsen menschlicher Denkmuster und „bemerken" Angst und Nervosität. Wenn die Menschen dann auch noch mit ihren Armen aufgeregt herumfuchteln und versuchen, die Tiere zu verscheuchen, ist die Botschaft der Aggression perfekt. Wenn jedoch bei mir zu Hause dieses scheinbare Wunder geschieht und Wespen auf meiner ausgestreckten Hand landen, weil sie den gedanklichen Impulsen meiner lebensrettenden Absicht ausgesetzt sind, ist dies ein bemerkenswert natürlicher Vorgang.

Die Heiligen, die Wunder vollbrachten, waren vertraut mit der Technik, in tiefem Seelenfrieden ein unendliches Gefühl der Liebe auszustrahlen. Wenn Franz von Assisi mit Tieren kommunizierte, wusste er sehr wohl um den Umgang mit solchen Kräften. Das Erstaunen ist witzigerweise nur auf der Seite der Nichtwissenden. Schmerzen, Angst und alle diese ungemütlichen Vorgaben kommen aus der menschlichen Gedankenküche. Besonders seit wir es verlernt haben, unseren Urinstinkt zu gebrauchen und im Sinne der Natur zu reagieren, haben wir diese Fähigkeiten vergessen.

Auch eine gebärende Frau schreit aus Leibeskräften, weil sie diesen unbeschreiblichen Schmerz ertragen muss. Instinktiv jedoch schreit sie besonders deshalb, weil sie weiß, dass sie mit Hilfe dieser Technik auf unglaubliche Kraftreserven zurückgreift, um das große Wunder einer Geburt zu vollbringen.

Der Mensch begann irgendwann nachzudenken. Daraus entstanden Wissen und Unwissen. Der Mensch hat nur Angst aus Gründen des Unwissens, weil er glaubt, aber nicht weiß. Deshalb darf wiederholt gesagt werden: Angst ist nur der Ausdruck für „nicht wissen"! Nur die Angst ist unser Feind. Menschen ohne Angst sind die kraftvollsten Wesen unserer Rasse. Es zählen nicht die Muskeln, sondern das Wissen.

Auch religiöse Vorgaben machen uns manchmal Angst. Dogmatische Hinweise als Lebenshilfen gab es immer, denn Religionen dienten in allen Zeiten den Unwissenden als Wegweiser für die Dinge zwischen Himmel und Erde. Und weil sich die unsichtbaren Welten nicht besonders gut mit unserer Analogie aus Worten und Zahlen erklären lassen, boten Religionen diese manchmal auch strengen religiösen Anweisungen. Daraus entstandene Ängste sollten nicht der Bestrafung dienen, sondern dogmatische Vorgaben eher die Sichtweisen vereinfachen. Ur-Religionen dienten der Lebensfreude, aber nicht dem Einschüchtern und der Angstmacherei.

Durch Aberglauben entstehende Erscheinungen, die angsterzeugend und dunkel wirken, sind Erzeugnisse unserer Gedanken. Wer sich gedanklich mit sogenannten „bösen Kräften" beschäftigt, erzeugt seine eigene Realität, die sich auf jeden auswirkt, der daran glaubt. Gedankliche Energien schaffen sehr realistische Welten, die tatsächlich so real sind wie die Welt, in der wir leben. Es gibt viele Formen und Arten von Wesenheiten, die durch unsere Gedanken entstehen und sich durch unsere gedanklichen Vorstellungen ernähren. Es gäbe sie nicht, wenn es keine entsprechenden Gedanken gäbe.

Sie leben in den Welten, die unsere Vorstellungskraft hergestellt hat. Und das ist – wie gesagt – äußerst real! Dieser Hinweis ist liebevoll gemeint und soll dem Leser keine Angst bereiten, aber es verhält sich tatsächlich so: Wer an das „Böse" glaubt, bereitet sich selbst Angst. Wer nicht an das „Böse" glaubt, erschafft sich keine „bösen Realitäten" und kann deshalb auch niemals von sogenannten „bösen" Elementen erreicht werden. Ich benutze den Begriff des „Bösen" als freie Assoziation, was auch immer jeder darunter verstehen mag. Das Element des „Bösen" passt nicht in mein persönliches Denkmuster, ich meine grundsätzlich, dass alles „gut" ist. Alle Religionen, die vom Bösen sprechen, lenken von der Wahrheit ab. Wenn ich jemals eine Begegnung des dunklen Elements erfahren sollte, werde ich mit dem tiefen Ausdruck der Liebe reagieren. Dies wäre das Intensivste, was ich in einer solchen Situation tun kann. Die Verkörperung des „Bösen“ wurde im religiösen Lager als Teufel personifiziert. Und er wird für Gläubige so lange existieren, wie sie meinen, es gäbe ihn. Wenn ihn irgendwann niemand mehr gedanklich erfasst, löst er sich in seiner Welt auf, und es wird ihn nicht mehr geben. Und wenn er mir zwischendurch doch mal über den Weg laufen sollte, sage ich zu ihm: „Mein lieber Mann, du machst wirklich den härtesten Job auf dieser Welt...“

Das sogenannte „Böse“ kann wiederum nur ein Ausdruck für „nicht wissen“ sein. Ich sagte bereits, wer Böses tut, glaubt in diesem Moment, er tue das Richtige, und darum könnte man meinen, dass die subjektive Summe aller Denkmuster wiederum eigentlich „gut“ ist...

Unsere Gedanken erschaffen nicht nur Realitäten im Unbekannten, sie bewirken auch sehr demonstrativ das Geschehen in unserer weltlichen Sichtweise. Jeder Gegenstand, der jemals von einem Menschen geschaffen worden ist, ist die Materialisierung gedanklicher Kraft. Jede Tasse, jeder Tisch, jeder Stuhl, jedes Auto, jedes Gebäude und alles Materielle dieser materiellen Welt hat denselben Ursprung. Zuerst war immer die Idee da – also der Gedanke. Dann wurde der Gedanke ins Dreidimensionale umgesetzt. Die Gedankenenergie bewirkte, dass der Gegenstand materialisiert, also erschaffen wurde. So entstehen die Dinge. Alles Menschenmögliche, was hier auf unserer Welt entsteht und je entstanden ist, war immer das Ergebnis unserer Gedankenkraft.

Wir formen die Dinge mit unserem Denken. Oder:

Wer nicht denkt, lässt nichts entstehen. Das bezieht sich nicht nur auf Gegenständliches, sondern ebenso auf Situationen und Ereignisse, die durch dieselbe Kraft beeinflusst werden können. Zum Beispiel: Manche ängstlichen Menschen glauben, sie könnten nachts nicht alleine durch eine Stadt laufen, ohne zum Schutz ein Messer bei sich zu tragen. Mit der Ausstrahlung dieses Gedankens ist das Drama vorprogrammiert. Wer ein Messer bei sich trägt, wird auf jemanden treffen, der auch ein Messer hat. Wenn man sich bewusst wird, wie intensiv gedankliche Energie Realitäten erschafft, darf man gerne damit spielerisch und fröhlich umgehen.

Und nun kommen wir zum positiven Aspekt der Geschichte. Positives Denken verändert in der Tat das gesamte Geschehen in jeglicher Hinsicht. Was das insgesamt bedeutet, können wir mental eigentlich nicht erfassen, aber Details lassen sich sehr leicht erkennen und darstellen: Alle Menschen auf der Welt haben Gedanken. Kein Gedanke vergeht ohne Auswirkung. Jeder Gedanke und jedes gesprochene Wort bleibt in der Unendlichkeit des Kosmos bestehen und lebt in sich weiter, denn Energie vergeht nicht. Unendlich viele Gedankenenergien wurden geschaffen, und ständig kommen neue hinzu. Sie leben in ihren Welten. Das bedeutet wahrhaftig Unendlichkeit. Alle diese Gedankenenergien, die in ihren unzähligen Welten existieren, wirken auf unsere Welt ein, weil alles miteinander verbunden ist, es gibt keine Begrenzung. Somit können diese Energien sehr konkret wirken und eine Menge beeinflussen.

Das kann unterschiedliche Formen annehmen. Ein Beispiel: Ein Mensch hat konkrete Pläne und Ziele für ein bestimmtes Projekt. Vielleicht möchte er ein Auto aus Sonnenenergie erfinden, das die gleiche Leistung bringt wie ein Benzinauto. Ein überaus schwieriges Ziel, zumindest mit unserem heutigen Wissen. Der Mensch arbeitet und tüftelt. Mental auf das Ziel gerichtet, werden Gedanken so gebündelt, dass es wahrscheinlicher werden kann, das Ziel zu erreichen. Würde aber dieser Mensch schon zu Beginn zwanzig anderen Menschen den Plan mitteilen, wären diese alle (und vielleicht noch viele weitere) gedanklich mit dem Projekt bereits verknüpft. Wenn aber nun bedauerlicherweise alle diese Mitwisser denken würden: „Das geht doch gar nicht. Das kriegt der nie hin", werden viele mentale Impulse ausgesendet, die das Projekt ebenso beeinflussen und somit eher behindern. Darum erzähle deine Idee vorher niemandem. Tue es einfach, aber möglichst bald. Möglichst bald deshalb, weil über das Morphogenetische Feld noch einige weitere Menschen auf der Welt deine Idee erhalten haben, und es ist dann die Frage, wer sie zuerst oder überhaupt umsetzt.

Wer durch Gedanken negative Impulse schafft, hat keine Vorteile, weil diese Impulse auf den Schöpfer zurückkommen und wirken. Was wir geistig erschaffen, erhalten wir als persönliche Erfahrung zurück. Letztendlich wird jeder, der diese Gesetzmäßigkeit verstanden hat, sich hüten, negative Impulse durch Gedanken, Worte oder Taten auszusenden. Es käme immer exakt zurück und würde zur persönlichen Erfahrung. Je negativer die gesandte

Energie ist, desto ungemütlicher wird die Erfahrung. Viele Menschen sind sich dessen nicht bewusst, was sie schon alles im Zorn, Hass und Unwissen bewirkt haben, und sie wundern sich, warum es ihnen gerade nicht besonders gut geht oder sie einen schlechten Tag haben. Es sind die selbst verursachten Auswirkungen im unendlichen Geschehen.

Wir dürfen uns gerne bewusst machen, dass das Geschehen aller dieser von uns erschaffenen Welten im Unsichtbaren liegt. Für ein einfacheres Verständnis haben die Menschen diese unsichtbare Ebene als Jenseits bezeichnet. Das Jenseits existiert umfassender, als wir es uns je vorstellen können. Und wir dürfen das Jenseits akzeptieren und nach unseren Glaubensvorstellungen und durch unsere Glaubenskraft frei gestalten. Wir dürfen die Existenz des Jenseits und dessen Möglichkeiten gerne für ein angenehmeres Leben im Diesseits nutzen. Und tatsächlich arbeiten wir mit dem Jenseits ständig zusammen, jeder für sich und ganz individuell.

Das Jenseits, das wir in dieser Unbegrenztheit nicht erfassen können, ist voller Lebendigkeit. Hier tummeln sich viele sehr unterschiedliche und auch lichtvolle Wesenheiten. Wir nennen sie Engel, Lichtwesen, auch Außerirdische, es werden immer wieder neue Begriffe dafür erfunden.

Das Jenseits ist voll mit Wesenheiten. Man denke dabei auch an die verstorbenen Seelen, die ebenso im Jenseits verweilen, denn wo sollten sie sich sonst aufhalten? Ich spreche von geistigen Existenzen, die kraftvoll aus dem weltlichen Leben getreten und ins Licht gewandert sind oder zumindest das Jenseits erreicht haben.

So gibt es auch die Seelen, die nach dem weltlichen Ableben noch nicht weitergewandert sind und aufgrund minderwertiger Gefühle am Erdendasein kleben oder ihren weltlichen Tod noch nicht akzeptiert haben. Sie brauchen etwas mehr Zeit, um ihren Tod zu verstehen. Dies sind erdgebundene Seelen, die nicht mehr auf dem Boden oder in Körpern stehen, aber auch nicht im Jenseits angekommen sind. Sie können vom Materiellen nicht loslassen. Oft sind es Reiche, die ihren Besitz nicht verlassen wollen, manchmal sind Rachegefühle oder Hass die Ursache, warum diese Verstorbenen ihren Blick nicht von der Welt richten können. Ihre geistige Energie bleibt vorerst als Unruhe im Weltlichen erhalten, sie beginnen ruhelos umherzutreiben. Manche Menschen glauben nicht an ein Leben nach dem Tod, sie denken, danach sei alles vorbei. Schwarz. Aus. Wenn sie dann sterben, merken sie es nicht. Sie haben zwar keinen Körper mehr, dennoch ist die Energie aktiv und die Seele oft verwirrt und sucht sich ein weltliches Plätzchen oder einen Ort, wo möglicherweise noch viele andere hängengebliebene Seelen verweilen.

Alle diese verstorbenen Seelen, die vorerst in der weltlichen Ebene „kleben“geblieben sind, haben vorübergehend nicht die Sicht, ihren Weg zu erkennen. Sie können von oben das Licht nicht sehen, fühlen noch immer die weltlichen Aspekte und wissen nicht, dass sie friedvoll den Weg ins Jenseitige weiterwandern könnten, um Ruhe zu finden. Wegen der komplizierten Glaubenssätze der

Menschheit und ihre dramatischen Todesvorstellungen sowie einer Gesellschaft materiell ausgerichteter Orientierung sind derzeit extrem viele Seelen in dieser Zwischenebene hängengeblieben. Der Durchgang zur anderen Seite ist sozusagen „verstopft“, und unzählige Seelen „hängen“ wartend herum. Wenn wir diese erdgebundenen Seelen nicht rufen und sie in Ruhe lassen, finden sie schneller ihren Weg. Es ist auch nicht sinnvoll, mit noch erdgebundenen Seelen zu kommunizieren. Sie sind noch nicht kraftvoll genug, um uns helfen zu können, sondern müssen erst lernen, sich selbst zu helfen. Wie ihnen geholfen wird und über sogenannte Spukgeschichten berichte ich an anderer Stelle. Vertiefen möchte ich zuerst das Geschehen der glücklicheren Seelen.

Unzählige kraftvolle Wesenheiten sind seelisch in den heiligen Realitäten angekommen und können mit ihrer Gesamtsichtweise glanzvoll auf uns einwirken, falls wir es wünschen. Von dort aus haben sie eine Übersicht in das Gesamtgeschehen und in alle Realitäten, frei von Zeit und dreidimensionaler Eingebundenheit. Diese Seelen sind voller liebevoller Bereitschaft, uns Erdenmenschen beizustehen. Und das tun sie ständig. Jeder Einzelne von uns hätte ein kaum überwindbares Leben, wenn diese lichtvollen Helfer uns nicht ständig beschützen (oder Geschehnisse formen und beeinflussen) würden. Die Menschen sagen manchmal: „Da habe ich nochmal Glück gehabt!“ Aber keiner fragt: „Wer hat dieses Glück veranlasst...?“ Diese Wesenheiten können aber nur verschieden stark auf uns einwirken. Es ist davon abhängig, ob wir es mit unserem Denken zulassen. Wer an diese Wesenheiten glaubt oder sie sogar bittet, zu helfen, öffnet ihnen direktere Wege, leichter und intensiver einzuwirken. Wer nicht daran glaubt beziehungsweise diesen Gedanken ablehnt, schafft gewisse Schranken und Barrieren, sodass den Wesenheiten ein hilfreiches Eindringen in unser Geschehen erschwert wird. Dies ist für die Helfer auf der anderen Seite eher traurig, weil sie helfen wollen, aber behindert werden. Sie sehen uns in unserer Hilflosigkeit im Umgang mit dem Leben.

Diese leuchtenden Elemente aus reiner Energie bezeichnen wir je nach Glaubensrichtung gerne als Engel, und so möchte ich diese Begrifflichkeit wertfrei und zum allgemeinen Verständnis hier weiterhin benutzen. Engel sind tatsächlich immer für uns da, auch wenn wir es nicht wahrhaben wollen. Wer sich gedanklich mit ihnen beschäftigt, verschafft sich wesentliche Vorteile, denn so wird ihnen der Weg geebnet, leichter zu uns durchzudringen. Dies geschieht über Gedanken, wir nennen es auch Glaube. Engel können uns beschützen, sich sichtbar machen und vieles entstehen lassen oder beeinflussen.

Wer eine solche Erfahrung mit einem Engel gemacht hat, wird nie wieder anders denken können. Wer es erlebt hat, wird gedanklich nicht mehr ohne sie existieren wollen. Wenn du die Engelenergie gespürt hast, wirst du das nie wieder vergessen. Wer es aber noch nicht erlebt hat, kann sich das Gefühl eines solchen Ereignisses nicht vorstellen. Die knallharten Realisten werden wegen ihrer rationalen Überzeugung Zusammenhänge mit Engeln oder andere „außerirdischen“ Erscheinungen ablehnen und viel Kraft verbrauchen, um diese Überzeugung zu verteidigen.

Jeder kann die Wirkungsweise von Engeln sofort ausprobieren. Die einzige Voraussetzung ist innere Ruhe, eine friedliche Haltung und der tiefgreifende Gedanke. Die Anwendung hat göttlichen Glanz. Dies ist ein Ritual von hohem spirituellen Wissen, hätte früher der Schamane gesagt. Doch die Zeiten haben sich geändert und werden sich noch mehr ändern. Das sogenannte Geheimwissen wird in der sich neu orientierenden Gesellschaft zu einer normalen Anwendung. Es wird immer selbstverständlicher für die Menschen werden, sich selbst zu heilen. Und es wird eine natürliche und selbstverständliche Anwendung sein, mit mentaler Kraft unsere Erde und unsere Realität völlig neu entstehen zu lassen – vielleicht auch, weil es sich in diesen Zeiten den Menschen als einziger akzeptabler Weg anbieten wird. Auch darum möchte ich das Thema hier noch mehr vertiefen.

Engel haben zu Kleinkindern ein besonders gutes Verhältnis. Das ist nichts Außergewöhnliches, weil Kinder oft Engel sehen können. Manchmal sitzen Kinder still da und sprechen Unverständliches mit jemandem, den wir nicht sehen. Manche Eltern sagen: „Was plapperst du für dummes Zeug?“, nur weil sie nicht wissen, was hier tatsächlich geschieht, und schon gar nicht die Sprache verstehen. Kinder erkennen unsichtbare Dinge, die sie uns zeigen wollen. Erwachsene nehmen dies nicht zur Kenntnis, weil sie es nicht wahrnehmen können. Manche Eltern fragen: „Na, spielst du schön?“, und die Kinder erklären, sie hätten mit einem

Freund gesprochen oder jemanden gesehen. Erwachsene meinen, dem Kind ginge die Fantasie durch. Wenn aber dem Kind ständig diese Wahrnehmungen ausgeredet werden und Eltern niemals auf dieses Geschehen eingehen, haben für Kinder Erscheinungen dieser Qualität allmählich keine Gültigkeit mehr. Kinder wachsen mit elterlicher Orientierung in die erzieherischen Vorgaben der dreidimensionalen Gültigkeit hinein. Alles, was die Erwachsenen ignorieren, wird das Kind auch bald ignorieren.

Kinder haben in den ersten Lebensjahren eine großzügigere Sichtweise. Sie sehen Vorgänge, die den Erwachsenen verborgen bleiben, weil bei Erwachsenen die langjährige visuelle Erfahrung auf die materielle Erkennung fixiert ist und oft alles andere ablehnt. Das heißt, würden wir Engel sehen, würden wir es nicht glauben, weil unser Gehirn zu uns sagt: „Es kann nicht sein, denn es ist nicht materiell erfassbar.“ Eigentlich ist es ein rationaler Witz – zuerst füttern wir unser Gehirn mit unseren Glaubenssätzen, und dann glauben wir, was das Gehirn uns sagt. Das Gehirn ist die Festplatte, und der subjektive Glaube ist die Software, ein Computer kann nur das bearbeiten, was die Software thematisch beinhaltet. Unser Gehirn ist nach unseren Glaubenssätzen programmiert, und unsere Glaubenssätze bestimmen, was das Gehirn vorzugeben hat und verbieten uns, Engel wahrzunehmen. Wer dennoch Wahrnehmungen dieser Art andeutet, wird aufgefordert, mit seinen Halluzinationen einen Arzt aufzusuchen. Engel passen nicht in unser industrialisiertes Weltgeschehen. Sie können zwar Wunder geschehen lassen, aber Wunder sind derzeit nicht besonders gefragt, da man sich mit Geld sowieso fast alles kaufen kann.

Wunder waren immer Wunscherfüllungen, aber die Wünsche haben sich geändert, und die eigentlichen Wunder sind in Vergessenheit geraten. Außerdem wäre jede Art von Wunscherfüllung nicht immer eine wirkliche Hilfe für manche Menschen, da bestimmte Erfüllungen wie Geldsegen und Wohlstand von der eigentlichen Lebensbestimmung ablenken könnten. Der betroffene Mensch würde dadurch eine andere Lebensrichtung einschlagen und in eine Situation geraten, die im höheren Sinn keine wirkliche Hilfe bedeuten würde, es sei denn, er würde mit Wohlstand auch eine Verantwortung für Ärmere übernehmen.

Dann gibt es noch die schillernden Sensationswunder auf Boulevard-Niveau, die zu allen Zeiten aufgetreten sind. In fanatischen Kreisen sind es die geldgierigen Neuzeit-Heiligen, die im Auftrag sektenähnlicher Organisationen die Kassen füllen. Die Medienvielfalt tut dazu ihr Übriges, doch das sollte nicht unser Thema sein. Ich spreche von wirklichen Engeln, die derzeit hier keinen Platz haben. Aber die Wunder finden dennoch statt, doch wir übersehen sie, wir bemerken sie nicht. Unter Wunder stellen wir uns Wunderheilungen nach biblischen Mustern vor, doch Wunder sind vielseitig und vielschichtig. Wie oft hat so mancher eine außergewöhnliche Situation er- oder ein gefährliches Geschehnis überlebt? Ist das nicht ein Wunder? Begegnungen mit Engeln sind heilige Situationen, andere bezeichnen sie als außersinnliche Wahrnehmung. Meine Engelerfahrungen waren geprägt von intensiven Gefühlen.

Dies sollte ich erst später richtig zu schätzen lernen. Vorerst jedoch lebte ich mein Leben als ein kleiner Außenseiter dieser Gesellschaft. Ich interessierte mich immer etwas mehr für Randgruppen und die Schwächeren als für das Geschehen in der Masse. Diese Jahre hatten kaum einen bewusst religiösen oder spirituellen Inhalt, abgesehen von praktischen Events wie Konfirmation, denn ich bekam die erste E-Gitarre. Diese Lebensphase diente eher dazu, die vorläufige Restaggression für dieses Leben vollends zu erkunden.

Mit Aggression verstehen wir landläufig, anderen bewusst oder unbewusst einen Schaden zuzufügen, wenn man ein entsprechendes Gefühl hat oder es dem persönlichen Vorteil dient. Das ist allerdings die weltliche Definition des Begriffs. Eine „natürliche Aggression" bestimmt die „Macht zum Handeln". Dies hat nichts mit geistiger oder körperlicher Gewalt zu tun. Natürliche Aggression findet meistens statt und bildet den Tatendrang für Handlungen. Das ist eine natürliche Voraussetzung, Geist und Körper in einem vernünftigen Reaktionstrieb zu halten, sonst könnte man nicht überleben und vernünftig handeln. Ebenso ist natürliche Aggression auch der Tatendrang zu künstlerischer Arbeit. Man muss es tun, es ist der unsagbare Trieb in uns. Und wenn man diesen bremst oder blockiert, kommt es auch zu den Zuständen, die man landläufig als aggressiv bezeichnet und die sich als körperliches Unwohlsein in verschiedensten Formen ausdrücken können.

Ich hatte in diesen Jahren das Glück, dass ich meinen Lebensunterhalt damit verdienen konnte, indem ich anderen eine Freude bereitete oder für eine gewisse Unterhaltung sorgte. Wie bereits erwähnt, ich dachte mir witzige Geschichten mit skurrilen Inhalten aus. Es war immer mein innerer Trieb, Dinge entstehen zu lassen oder Neues auszuprobieren – in Wort, Bild oder Klang. Dies war ein freier und verrückter Job und passte natürlich nicht unbedingt immer in das bürgerliche Weltbild meiner näheren Umgebung, und ich wollte mich dem auch nicht besonders gut anpassen. In beruflichen Hierarchien, wo es darum ging, sich an einer betrieblichen Leiter nach oben zu arbeiten, kam ich mir ziemlich unnütz vor, weil ich immer meinte, Hierarchien seien nur für diejenigen nützlich, die sowieso schon ganz oben sind. Und so war ich froh, als freier Mitarbeiter mein Tätigkeitsfeld und die Arbeitszeit selbst bestimmen zu können.

Ohne ein hierarchisches Karriereziel vor Augen zu haben, arbeitete ich in dieser Natürlichkeit wesentlich intensiver und kreativer, und ich wollte auch gefühlsmäßig niemals mit meinen Auftraggebern tauschen – den Redakteuren und Programmchefs der Sendeanstalten. Ich liebte diese Arbeit, und so erfand ich weit über tausend Kurzhörspiele. Wenn in einer bestimmten Handlung mehrere Personen spielten, sprach ich alle Stimmen selbst und nahm nach einem damals noch analogen Verfahren die einzelnen Rollen nacheinander auf, was mit einem nicht besonders umfangreichen Geräteaufwand leicht machbar war. So war es mir möglich, meine Arbeit zu Hause auszuführen. Ich schrieb und produzierte jahrelang Radiofolgen und belieferte die öffentlich-rechtlichen Sender mit fertigen Produktionen.

Und weil meine Wohnung kein perfektes schallgedämpftes Aufnahmestudio war, passierte es, dass manchmal die Glocken der Kirche gegenüber in meinen Slapstick-Shows zu hören waren. Das störte niemanden, denn was ich zu erzählen hatte, war aus dem Leben gegriffen und sollte auch so wirken. Das heißt, ich achtete zwar stets auf einen gewissen Qualitätsstandard meiner Produktionen, aber mit den entsprechenden Umweltgeräuschen im Hintergrund hatten meine Szenen immer etwas Menschliches und Natürliches. Außerdem mischte ich in die gespielten Szenen sehr aufwändige und kreative Geräusche hinein. So erreichte ich einen Unterhaltungswert in einem unverkennbaren Erscheinungsbild. Der Geräuschaufwand meiner Hörspiele entsprach oft einer Komposition von Klangereignissen. Das war mein Markenzeichen, und diese Arbeit machte mich tatsächlich sehr glücklich.

Eines Nachts saß ich am Mischpult und produzierte eine neue Serienfolge. Links im Raum stand der große schwarze Holzschrank, in dem Hunderte von Kassetten, Tonbändern und Disketten lagerten. Ich war es gewohnt, dass das Holz im Raum manchmal arbeitete und unüberhörbare Knackgeräusche hinterließ. Auch die dicken Holzbalken dieses 80 Jahre alten Hauses waren in Bewegung, besonders im Winter, wenn draußen Minusgrade herrschten und ich im Warmen saß. Das Holz arbeitete, und es gab immer wieder dieses unüberhörbare Knacken. Derartige Geräusche hatten mich nie gestört, weil sie nicht zu häufig vorkamen und meine Arbeit nicht beeinträchtigten. Doch in dieser Nacht kam es anders.

Während ich die Sprachaufnahme machte, hinterließ der schwarze Schrank besonders viele und laute Knackgeräusche, die ich während der Aufnahme zuerst gar nicht bemerkte. Doch beim Abhören der Tonbänder stellte sich heraus, dass das Knacken des Holzes dermaßen laut auf dem Band zu hören war und die aufgezeichnete Hörspiel-Szene so störte, dass die Aufnahme unbrauchbar war.

Verstimmt beschloss ich, die komplette Aufnahme neu zu machen. Und gerade wollte ich beginnen, die Szene noch einmal aufzunehmen, da knackte der schwarze Schrank wieder lautstark. Es war nicht möglich, vernünftig zu arbeiten. In meiner Ratlosigkeit sagte ich laut: „Bitte hör auf zu knacken! Du störst mich in meiner Arbeit!“ Und siehe da – ab diesem Moment war Ruhe im Raum. Ich begann mit der Aufnahme, und es knackte kein einziges Mal mehr. Und als ich danach die Tonbänder abhörte und tatsächlich keine weiteren Störgeräusche vorfand, war ich sprachlos. Hatte da jemand meine Bitte erhört?

Dieser Teil des Zimmers, wo der schwarze Schrank heute noch steht, hatte immer einen merkwürdigen Eindruck auf mich hinterlassen. Meine Siamkatze Bibisch, mit der ich einundzwanzig Jahre meines Lebens verbrachte und die mir im Laufe der Zeit wie eine langjährig erfahrene spirituelle Freundin vorkam, hatte manchmal diese Anwandlungen, indem sie sich vor den schwarzen Schrank stellte, zur Zimmerdecke starrte und miaute, als würde sie mehr wahrnehmen als ich. Das war aber schon einige Jahre her. Ausgerechnet dieser Teil der Wohnung meldete sich nun geräuschvoll und reagierte auf mich. War hier Leben oder eine besondere Energie im Raum, die ich bis jetzt nicht bemerkt hatte? Konnte meine Katze mehr sehen und deshalb entsprechend reagieren? Ich beschloss, dieses Phänomen zu verfolgen und zu beobachten.

So lebte ich, positiv gestimmt und offen für neue Erfahrungen, mit diesen holzbedingten Knackgeräuschen. Als der Winter vorbei war und die Balken nicht mehr diesen extremen Temperaturunterschieden ausgesetzt waren, meinte ich, es würde eine diesbezügliche Ruhe eintreten. Doch weit gefehlt, die Geräusche ließen nicht nach, und ich hatte mich längst damit abgefunden, dass hier noch eine weitere Energie neben mir existierte. Nicht nur beim Arbeiten traten die Symptome auf, auch wenn Besuch da war, im Gespräch oder beim Fernsehen. Der Fernseher steht im Eckzimmer, und wenn ich mich dort aufhielt, knackten die Balken eben im Eckzimmer. Zugegeben – in Orientierung an gewisse Gruselgeschichten könnten ängstliche Menschen eine Gänsehaut bekommen.

Ich begann, diesen Vorfällen eine gewisse Bedeutung zuzumessen und beobachtete, wann und wie oft die Geräusche auftraten. Es gab Tage, an denen nichts zu hören war, dann wiederum gab es Zeiten, in denen die Wohnung mit einem Spannungsfeld durchzogen war und es unentwegt knackte. Das geschah besonders dann, wenn ich mit jemandem in einem Gespräch war und das Thema einen menschlichen oder spirituellen Inhalt hatte. So bemerkte ich nach langem Beobachten, dass die Geräusche sehr oft in Verbindung mit meinen Gedanken oder Worten standen. Wenn ich thematisch etwas Spezielles dachte oder sagte, kam eine akustische Reaktion, mal leise, mal laut, manchmal sogar sehr laut. Ich verbrachte auch damals schon viel Zeit mit Menschen, die ein Gespräch oder eine Heilbehandlung bei mir suchten. Ich bemühte mich, hilfreich auf jegliche schwierige Lebenssituation einzuwirken und lernte dabei, meine Gedanken zu fixieren und gleichzeitig auf die Knackgeräusche um mich herum zu achten. Es gibt die sehr leisen, kaum wahrnehmbaren Geräusche, sie bedeuten „stille Zustimmung“ wie ein Nicken aus dem Hintergrund. Die mittellauten Knackser sind das deutliche „Ja“, und die lauten klingen wie ein klares „Nein“.

Die Knackgeräusche wurden zu einem festen Element in meiner Umgebung. Was da passierte, wann und wie oft es knackte, war natürlich kein Zufall. Es stand alles mit meinem aktiven Geschehen in Verbindung. Ich wurde mir sicher, dass es eine Energie gab, die mich begleitete. Diese Energie konnte sich in jedem Raum bemerkbar machen, in dem ich mich aufhielt. Ich lernte, mit sensiblem Wahrnehmungsempfinden und einem aus Tonstudios geschulten Ohr jedes noch so unbedeutende Geräusch im Hintergrund zu bemerken und zu erkennen.

Viele wichtige Gedanken in Gesprächen oder auch Ideen zu meiner kreativen Arbeit wurden durch akustische Hinweise geprägt. Besonders bei ungünstigen Gedankengängen oder scheinbar kreativen Fehlpässen meiner Arbeit konnte das Holz im Dachgebälk und in den Wänden so laut krachen, dass man meinen konnte, der Raum bräche zusammen. Aber nichts Derartiges geschah, es waren immer nur akustische Signale.

Mit der Zeit begann ich, spielerisch damit umzugehen. Diese Energie, die so hilfreiche Zeichen gab, könnte ein Teil meines Schutzengels sein, wie eine mich stets begleitende Kraft. Ich probierte Frage- und Antwortspiele aus, und das Phänomen bestätigte sich in allem.

Die Geschehnisse wurden mit der Zeit für mich zu einer Selbstverständlichkeit, mit der ich gut leben konnte. Längst war dies nicht mehr mein Geheimnis, und ich führte meinen Freunden das Geschehen vor. Viele Male saßen wir zusammen, und wenn es darum ging, spirituelle Themen anzusprechen, Erkenntnisse zu sammeln oder Wissen weiterzugeben, konnte ich mich darauf verlassen, dass eine hilfreiche Kraft mir beistand, die hin und wieder durch akustische Zeichen Bestätigungen oder Widersprüche signalisierte – immer bezogen auf meinen jeweils aktuellen Gedankengang.

In unzähligen Gesprächen und Meditationssitzungen, die dazu dienten, den Menschen beizustehen, die mich um Hilfe gebeten oder wegen eines Rates aufgesucht hatten, wusste ich vorher meistens nie genau, wie ich helfen konnte. Doch über den Weg der inneren Ruhe konnte ich mich immer auf meine Eingebungen verlassen, und so manche Anweisung erhielt ich durch einen Gedankenstrom, der gleichzeitig durch einen akustischen Knacks aus dem Gebälk belegt wurde. Irgendeine Materie war immer in Bewegung, und letztendlich ließ es sich nicht mehr orten, ob der Balken an der Decke oder der hölzerne Fensterrahmen laut krachte, oder ob es mal wieder vom großen schwarzen Schrank kam. Und dies hat sich bis heute nicht geändert. Ich hatte nie das Gefühl, es hätte etwas mit Spukgeschichten zu tun.

Spuk wird von erdgebundenen Seelen, die ihren weiteren Weg noch nicht gefunden haben, bewirkt. Das sind dann die Erscheinungen, bei denen auch Klopfzeichen auftreten oder mancher Schabernack gespielt wird. Doch diese Auswirkungen haben kaum diesen intelligenten Hintergrund, und ich war mir sehr sicher, dass meine Geschichte mehr war als nur ein Poltergeist-Spuk. Hier war eine Intelligenz am Wirken, und es sollte eine Zeit kommen, in der ich den ersten bewussten Kontakt zur „anderen Seite" aufnehmen durfte.

Eines Abends kam unsere Freundin Chris zu Besuch und erzählte uns ihre jüngsten Erfahrungen mit dem „Ouija Board", im Volksmund auch „Hexenbrett" genannt. Sie hatte bei einer Freundin mit dem Ouija Board an einer Séance mitgemacht. Ich hörte interessiert zu, denn das war für mich völliges Neuland, spiritistische Sitzungen kannte ich nur aus Filmen. Ich empfand dies sehr geheimnisvoll und hätte mir nicht vorstellen können, dass zwanzig Jahre später Praktiken mit dem Ouija Board oder andere spirituell-magischen Rituale zum normalen Fernsehalltag in TV Shows, Serien und Mentalisten-Wettbewerben gehören würden.

Ich hatte solche Praktiken immer mit Ehrfurcht respektiert und niemals über Sinn oder Unsinn solcher Anwendungen nachgedacht. Jetzt endlich konnte mir jemand etwas Genaueres darüber berichten, und da es dazu von einer guten Freundin kam, war ich sehr aufgeschlossen.

Während Chris uns ihre Geschichte erzählte, begann ich ein großes Stück Pappe zur Hand zu nehmen und mit einem dicken Filzstift im Halbkreis das Buchstaben-Alphabet sowie die Zahlenreihe von 1 bis 0 aufzuzeichnen. Ich hatte nie zuvor ein Ouija Board oder irgendein ähnliches magisches Hilfsmittel gesehen, aber nach Chris' Anweisungen ließ ich es ganz spontan entstehen. Mit der inneren Plastikhülse einer Spule, auf der Verpackungsband aufgerollt war, bildeten wir das runde Teil, das es in einer solchen Sitzung zu bewegen galt. Wir hatten es nicht geplant, aber plötzlich entstand die Situation wie von einer höheren Kraft gelenkt, und wir beschlossen mit großem Spaß und ohne irgendwelche Ängste, es auszuprobieren. Ja, wir wollten eine solche Sitzung abhalten. Dazu zündeten wir drei Kerzen an, in deren Dreieck wir uns setzten. Wir atmeten tief durch und gingen in eine andächtige, meditative Haltung.

Chris wusste über das Ritual richtig gut Bescheid. Voller Erwartung saßen wir da und warteten, was passieren würde. Sie rief nach jemandem, der sich Sargor nannte. So hieß ihr Schutzengel, den sie schon in früheren Sitzungen bei ihrer Freundin namentlich kennengelernt hatte. Wir legten unsere Finger auf den Plastikring und Sargor meldete sich, indem sich der Ring von Buchstabe zu Buchstabe bewegte. Es kamen die ersten Botschaften. Ich war fasziniert, und wir empfanden eine außergewöhnlich „heilige“ Stimmung im Raum. Aber dies war erst der Anfang. Im Laufe der nächsten drei Monate trafen wir uns regelmäßig und hielten neunzehn Sitzungen ab, die ich auf

Tonband aufzeichnete, danach wortgenau in den damaligen ATARI-Computer schrieb und als Dokument abspeicherte. Die Textmenge der Informationen, die wir erhielten, entsprach dem Umfang von 58 Schreibmaschinenseiten. So lernte ich auf diesem Weg auch meinen Schutzengel kennen, der sich mir namentlich vorstellte. Mein Schutzengel nannte sich in den Séancen Moabi. Heute meine ich, dass es im höheren Sinn unwichtig ist zu wissen, wie eine solche Wesenheit namentlich heißt. Eigentlich gibt es auf der Ebene solcher Intelligenzen keine Namen, denn für kosmische Verständigungsformen sind Namen nicht notwendig. Für unseren Zweck jedoch, jemand Bestimmten rufen zu wollen, sind verbale Stützen wie Namen sehr hilfreich (und für uns beruhigend).

Vor jeder neuen Sitzung prüften wir die Qualität der Begegnung. Durch Gegenfragen testeten wir, ob es sich um eine liebevolle Begegnung handelte, denn wir wollten sicher sein, dass kein Schabernack einer anderen Energie stattfand. Aber wir wurden jedes Mal schon in der Begrüßung und in der Anrede mit so viel Liebe überhäuft, dass es keine Zweifel gab. Es gab überhaupt diesbezüglich niemals unangenehme Erfahrungen. Ich empfand jede Sitzung wie eine sehr heilige Begegnung mit der anderen Seite, begleitet mit einem unendlichen Glücksgefühl.

In den täglichen Meditationen ergänzten sich die Vorgänge. So erschien mir einmal Moabi in einer Vision. Ich erkannte sie als eine sehr schöne Frau. Erst jetzt wurde mir klar, dass mein Schutzengel weiblich war, und als ich sie im Laufe weiterer Séancen daraufhin befragte, antwortete sie, sie hätte noch sehr viele weibliche Anteile. Später erfuhr ich, sie sei meine Dualseele, wir hätten uns schon vor cirka 200 Jahren vereint. Während ich derzeit inkarniert sei, sei sie auf der anderen Seite tätig und begleite mich bei allem.

Ich hatte in weiteren Meditationen noch andere Visionen. Mein Kinderarzt erschien mir. Er war in meiner Kindheit eine wichtige Respektsperson, weil ich sehr oft krank war und seinen ärztlichen Rat zu befolgen hatte. Er erschien mir visuell und bestätigte mit einem liebevollen Ausdruck in den Augen die Richtigkeit meiner spirituellen Handlungen. Außerdem erinnerte er mich an einen dieser wichtigen Kindheitsträume. Die Wochen und Monate während dieser Erfahrung waren für mich sehr heftig. Ich wurde nachdenklich und trotzdem immer sehr darauf bedacht, nicht den Boden unter den Füßen zu verlieren. Die neuen Erkenntnisse kamen so rasend schnell, doch gleichzeitig konnte ich nicht genug davon bekommen.

Eines Nachts bekam ich während einer Arbeitspause Hunger und erwärmte das restliche Essen vom Tag. Ich schaltete den Herd ein und beschloss, die Minuten des Wartens mit einer kurzen Meditation zu nutzen. Während sich in der Küche im Topf das Essen erwärmte, setze ich mich aufs Sofa und ging in eine sehr tiefe Trance. In diesem harmonischen Zustand wollte ich – völlig ungeplant – mit meinem „Höheren Selbst" in Verbindung treten. Weshalb auch immer – ich sprach mein eigenes „Höheres Selbst" an, und plötzlich ertönte von innen heraus eine Stimme wie aus einem Telefon, die zu mir sagte: „Ich wusste genau, dass du kommen wirst!“ Es war gänzlich unklar, woher diese Stimme kam, aber sie war konkret da. Es war keine akustische Halluzination. Es sprach tatsächlich jemand zu mir wie durch ein Telefon. Und ich war zutiefst beeindruckt. Dann ließ ich mich vollkommen los, als würde ich meinen Körper verlassen, und schwebte hinaus ins Freie, die Straße entlang, und verlor mich im Unbewussten. Als ich wieder zu mir kam, saß ich noch immer auf dem Sofa, und aus der Küche erreichte mich ein unverkennbarer Geruch: Ich hatte die Zeit verpasst, das Essen war tief in den Topf hineingebrannt. Ich deutete es später als einen humorvollen Hinweis dafür, dass ich trotz spiritueller Höhepunkte die weltliche Realität nicht übersehen sollte...

Diese Vorgänge veränderten mein Leben schlagartig. Die harmonischen Momente am Ouija Board und die Dialoge, in denen mir viele Fragen liebevoll beantwortet wurden, gaben mir tiefes Vertrauen. Diese Energie auf der anderen Seite, was oder wer auch immer es war – meine Dualseele oder mein Schutzengel –, bereitete mir viel Freude. Ich entdeckte im Lebensalltag eine neue Abenteuerlust. Mir wurde vermittelt, die neuen Erfahrungen sensibel anzuwenden und intelligent einzusetzen. Weiter fragte ich in einem Dialog: „Sind die Knackser von dir?“, und während ich das Wort „Knackser“ aussprach, knackte zeitgleich lautstark, dennoch in einer positiven Intensität, der schwarze Schrank. Eigentlich war es witzig, aber in solchen Fällen bekam ich sogar eine Gänsehaut, und dazu hieß es: „Wenn du den Schauer über deinem Rücken spürst, bin ich dir besonders nahe...“

Der Zeitverlauf der Séancen verlief gleichzeitig mit dem Umbruch in einer bedeutsamen Lebensphase. Viele Anweisungen in den Botschaften waren für mich von Wichtigkeit. Ich wurde wieder an die Bestimmung meines Lebens erinnert, was mir guttat. Und es öffnete mein Herz, und der Strom der Tränen spülte den Schleier weg, der mich die Jahre zuvor blind gemacht hatte. Diese Blindheit diente dazu, zu lernen. Doch jetzt sah ich alles anders. Plötzlich tat mir vieles, was ich zuvor in meinem Leben an Ungemütlichem ausgelöst hatte, sehr leid. Es tat mir weh, was ich die Jahre über angerichtet hatte und wie ich manchmal mit Menschen umgegangen war. Es tat mir so unbeschreiblich weh im Herzen, weil ich nicht immer sehr gerecht gewesen war. In Sekundenschnelle fielen mir so viele Situationen ein, in denen ich besser hätte handeln können. Ein Film mit gefühlsbetonten Ereignissen zog an mir vorüber, und ich sah mein bisheriges Leben plötzlich aus einer anderen Sicht. Diese Sicht, die ich scheinbar „früher" schon hatte, war vorübergehend verdeckt worden, und nun durfte ich mich wieder erinnern. Dies sollte wohl der Zeitpunkt dafür sein. Alles erschien glasklar vor meinen Augen. Ich war so gerührt, und es kamen vertraute Gefühle in mir hoch, die mit dem Zustand grenzenloser Liebe zu tun hatten. Es wurden Gefühlsstrukturen wach, die ich mit Worten nicht beschreiben kann, aber es kam mir alles bekannt vor.

In den ersten Lebensjahren war ich vertraut gewesen mit einer anderen Realitätsebene. Vielleicht waren es auch Erinnerungen an eine noch frühere Zeit vor diesem

Leben oder an eine andere Welt. Und es waren sehr unterschiedliche Gefühle. So hatte ich auch schwere Träume, in denen ich mich von anderen Welten verabschieden sollte, es war höchst dramatisch. Noch heute erinnere ich mich an diesen einen bestimmten Traum mit der sich immer wiederholenden Vision: Ich stehe irgendwo auf Mutter Erde und sehe die Erdkugelhälfte vor mir, doch ich sehe noch jemanden sehr entfernt am Horizont. Dieser winzige Punkt im Licht, der sich allmählich immer mehr entfernt und hinter der Erdkrümmung verschwindet, bin auch ich. Ich entferne mich von mir selbst und empfinde dabei unendliche Einsamkeit und große Traurigkeit. Es waren die Nächte voller Wein- und Schreikrämpfe, in denen ich mich kaum beruhigen ließ, auch wenn meine Mutter mich tröstend in ihre Arme nahm. Aber es gab auch die schönen Erinnerungen – an ein Leben, geprägt von intensiven Kindheitserfahrungen mit Träumen und Engeln.

Es gab eine ganz besondere Geschichte, mein wichtigstes Ereignis und ein Schnittpunkt, der mein Leben geprägt hat. Die Gefühlsstruktur sollte mich für immer begleiten – und ich denke noch heute: Was habe ich für ein Glück gehabt. Es fällt mir sehr schwer, einzuschätzen, wo hier die Grenzen zwischen Traum und Realität liegen, aber ich habe es real erlebt. Und immer wenn ich daran erinnert werde (wie auch jetzt in diesem Moment), spüre ich in meinem Bauch dieses „göttliche" Gefühl, als wäre es damals in mich eingepflanzt worden. Es war der ergreifendste Zustand meiner Kindheit. Die Intensität blieb für immer bestehen. Ich kann diesen Glückszustand aus der Erinnerung jederzeit hervorrufen und mit diesem Gefühl den aktuellen Lebensmoment harmonisch ausschmücken. Ich übertrage das Gefühl von damals auf diesen Moment. Der sogenannte Ausdruck des „Hier und Jetzt“ wird wirksam. Dieses besondere Ereignis lenkte mich schon sehr früh in eine Richtung, die die Vorbestimmung meines Lebens andeutete, und ich versuche es hier zu beschreiben:

Ich war fünf Jahre alt, wir wohnten in der ersten Etage mit Blick auf die hinter dem Haus liegende Wiese mit Obstbäumen und den Weinberg am Hang. Wenn mich meine Mutter abends zu Bett brachte, durfte ich den Vögeln draußen „Gute Nacht“ sagen. Meine Mutter hielt mich ans offene Fenster, Vögel nannte ich im kindlichen Jargon „Piep Piep“, und so ich rief hinaus: „Gute Nacht, Piep Piep!“ Dies war ein festes Ritual. An einem dieser warmen Sommerabende geschah es an diesem Fenster: Es kam zu einer Begegnung. Ich lag schon im Bett, das offene Fenster wurde sehr hell und mich erreichte der Schwall einer intensiven Kraft. Zwei strahlende Lichterscheinungen kamen angeflogen, das Fenster war voller Licht. Für mich waren es Engel, denn ein Kind kennt dafür kein anderes Wort. Sie kamen zum Fenster herein und holten mich ab, um mich in den Himmel mitzunehmen. So weit meine Erinnerung. Ich konnte noch wahrnehmen, wie wir zum Fenster hinausflogen, danach fehlt mir das Bewusstsein, doch alles, was geschah, steht im Glanz von Licht und unendlicher Liebe. Es war alles sehr hell und verbunden mit einem grenzenlosen Gefühl von Heiligkeit. Ich fühlte mich tatsächlich „selig“ (mir fällt dazu kein anderes Wort ein). Am nächsten Morgen wachte ich in meinem Bett auf und fühlte mich immer noch „selig“, fühlte noch immer diesen göttlichen Glückszustand, und es gab für mich keine Frage: Ich wurde in der Nacht tatsächlich in den Himmel abgeholt. Das wusste ich. Es war ein einschneidendes, spirituelles Erlebnis, und das Gefühl sollte ich ein Leben lang in meinem Bauch spüren.

Danch erhielt ich in Träumen wörtliche Botschaften, die sehr prägnant und intensiv waren, doch als Kind konnte ich sie noch nicht verstehen. Es waren Botschaften, die mein späteres Leben, als ich eine gewisse Reife erlangt hatte, bestimmen sollten. Nun war es so weit. Nach so vielen Jahren sollte ich wieder an die Botschaften erinnert werden, und alle damit verbundenen Gefühle wurden wach. Es war kein Zufall, jetzt sollte es zum Tragen kommen.

In Verbindung mit diesen Erinnerungen erhielten unsere wöchentlichen Sitzungen mit der „anderen Seite“ eine besondere Bedeutung. Jede Séance war eine Begegnung mit geöffnetem Herzen im puren Licht, und manche Information wurde zu einer wichtigen Fortsetzung der Traumbotschaften aus frühster Kindheit. Es bekam alles seinen Sinn. Meine Kindheitsträume hatte ich nie vergessen, und dies war jetzt die vorherbestimmte Zeit, in der meine Engelbegegnung im Alter von fünf Jahren wieder zum Thema wurde. Und damit meine ich primär das damit verbundene „göttliche Glücksgefühl“, das sehr tief sitzt und heftig wirkt. Die Weichen waren gestellt, und als Zeichen erschien in meinem Leben ein Rabe als mystischer Botschafter und Träger des Wissens und des Friedens.

Die folgende Zeit brachte mir viele Momente, in denen ich mit Engeln in Kontakt kam. Die Botschaften, die ich weiter erhielt, waren ziemlich konkret. Zum Beispiel hieß es einmal: „Du kannst mich immer rufen, auch im Alltag, und ich kann dir immer helfen.“ Und weil ich immer offen für Neues bin, aber auch nicht alles vorbehaltlos glaube, wollte ich es gleich einmal ausprobieren, um es zu erfahren und zu „wissen“. Das war eine echte Gelegenheit! Also wollte ich von diesem großzügigen Angebot Gebrauch machen. Es sollte auch dazu dienen, anderen nutzvoll Hilfe zukommen zu lassen, wie in der folgenden witzigen Geschichte.

Ich schaute aus dem Fenster hinunter zur Straße, wo sich gegenüber eine Bushaltestelle befindet. Ich sah, wie der Bus vorfuhr, die Leute einstiegen und wie ein altes Mütterlein angerannt kam. Sie war noch so weit von der Haltestelle entfernt, dass es nicht so aussah, als könnte sie den Bus rechtzeitig erreichen. In diesem Moment bat ich meinen Engel, zu helfen. Ich bat darum, der Busfahrer möge so lange warten, bis die alte Dame eingestiegen war. Dann atmete ich tief durch – und noch einmal – und dann tatsächlich – der Fahrer des Busses wartete, bis die Dame ankam und einstieg. Es hatte geklappt. Naja, es kann auch ein „Zufall“ gewesen sein, könnte man sagen. Dennoch war ich beeindruckt. Kurz darauf ging ich in die Küche, um etwas zu essen. Dazu wollte ich ein Gurkenglas öffnen, doch – wie schon so oft – der Deckel saß wieder einmal dermaßen fest und ließ sich nicht öffnen. Es war immer ein Kraftakt, und wie ich es auch anstellte, letztendlich kam es immer zu einer dezenten Gewaltaktion, bis ich den Gurkenglasdeckel herunterbekam (anstatt ihn einfach mit einer Messerspitze etwas anzuheben, damit Luft hineinkommt, dies aber hat mir erst viel später Catarina trickreich verraten...). Dieses Mal nicht mit Kraft, dachte ich, und bat meinen Engel, mir dabei zu helfen, das Gurkenglas zu öffnen. Dann atmete ich tief durch, fasste an das Gurkenglas, und der Deckel ließ sich erstaunlich leicht herunterdrehen. Jetzt war ich wirklich beeindruckt. So einfach war das, und ich hätte nicht geglaubt, dass man Engel auch für einfache Vorgänge um Hilfe bitten darf. Es war eine ganz alltägliche Situation, und ich bekam wunschgemäß Hilfe. Das ist erstaunlich, dachte ich, und wollte mir diesen Wunscherfüllungstrick für wahrlich schwierigere Situationen vormerken, denn ich war noch nicht felsenfest davon überzeugt, dass es immer klappen würde. Immerhin musste wohl etwas dran sein, und das wollte ich erforschen.

Kurze Zeit später stand ich in der U-Bahn-Station und wartete auf die Bahn. Etliche Menschen standen herum. Da tauchten zwei junge betrunkene, randalierende Männer auf. Der eine von beiden begann, die wartenden Fahrgäste zu belästigen. Solche Situationen waren mir Zeit meines Lebens immer sehr unangenehm, weil ich wegen der eigenen Ratlosigkeit gegenüber solchen Aktionen eine große Peinlichkeit empfand. Die Wiederherstellung des Friedens per Regelung mit Körperkraft waren weder in meinem Sinn, noch der Beschaffenheit meines unathletischen Körperbaus angemessen. Da fiel mir das Wunschprogramm meines mir so nahestehenden Engels ein. Ich stand etwas vom Geschehen entfernt, atmete tief durch und konzentrierte mich auf meine innere Ruhe und die friedliche Absicht. Dann visualisierte ich rotes, kraftvolles Licht, das ich mit meiner Atmung ansog und in liebevoller Absicht an die Randalierenden weitergab. Das machte ich sehr intensiv und bat dabei meinen Engel zu helfen, dass ab jetzt sofort hier in der U-Bahn-Station niemand mehr belästigt würde. Und tatsächlich – es geschah: Etwas änderte sich, und zwar sofort. Die beiden Betrunkenen krakeelten zwar noch herum, aber keiner der wartenden Fahrgäste wurde weiter belästigt.

Doch ich sollte erst noch in den wirklichen Genuss dieser Wirkung kommen. Nun kam die Bahn und hielt an. Um weiteren Ungemütlichkeiten aus dem Weg zu gehen, wollte ich unbedingt den Waggon wählen, in dem ich mit dem Geschehen der Betrunkenen nicht weiter konfrontiert werden konnte, und entschied mich, in den hinteren Waggon einzusteigen. Doch die Bestimmung wollte es anders, und die beiden Betrunkenen wählten kurzerhand auch den letzten Waggon der Bahn. Und so standen sie in der voll besetzten Bahn und vertraten lautstark ihre Argumente. Vom anderen Ende des Waggons wendete ich nochmals die segenbringende Atemtechnik an. Ich ließ den beiden Unruhestiftern in meiner Imagination das rote kraftvolle Licht zukommen, natürlich alles in friedlicher Absicht und mit einer überzeugten inneren Ruhe. Im Geiste bat ich nochmals um Hilfe. Es geschah sehr intensiv, und ich gab es liebevoll weiter.

Plötzlich drehte sich einer der beiden um, blickte mich aus dem hinteren Ende des Waggons scharf an und kam mit großen Schritten direkt auf mich zu. Er blieb vor mir stehen, schaute mich an und fragte mich in einer höflichen Form, wo er in eine andere Bahn umsteigen müsste, um zu einem bestimmten Ziel zu kommen. Da war ich platt! Ich erklärte ihm die Richtung, und die Ruhe in der Bahn war wiederhergestellt. Bei der nächsten Station stiegen die beiden aus.

Ich vergaß nie, nach solchen Aktionen meinem Engelshelfer im Jenseitigen zu danken. Später machten mir Betrunkene auf der Straße oder an ungemütlichen Orten nie zu schaffen, und wenn jemand versuchte, mich zu belästigen, lief ich als kraftvolle Wesenheit locker an diesen angeschlagenen Erscheinungen vorbei, sodass sie nicht einmal die Chance hatten, mich in irgendeiner weltlichen Form zu erreichen. Ich lernte, dass angetrunkene Menschen in ihrer Erscheinung äußerst schwache Wesen sind, die mit angewandter Licht- und Atemtechnik vollkommen reaktionsunfähig werden und nur noch damit beschäftigt sind, ihren konfusen Zustand geistig und körperlich zu ordnen. Als weiteren Sicherheitsfaktor hatte ich außerdem noch meinen mich beschützenden Engel, den ich immer rufen und um Hilfe bitten konnte. Belästigungen dieser Art fanden nie wieder statt, vielleicht weil diese Erfahrungsebene für mich abgeschlossen war oder der Schein meines persönlichen Lichtpegels nun etwas heller schimmert, könnte man mutmaßen...

Irgendein Zauber lag über mir, und ich fragte mich, wie es dazu gekommen war und was das alles bewirkt hatte. Waren es meine Gedanken? War es die Imagination? Wirkte hier mein Schutzengel? Oder war es eine Magie, die jeder anwenden könnte?

Bevor ich nun die geheimnisvolle Wirkung lichtübertragender Atemtechnik mehr erläutere, darf man sich Gedanken machen, was Magie bedeutet. Wenn man irgendwo in einem Gespräch das Wort Magie erwähnt, heißt es oft: „Ach ja, schwarze Magie. Böse! Böse! Davon habe ich schon gehört..." Und es bedarf hier für Ratlose einiger Erklärungen zum Begriff Magie.

Magie ist die Beeinflussung des Bestehenden und bedeutet Veränderung im natürlichen Verlauf. Man könnte fragen: Darf man Magie anwenden? Darf man den natürlichen Verlauf des Bestehenden beeinflussen und verändern? Man darf weiter bemerken, dass nichts dem Stillstand unterliegt. Das Gesamtgeschehen ist ständig in Bewegung, und nichts ist, wie es war. Jeder Moment entsteht neu und wird verändert – und immer wieder neu definiert. Das Geschehen unterliegt dem ständigen Fluss von Veränderungen, alles ist der Ausdruck von Ursache und Wirkung – jetzt, jederzeit und immer. Das Bestehende verändert sich also jeden Moment und ist immer die Folge dessen, was vorher war, seine Auswirkung. Diese Auswirkungen sind von unterschiedlicher Qualität, und manche Veränderungen haben unterschiedliche Ergebnisse, die man als angenehm oder unangenehm, als positiv oder negativ empfinden kann. Wenn nun beispielsweise ein Mensch seelisch oder körperlich leidet, und es gelingt einem anderen, diesen Zustand durch Heilung oder ein Gespräch zu verändern, fand hier eine Beeinflussung des Bestehenden statt, aber niemand wird fragen, ob man das darf. Jegliche Hilfe wird als menschlich und selbstverständlich angesehen, und niemand wird hier über Magie nachdenken, denn die Hauptsache ist, dass dem Menschen geholfen wurde und es ihm besser geht. Ein bestehender Zustand wurde also positiv beeinflusst, und der betreffende Mensch wird dies als sehr erfreulich empfunden haben.

Jeder Arzt oder Heiler, der Heilung bringt, jeder Freund, der durch ein Gespräch andere aufmuntert, jeder Witzeerzähler und jeder Unterhaltungskünstler, der Menschenmassen zum Lachen bringt, beeinflusst und verändert das Bestehende. Aber niemand bezeichnet solche Aktivitäten als Magie. Das Wort „Magie" als verfärbte Begrifflichkeit aus dem Mystischen genießt noch immer einen mittelalterlichen Beigeschmack, denn einst entsprang nach den Glaubensvorstellungen der damaligen Zeit das Unerklärliche, wenn es nicht heiligen Ursprungs war, immer dem Bösen. Die Glaubenssätze waren geprägt von den religiösen Bestimmungen dieser Zeit. Doch es gab vereinzelt Menschen, die sich in diesen Epochen verstecken mussten und das geheime Wissen hatten. Der Begriff „Geheimwissenschaft" entstand, weil die Wissenden das geistige Gut geheimhalten mussten, um sich nicht der Verfolgung auszusetzen.

Jeglicher Ausdruck von Beeinflussung oder Veränderung darf im klassischen Sinn als das Ergebnis von Magie bezeichnet werden, und jeder, der das Bestehende verändert, ist eigentlich ein Magier. Aber das sagt niemand, weil die Menschen Veränderungen dieser Art als selbstverständlich hinnehmen und über die Ursachen kaum nachdenken. Jede Veränderung unterliegt einer bestehenden Kraft, aber so lange diese Kraft positiv wirkt und es den Menschen gut geht, bedarf es keiner Beurteilung, und es entsteht daraus kein Thema. Aber sowie eine bewusste Veränderung eine negative Auswirkung zeigt, machen die Menschen ein aufregendes Spektakel daraus und meinen, die Dinge bewerten und beurteilen zu müssen, man sucht Schuldige und die Ursachen. In Unkenntnis sagen manche sogar, es sei „schwarze Magie" im Spiel.

Die Menschen scheinen sich mehr für negative Auswirkungen zu interessieren, aus denen viele weitere unnütze Themen hervorgehen. Negativaspekte bieten scheinbar einen deutlich höheren Unterhaltungswert. Deshalb erreichten in den Achtziger- und Neunzigerjahren Horrorfilme im Fernsehen höhere Einschaltquoten als Filme mit religiösem oder esoterischem Inhalt, was sich aber in den nächsten zwanzig Jahren ändern sollte, da dem Mystischen ein immer höherer Unterhaltungswert zugeordnet wird.

Das vorerst primäre Interesse an Negativereignissen besteht vielleicht auch deshalb, weil hier der Grenzbereich des Unbekannten und Unnatürlichen gestreift wird, während positive Ereignisse eher als normal angesehen werden. Man darf grundlegend feststellen, dass positiv wirkende Magie etwas Normales ist, und ich weiß, dass zu einem späteren Zeitpunkt, wenn dieses Buch erscheinen wird, der christlich orientierte Mitmensch im Zusammenhang mit solchen Themen nicht mehr furchtsam zusammenzucken wird. Aber derzeit können diese Themen nicht überall und mit jedem besprochen werden.

In gewisser Weise sind wir alle Magier, denn wie oft schon wurden wir veranlasst, in liebevoller Absicht das Bestehende zu verändern, indem wir halfen, trösteten oder einen guten Rat gaben. Wer dies tut, darf es genießen und sich über die Auswirkungen freuen, denn auch hier gilt das kosmische Grundgesetz: Was du aussendest, kommt zu dir zurück. Wer in liebevoller Absicht Situationen positiv beeinflusst, erhält diese Liebesgabe irgendwann genauso zurück. Das betrifft alle menschlichen Bereiche, alle Vorgänge, Taten und Gedanken. Und wer einer verdurstenden Blume Wasser spendet, wird sich irgendwann an ihrer Blüte erfreuen können. Diese Wechselwirkung ist das kreative Grundelement für „Leben“ und beinhaltet die gültige Kraft unendlicher Schöpfung. Wer sich in dieser Lebensform wiederfindet und sich darin entfaltet, entspricht dem natürlichen Ausdruck von „Leben“ und wird nie darüber nachdenken müssen, ob dies etwa Magie bedeutet. Es ist dasselbe wie der Sonnenaufgang, der das Gänseblümchen beeinflusst, die Biene anlockt oder einen Samen keimen lässt. Alles wird von allem positiv beeinflusst. Alles ist miteinander verbunden und wirkt auf das weitere Fortbestehen von allem. So ist der Heiler auch ein Teil im Naturgefüge und wirkt in diesem Sinn. Weil wir Menschen auch dies sprachlich benennen müssen, sagen wir dazu „weiße Magie“. Die komplette Natur betreibt weiße Magie, aber niemand macht es zu einem Thema dieser Art.

Magie oder Zauberei sind nur von Menschen erfundene Worte und haben für viele als Begriff ein überliefertes Image des Ungewissen. Jetzt ist die gesamte Schöpfung „göttliche Zauberei", aber wir wissen inzwischen, was unsere kreative Gedankenkraft leistet und deren schöpferische Fantasie bewirkt.

Und man darf feststellen, dass die gesamte Schöpfung des Seins einer göttlichen Idee entspringt. Wer sich daran beteiligt, ist ohne Dogmen und Verordnungen ein höchst göttlicher Mensch. Dieser göttliche Mensch muss nichts tun, außer zu leben. Und weil das Leben göttlich ist (oder sein sollte), geschieht alles weitere wie von selbst. Wer in liebevoller Absicht Veränderungen erzielt und dazu bewusst magische (beziehungsweise göttliche) Kraft einsetzt, tut es tatsächlich mit Liebe, denn die Liebe hat die höchste Qualität magischer Wirkung. Liebe ist Zauber! Oder: Liebe verzaubert! Wirkliche Magier, und das können nur Wissende sein, würden nie anders reagieren, als in Liebe zu agieren, um die pure Energie einzusetzen und sinnvoll zu nutzen.

Für diesbezügliche Erklärungen wurden schon viele Bücher über Magie geschrieben, in unterschiedlicher Qualität und mit oder ohne entsprechende Fachkenntnisse. Es gibt hier besondere Spielregeln und verschiedene Stufen und ihre Wirkungsbereiche. Man kennt magische Hilfsmittel und entsprechendes Handwerkszeug mit Anleitungen für Anfänger und Fortgeschrittene. Auf das alles darf ich hier verzichten, denn wer die grundsätzliche Idee verstanden hat, braucht keine weiteren Hilfen und folgt eher seiner Intuition. Exakte Beschreibungen eines solchen Themas können auch Sichtweisen verzerren und mit dogmatischen Verkrampfungen vom Natürlichen ablenken. Wer mit Gedankenkraft arbeitet, sich das göttliche Ziel vor Augen hält, die positive Kraft wirken lässt und dazu noch jenseitige Helfer aus dem Licht zu Hilfe ruft, kann niemals etwas falsch machen. Das ist ein wesentlicher Aspekt der Magie.

Dennoch ist der Begriff „Schwarze Magie“ für manche ein noch unausgegorenes Thema, und es bedarf dazu einiger Worte. Wer schwarze Magie betreibt, fügt bewusst jemandem Schaden zu. Dies ist der negative und umgekehrte Aspekt dieser eigentlich göttlichen Absicht. Schwarze Magie dient also vorwiegend nicht dem Wachstum, sondern eher der Zerstörung. Aber die Gesetzmäßigkeit von Ursache und Wirkung bleibt dennoch dieselbe. Wer schwarze Magie betreibt, erhält ganz natürlich die exakte Wirkung wieder zurück und erfährt selbst den angerichteten Schaden. Wer schwarze Magie über längere Zeit betreibt, katapultiert sich in eine tragische Lebenssituation, denn sämtliche ausgesendeten Impulse kommen zurück. Langfristig könnte die Lage unerträglich werden und unter Umständen zu einem frühen Tod führen, weil die Fähigkeit um schöpferische Kreativität nicht genutzt wird, natürliches Streben nach Harmonie, Wachstum und Gesundheit an Bedeutung verliert und somit die innere Heilung unterbunden wird. Damit ist das eigentliche Lebensziel nichtig geworden, und es gibt keinen Grund, besonders lange weiterzuleben.

Wer schwarze Magie betreibt, ist in jedem Fall nur ein „Nicht-Wissender", ein Wissender wäre mit dem Gesetz von Ursache und Wirkung vertraut und würde nie anderen (und damit auch sich selbst) Schaden zufügen. Eine schwarzmagische Aktivität ist aus Sicht einer solchen Seele vielleicht ein Spiel, in dem es zu erforschen gilt, in wieweit sich der Mensch in Konsequenz aller weltlichen Auswirkungen von der göttlichen Grundidee entfernen kann. Diese Erfahrung hat auch mit Wachstum und Menschwerdung zu tun, die Seele ist deshalb nicht wirklich „böse".

Nun gibt es noch den Aspekt des Opfers. Wenn jemandem durch schwarze Magie Schaden zugefügt wird, wird dies nur eine vorübergehende Wirkung haben, wirklich endgültiger Schaden kann nicht entstehen oder jemandem auf Dauer zugefügt werden, da sich die Dinge wieder verändern und bereinigen lassen. Wenn ein solcher Schaden wirksam wird, ist das, subjektiv gesehen, ungünstig. Dennoch könnte auch darin eine Richtigkeit liegen. Wer Opfer wird und unter solchen Auswirkungen zu leiden hat, ist selbstverständlich kein zufälliges Ziel. Auch hier wird nach einam vorherbestimmten Muster ein Ereignis wirksam, das man ursprünglich für den aktuellen Lebensverlauf selbst geplant hat. Es gehört zum Plan. Wer in ein solches Thema verstrickt wird, rutscht auf dieser karmischen Schiene mit einer Wirkung, die er möglicherweise selbst verursacht hat – vielleicht als Auswirkung früherer Angelegenheiten. Vielleicht ist es aber nur der Plan, diese Erfahrung machen zu wollen.

So darf man sagen: Schwarze Magie ist in allen Bereichen immer nur ein Ausdruck für Nicht-Wissen! Dennoch soll es Menschen geben, die diese Wirkung testen wollen. Mit der Ausführung von schwarzer Magie wählt der Mensch einen äußerst steinigen Umweg, um irgendwann doch dem nahezukommen, was für andere Leben, Erkenntnis und Wissen bedeutet. Aber Menschen sind höchst individuell und ihre Intelligenz unterschiedlich, dennoch hat jeder die gleiche Chance. Wer beginnt, sich für die herrlichen Wirkungsweisen des Zaubers der Natur zu interessieren, kann die Vorgänge sofort üben und lernen. Wer von den positiven Auswirkungen berührt wird, weiß es zu schätzen, das Glücksgefühl der göttlichen Schöpfung erlebt zu haben. Und es muss nicht mit großem Zauber und überdimensionalem Hokuspokus beginnen. Es beginnt vielmehr im Kleinen und Einfachen und ist vollkommen unkompliziert. Manche machen es sich schwer wegen ihrer anerzogenen Denkweisen und dogmatischen Glaubenssätze. Wer meint, das Leben sei schwierig und kompliziert, wird es so empfinden. Wer meint, man müsse ein Leben lang leiden, wird nicht drumherum kommen zu leiden. Es gibt kein Gesetz, das sagt, man dürfe nicht lachen und Fröhlichkeit ausstrahlen. Kein Tier und keine Pflanze sind im Grunde traurig, wenn nicht der Mensch so unwissend und naturfremd auf sie einwirken würde. Wie gesagt, unsere Gedanken bestimmen die Realität des Lebens, diesseits und jenseits. Und wir dürfen endlich beginnen, über die Unkenntnis zu schmunzeln, mit der wir bis jetzt die ungemütlichen Aspekte in unserem Leben brachten. An dieser Stelle möchte ich die Leserinnen und Leser auffordern, mit ihren Liebsten ein Fest zu feiern und zu lachen...

Die Beeinflussung des elementaren Geschehens

Wem es zu einem besseren Verständnis dient, darf gerne Begriffe wie „Weiße Magie“ oder „Schwarze Magie“ benutzen. Aber das sind nur Worte, und Worte schaffen Missverständnisse. Man könnte auch sagen, sie bewirken „segensreiche Vorgänge“. Alles Gegenteilige ist die Anwendung von Unwissen. Für viele ist „Segnen“ ein religiös gefärbtes Ritual in theologischer Routine und somit geschmacklich belegt durch das kichliche Image, aber das sollte uns nicht ablenken. Anstatt „segnen“ könnte man auch „harmonisieren“ oder „erden“ sagen, was eher an Musik oder einen Stromkreis erinnert. Mit etwas Humor und Fantasie darf man sich seine eigenen Begriffe suchen, der Vorgang bleibt dennoch immer derselbe. Mir gefällt es gut, von Harmonisierung zu sprechen, da wirklich eine Harmonie im Sinne von Gleichklang oder Gleichschwingung übertragen wird. Dies ist ein kolossal kraftvolles Ereignis und vergleichbar mit allem Schöpferischen, das wir aus der Natur kennen. Wer die Harmonisierung beherrscht, ist ein Zauberer.

Wozu soll man überhaupt harmonisieren oder segnen? Oder sollte man das weiterhin lieber Geistlichen in ihrem kirchlichen Umfeld überlassen? Was könnte passieren, wenn es jeder tut? Man stelle sich vor, man trifft einen Freund, der in schlechter seelischer Verfassung ist. Man ist bemüht, gegen seine Depression vorzugehen, indem man versucht, seine gute Stimmung wieder herzustellen.

Gelingt das, wird keiner fragen oder überprüfen wollen, ob man eine Ausbildung als Psychotherapeut vorweisen kann. Die Hauptsache ist, dass die Fröhlichkeit wieder hergestellt ist. Hier kann manchmal ein Freund oder eine Vertrauensperson helfen. Viele Menschen haben eine solche Bezugsperson, manchmal ist es der Dorfpfarrer oder der Arbeitgeber, ein Kollege, oder sogar eine Prostituierte. Oft sind es erfahrene Personen in Umgang mit Menschen und ihren Gefühlen, und es genügt ein einfühlsames Gespräch, eine Aufmunterung oder die Weitergabe eines Hoffnungsschimmers. Dies geschieht in liebevoller Absicht, die einzige Voraussetzung sind der innere Frieden sowie die freudige Bereitschaft dazu. Das alles sind vertraute Vorgänge, die man jedes Mal als Harmonisierung bezeichnen könnte. Wenn jemand in einem „ungünstigen“ Zustand ist, ist das die Auswirkung einer Disharmonie. Disharmonien bereiten schlechte Laune, Unwohlsein, Aggression oder sogar Krankheiten. Die disharmonische Schwingung bewirkt nach außen eine ungünstige Ausstrahlung und kann schwierige Lebenssituationen herbeiführen, wie Unfälle oder sogar Kurzschlussreaktionen. Solche Ereignisse werden angezogen. Was ist Disharmonie?

Man darf sagen, dass alles schwingt und in Bewegung ist. Alles Stoffliche hat seine eigene Frequenz – alles Materielle ist in Bewegung. Dies bezieht sich auf den gesamten Kosmos. Die Erde steht im Gleichklang des Geschehens mit der Natur. Diese Schwingung beinhaltet die harmonische Frequenz von Pflanzen, Tieren und Menschen. Alles bewegt sich in einer Eigendynamik, und alles steht im Gleichklang miteinander. Alles geschieht in der Bewegung eines unendlichen, harmonischen Bewusstseins und ist mit allem verbunden. Ebenso steht die Erde in einem harmonischen Verhältnis zu anderen Planeten.

1978 entdeckte der Schweizer Mathematiker und Musikforscher Hans Cousto, dass jeder Planet im Verlauf seiner Sonnenumlaufbahn einen eigenen spezifischen Ton bildet, der sich mathematisch berechnen und musikalisch benennen lässt. In dieser eher unvorstellbaren Weise ist alles durch Eigendynamik bis in den kleinsten Mikrokosmos miteinander verbunden. Ebenso steht jede Zelle des menschlichen Körpers in einem harmonischen Verhältnis zum Gesamtgeschehen. Der menschliche Körper und alle darin enthaltenen Teile wie Organe, Knochen, Gewebe usw., ebenso alle darin enthaltenen Elemente, haben ihre eigene Schwingung und unterliegen einem gesunden Zusammenspiel durch die harmonische Bewegung. So lange dieses Zusammenspiel stimmt, ist die harmonische Einheit gewährleistet, denn alle Zellen schwingen in ihrer spezifischen Frequenz und bilden zusammen die Harmonie. Dies ist der natürliche Zustand. Es ist wie der Klang eines musikalischen Akkords: Mehrere zusammenpassende Töne ergeben einen harmonischen Zusammenklang, was unser Gehör als angenehm empfindet.

Wenn nun eine Komponente etwas langsamer oder schneller schwingt, entsteht eine andere Frequenz, also ein anderer Ton. Jeder weiß, dass zu einer Harmonie nur die dafür bestimmten Töne passen und nur diese den wunderbar klingenden Akkord bilden können (und ich meine damit klare Harmonien). Liegt ein Ton daneben, ergibt sich ein hörbarer Missklang: Ein C-Dur Akkord besteht aus den Tönen C, E und G. Würde sich nun das G zum Gis ändern, klängen die drei Töne zusammen nicht wie Entspannung zum Sonnenuntergang...

Ein Missklang in der Musik wirkt unangenehm, und genauso empfinden es unser Körper und unser Gemüt. Wenn sich in den vielen Einzelzellen eines menschlichen Körpers eine oder mehrere Zellen dazu entschließen, aus irgendwelchen Gründen ihre Schwingung zu ändern, entsteht zum harmonischen Gesamtverhalten des Körpers ein Missklang. Das ist ungemütlich, manchmal tut es auch weh. Der Körper leidet unter einer Disharmonie. Der harmonische Gleichklang des Stofflichen ist nicht gewährleistet, der Körper sowie sein feinstoffliches elektrisches Umfeld beginnen zu reagieren. Eine innere Alarmanlage schaltet sich ein, und unser Körper weiß sehr genau, was zu tun ist. Im Normalfall beginnt er selbst, die notwendige Korrektur herbeizuführen, indem er den belasteten Bereich wieder in Gleichklang bringt. Das passiert ständig, oft viele Male am Tag. Während eines Lebens heilt sich der Körper unzählige Male selbst. Dies geschieht ganz natürlich und automatisch, wir merken es nicht einmal. Unser Körper ist perfekt.

Doch es entstehen auch Situationen, in denen der Körper plötzlich nicht mehr für den eigenen Gleichklang sorgt. Er schafft es nicht, selbst die Korrektur herbeizuführen. Dadurch entsteht eine Lebenszeit in dramatischer oder gar tragischer Disharmonie, deren Ursache in uns selbst liegt.

Unsere Gedanken und der Glaube erschaffen Realitäten, die sich leider oft unvorteilhaft auswirken. Zum Beispiel denken manche Menschen, im Alter müsse der Körper krank und gebrechlich werden, das sei normal, weil dies damals jemand im Kindergarten oder in der Schule gesagt hat. Diese Information ist seitdem im Kopf abgespeichert. Dieser Mensch lebt nun sein Leben mit dieser Überzeugung. Die Vorgaben beginnen, die Zukunft und das Alter entsprechend zu präparieren. Die gesamte Molekularstruktur des Körpers hat sich auf diesen Glaubenssatz eingestellt. Der Glaube schafft Realitäten. Das Alter naht, und der Körper wird tatsächlich krank und gebrechlich. Dann wird heilerisch nicht einmal etwas dagegen unternommen, denn man glaubt ja, es müsse so sein und findet sich damit ab. Beengte Glaubenssätze haben dem Körper eine neue Gültigkeit vorgegeben. Somit sieht der Körper die Disharmonie im Alter als etwas Normales an.

Wenn wir Informationen an unseren Körper geben, kann der Körper nicht unterscheiden zwischen dem, was wir als Realität bezeichnen, und dem, was als Glaubenssatz aus unserem Gehirn kommt. Der Körper denkt bei jeder Information, es sei die Realität! Was unser Glaube sagt, ist für unseren Körper eine Tatsache, und er wird auf die Vorgaben reagieren. Und das passiert ständig – ziemlich präzise.

Andere Menschen nehmen sich fest vor, nicht krank zu werden, um bis ins hohe Alter mit einem kräftigen, gesunden Körper lange zu leben. Hier werden ganz natürlich die besten Voraussetzungen dafür geschaffen, dass die Molekularstruktur jeder einzelnen Zelle für eine lange Einheit sorgt. Der Körper wird bis ins hohe Alter bemüht sein, jegliches Auftreten von Disharmonie zu korrigieren und umzuwandeln. Dieses Beispiel haben wir alle schon erlebt: Wir arbeiten intensiv fast Tag und Nacht an einem Projekt, um es zu einem wichtigen Termin fertig zu präsentieren. Danach wird es einige freie Tage geben und man freut sich schon darauf. Aber vorerst wird angestrengt gearbeitet. Diese Information liegt auch unserem Körper vor, und er wird alles dazu beitragen, dass die Kräftereserven für diese Zeit geregelt werden. Dann kommt endlich der freie Tag, und der Betroffene wird krank und liegt im Bett. Eine fällige Erkältung wurde vom Körper zurückgehalten, bis er jetzt die Zeit dazu hat. Unsere Gedanken schaffen unendlich viele Realitäten, und wenn sich mancher dessen bewusst wäre, was unser Glaube bewirkt, würden sich viele Menschen nicht alles so schwer machen.

Für die Auswirkung einer Disharmonie gibt es viele Ausgangssituationen. Schon bei einer Erkältung, die zur Wirkung kommt, liegt die Ursache in unserer Haltung während des Moments der Ansteckung. Wenn man prüft, in welchem Moment die mögliche Ansteckung mit dem Virus stattgefunden haben könnte, wird man ehrlicherweise feststellen dürfen, dass man sich gerade sehr geärgert oder sogar aufgeregt hat – oder „nicht gut drauf war“. Der Geist ist verstimmt, und der Körper zu abgelenkt, um zu reagieren. Im Moment einer bestehenden Disharmonie (Wut, Ärger, Zorn) ist es für den Körper schwieriger, seine natürlichen Abwehrkräfte im vollen Umfang zu aktivieren. Und wenn gerade dann ansteckende Viren unterwegs sind, ist es ein Leichtes, sich Derartiges einzufangen. Aber darüber denken wir nicht nach, denn eine Erkältung „kriegt man halt, weil Winter ist“, „weil wir wieder ärmellos waren“ oder „weil wir im Windzug gestanden haben“. Und das nehmen wir als selbstverständlich hin. Das muss aber nicht selbstverständlich sein. Zum Vergleich: Ein frisch verliebtes Paar – auf Wolke Sieben schwebend – steht in vollkommener Harmonie. Alle Kräfte sind wunderbar aktiviert. Es sind die besten Harmonie-Voraussetzungen. Ein frisch verliebter Mensch wird sich nicht anstecken und erkälten.

Bestimmte Berufsgruppen, zum Beispiel viele Geschäftsleute, erschaffen sich ständige Stresssituationen mit den dazugehörigen Glaubenssätzen: Berufliche Karriere oder geschäftlicher Erfolg haben oberste Gültigkeit. Das Normalverhalten abendländischen Karrierestrebens gibt vor, sich Vorteile zu verschaffen und anderen Menschen Nachteile zuzufügen. Hier ist der körperliche Missklang vorprogrammiert. Der Körper kommt nicht dazu, sich zu beruhigen. Innere Korrekturvorhaben zur Beseitigung von elementaren Missklängen werden durch Glaubensängste verhindert. Langfristige Disharmonien werden körperlich sichtbar, und manchmal nennen wir sie dann auch Krebs. Das bedeutet nicht, dass jeder Geschäftsmann grundsätzlich unter Krebserkrankungen leiden muss, da auch andere persönliche Glaubenssätze sowie die Individualität des Menschen unterschiedlich zum Gesamterscheinungsbild aller Einflüsse beitragen.

Alles lebt und entsteht jeden Moment neu. Ein unbelasteter Körper mit einem unbelasteten Geist wird ein Leben lang im Gleichklang schwingen. Notwendige Korrekturen bei Missklängen werden im harmonischen Einfluss des kosmischen Gesamtgeschehens vollkommen selbstständig gesteuert. Man könnte auch sagen: Ein gesunder Geist hat nichts zu befürchten. Wer in Harmonie lebt und Lebensfreude ausstrahlt, darf gerne die überschüssige Energie weitergeben. Das geschieht ständig in der Natur. Wir Menschen dürfen wieder daran erinnert werden, dass dies normal ist.

Von Zeremonien aus Ur-Religionen wurde das Ritual des Harmonisierens als Kraftübertragung überliefert und unter dem Begriff „Segnen“ beibehalten und traditionell gepflegt. Segnen (beziehungsweise harmonisieren) ist etwas Natürliches. Es kann Krankheiten oder ungünstige Lebenssituationen und Unfälle verhindern. Wer erfolgreich harmonisiert, versteht die Kunst des Heilens. Gemeint sind hier keine schulmedizinischen Kenntnisse, es geht eher darum, Krankheiten erst gar nicht entstehen zu lassen oder unter dem Aspekt ganzheitlicher Zusammenhänge Linderung oder Heilung herbeizuführen. Du kannst es erlernen und mit Kenntnis gezielt einsetzen.

Wenn eine Disharmonie so weit fortgeschritten ist, dass sie als medizinisches Krankheitsbild sichtbar wird, versuchen wir besonders, den erkrankten Teil des Körpers in die Harmonie zurückzuführen. Das kann jeder lernen, dieser Vorgang ist kein Privileg von Heilern oder Ärzten.

Einer der berühmtesten Religionsführer hat es uns vorgemacht. Seine Worte „Folget mir“ sagen, wir sollen das Gleiche tun. Doch dies wurde kirchlich uminterpretiert, nach 2000 Jahren ist er immer noch der Heilerstar. Aber das meinte er nicht. Er wollte uns zeigen, wie man heilt, damit es bald viele können.

Wer sich üben möchte oder einem inneren Drang folgt, durch Kraftübertragung Menschen helfen zu wollen, darf sofort beginnen. Wer anderen Heilung zukommen lassen möchte, darf das Handwerk zuerst an sich selbst erlernen. Du beginnst damit, dass du dich durch Entspannung oder Meditation in einen „guten Zustand“ (Harmonie) versetzt. Dadurch wird verhindert, dass dem Empfänger deine persönlichen Schwachstellen oder möglichen Disharmonien übertragen werden. Das ist ein sehr wichtiger erster Schritt. Um Missverständnissen vorzubeugen, bedarf es eines wichtigen Hinweises: Bei der Kraftübertragung wird nicht die eigene Kraft weitergegeben. Im Fall einer möglichen Linderung oder Heilung ist es normalerweise eine höhere Kraft, die das bewirkt hat. Der Heiler dient nur als Kanal; er versteht es, sich an der großen Energiequelle anzudocken und gibt die Heilkraft mit seinen Gedanken oder Händen an den Leidenden weiter. Eine eigene Energie ist hier nicht im Spiel. Wer von sich sagt, er hätte mit seiner persönlichen Energie jemanden geheilt, kann kein Wissender sein. Wer lernen möchte, Mitmenschen in Harmonie zu versetzen, sollte zuerst beginnen, diese Technik an sich zu praktizieren. Ist man in der Lage, sich selbst zu helfen, hat man begriffen, was Harmonie praktisch bedeutet.

„Wie innen, so außen“, lautet eine der ganz großen Weisheiten. Jede Veränderung außen, also außerhalb der

Persönlichkeit, kann zuerst nur im eigenen Inneren geschehen. Du kannst nicht die Dinge um dich herum ändern, wenn du dich nicht innerlich geändert hast.

Beispiel: Du kannst dir keinen neuen Bekanntenkreis suchen, wenn du innerlich diesem nicht entsprichst. Du wirst es schwer haben, eine äußere Situation zu verändern, die nicht deinem Inneren entspricht. Darum kannst du nicht Menschen Heilung geben, wenn du innerlich kein Heiler bist. Aber eigentlich ist jeder Mensch ein Heiler, du solltest nur wissen, wie du dich in diesen Zustand bringen kannst. Wer bei sich selbst Frieden und innere Ruhe entstehen lässt, kann dies auch bei Mitmenschen bewirken. Wer sich selbst versteht, versteht die Menschen. Daher auch der weise Satz: „Jeder trägt die Wahrheit in sich." Diese Kraft wird nach außen reflektiert, und das geschieht sehr intensiv! Wer wie ein Heiler denkt, wird als Heiler erkannt. Ein Unglücklicher wird niemanden zum Glück führen und ein Nicht-Wissender niemandem Wissen vermitteln. Nur eine harmonische Erscheinung kann derartige Veränderungen herbeiführen und diese liebevoll auf Mitmenschen abstrahlen.

Unsere Werkzeuge sind der Atem und die Vorstellungskraft. Bevor wir über die geheimnisvollen Eigenschaften des Atems sprechen, sollte daran erinnert werden, dass die reine intensive Atmung eine magische Wirkung hat. Intensives und bewusstes Atmen verändert sofort die eigene Gesamtsituation in einem unvorstellbaren Maße. Das lässt sich leicht mit witzigen Beispielen beschreiben:

Ein Angestellter arbeitet für ein Minimalgehalt bei einer Firma. Er fühlt sich unterbezahlt und ausgenutzt und beschließt nach einiger Zeit, seinen Chef um eine Gehaltserhöhung zu bitten. Weil er darum „bitten" muss, fühlt er sich schon von vornherein minderwertig. Dieser Schritt kostet ihn viel Überwindung, und er hat sogar Angst vor dem Gespräch. Die Chefsekretärin hat den Termin vereinbart, und nun ist es so weit. Er geht in die Chefetage und steht vor der Bürotür des Chefs. Er fühlt sich unwohl, dennoch möchte er eintreten und sein Anliegen vortragen. Also klopft er an, öffnet die Tür und betritt den Raum wie ein Häufchen Elend. Entsprechend ist seine körperliche Haltung, er ist geknickt, gebeugt und hat eine geschwächte Ausstrahlung. Dann trägt er mit einem psychisch komplizierten Kraftaufwand seinen Wunsch um Gehaltserhöhung vor. Ob ihm diese zugesagt wird, möchte ich hier offen lassen. Aber erklärend möchte ich die Geschichte in einer zweiten Variante erzählen:

Es geht wieder um den Angestellten, der mehr Geld haben möchte. Allerdings ist dieser Mitarbeiter mit positiver Atemtechnik vertraut. Er hat keine Angst vor dem Termin beim Chef, weil er sich seiner wunderbaren Atmung bewusst ist. Dann ist es so weit, und er steht vor der Tür zum Chefzimmer. Er klopft an und holt tief Luft. Mit frischer Kraft und voller Lunge öffnet er die Tür und tritt ein. Nun haben wir eine neue Situation, und es geschehen mehrere Dinge: Die Körperhaltung ist aufrecht, und dem Chef kommt kein ängstlich wirkender Mensch entgegen, sondern eine selbstbewusste Persönlichkeit. Das nimmt der Chef auch dann wahr, wenn beim Eintreten sein Blick nicht zur Tür gerichtet ist, weil die Energie den ganzen Raum erfüllt. Hinzu kommt, dass der Mitarbeiter genügend Luft geatmet hat, um kraftvoll zu sprechen und das Anliegen überzeugend vorzutragen. Besonders Schauspieler erfahren in den ersten Stunden der Ausbildung, wie wichtig Atmung ist, um gesprochenen Texten die gewünschte Ausdruckskraft zu geben. Der Chef wird überwältigt sein, weil sein Unterbewusstes auf so viel Energie reagiert, und es ist sehr wahrscheinlich, dass er dem Wunsch um mehr Gehalt entsprechen wird.

Nun möchte ich diese Geschichte in einer dritten Variante schildern: Es geht wieder um einen Angestellten, der mehr Geld haben möchte. Und es ist für ihn kein Problem, die Situation zu ändern, weil er eine geübte Person im Umgang mit Energien und mentaler Kraft ist. Darum wird er seinen Chef nicht um eine Gehaltserhöhung bitten, sondern er wird fleißig seine Arbeit weitermachen, und der Chef wird von selbst auf ihn zukommen und den Lohn erhöhen. Dies geschieht aus der Summe von Atmung und Vorstellungskraft.

Atmung hat eine sehr intensive Wirkung – auch im Kleinen: Du bist in eine heftige Diskussion mit jemandem verwickelt. Dein Gegenüber erzählt und argumentiert, um die Bestätigung zu erhalten, dass er recht hat. Aber du siehst das anders. Du bist nicht nur anderer Meinung, sondern du argumentierst nicht und sagst vorerst auch nichts. Aber immer, wenn dein Diskussionspartner seinen Satz fast zu Ende gesprochen hat, holst du tief Luft, sagst aber nichts. Er denkt, du willst etwas sagen, und wird sofort in seiner Aufgeregtheit hitzig weitersprechen. Lass ihn reden. Beim nächsten Satzende holst du wieder tief Luft, sagst aber nichts. Und das machst du ständig, bei jedem Satzende. Während der andere bemüht ist, seine Argumente mit einem enormen Energieaufwand verbal durchzusetzen, sparst du alle deine Kräfte und wartest, bis sich der andere verausgabt hat oder ihm der Schweiß auf der Stirn steht. Dann kannst du immer noch mit überzeugender Ruhe friedlich dein Argument zur Sache vortragen. Dies aber sollte nur ein unterhaltsames Beispiel sein, um aufzuzeigen, welche Funktion Atem auch haben kann. Letztendlich geht es wahrlich nicht darum, andere zu schwächen oder in eine verwirrte Lage zu bringen.

Unser Thema ist noch immer Heilung, und ich möchte bezüglich der Atmung eine Übung anbieten. Besonders ängstliche Persönlichkeiten werden damit erstaunliche Erfahrungen machen.

Es gibt Menschen mit komplexen Ängsten, die Probleme haben, Räume zu betreten. Wir könnten es wie der Angestellte aus der Geschichte machen, und es könnte zu einem permanent positiven Lebensgefühl führen: Bevor du einen Raum verlässt, atme tief ein, öffne die Tür, tritt in den neuen Raum ein – und erst dann atmest du aus. Je kraftvoller, desto besser. Das bezieht sich auf alle Räume und Türen, an denen du vorbeikommst. An jeder Tür wird dieser Trick angewendet – immer und grundsätzlich, nicht nur zu Hause, auch bei der Arbeit, im Kino, im Supermarkt, im Haus deiner Freunde usw. Wenn du dein Haus verlässt und ins Freie kommst, betrittst du ebenso einen neuen Raum, auch beim Einstieg ins Auto, in den Bus oder ins Flugzeug. Jede Tür (oder ein Durchgang ohne Tür in einen nächsten Raum) hat für dich eine verbindliche „Atmungsgültigkeit", du bist befugt, Energie aufzunehmen und im nächsten Raum wieder abzugeben. Du darfst dir das fest angewöhnen, und du wirst immer erst tief einatmen, bevor du einen Raum verlässt und den nächsten betrittst. Das ist die einzige Regel, mehr ist nicht nötig. Jeder neu betretene Raum wird sich beim Ausatmen mit dieser Energie kraftvoll füllen. Dies ist keine Übung für täglich eine halbe Stunde, sondern wird zu deinem täglichen Lebensritual. Du darfst sofort damit beginnen. Anfangs ertappst du dich immer wieder dabei, an manchen Türen die Atmung vergessen zu haben. Aber du kannst dir das so angewöhnen, dass es mit der Zeit automatisch geschieht und du nicht mehr daran denken musst. Es wird für dich zur Selbstverständlichkeit, Räume immer kraftvoll zu betreten. Bereits nach vier Wochen wirst du deine Persönlichkeit spürbar verändert haben, deine Mitmenschen werden es dir spiegeln. Es ist so einfach, es kostet dich nicht einmal Zeit, du benötigst nur den Willen, es zu tun. Ungünstige Gefühle wie Ängste werden sich verlieren, und neue Energien bringen spannende Situationen und witzige Lebensgefühle.

Bei zeitraubenden Geschäftssitzungen und langen Verhandlungen kann Ähnliches bewirkt werden. In ermüdenden Konferenzen und zähen Besprechungen werden wir so den Gesprächspartnern mit Energie und Durchhaltevermögen immer etwas voraus sein, da wir mit einigen wenigen intensiven Atemzügen auf unendliche Kraftreserven zurückgreifen. Während die Gesprächspartner Ermüdungserscheinungen zeigen, verstehen wir es, frisch und fröhlich zu bleiben. Die Idee ist, dass wir die wirklichen Möglichkeiten großer Energien allmählich bewusst nutzen. Wer das versteht, wird die unsichtbare Kraft mit großem Respekt, in liebevoller Absicht und im menschlichen Mitgefühl einsetzen und anwenden.

Hier beginnt die Geschichte, die für Nicht-Wissende Magie bedeutet, für Wissende ist dies jedoch nur der Ausdruck der Natur, den die meisten Menschen noch nicht bemerkt oder vorübergehend vergessen haben.

Wir meinten bisher, wir würden nur Luft einatmen, um unsere Lungen zu füllen. Aber wir atmen nicht nur Luft ein. Wir dürfen beginnen zu akzeptieren, dass wir mit unseren Gedanken spielen. Jede Zelle unseres Körpers hat Bewusstsein, und ich sagte bereits, dass unser Körper nicht zwischen unserer Realität und unserem Glauben unterscheiden kann. Wir dürfen beginnen, mit der Vorstellungskraft zu spielen: Wir atmen mit jedem Atemzug die reine göttliche Energie aus dem Kosmos ein. Je intensiver wir das wollen, umso leichter und besser wird es geschehen. Praktisch sieht das so aus: Über die Nase atmen wir tief ein. Dann lassen wir es kurz wirken und atmen danach wieder sehr tief aus. Dies lassen wir ebenso kurz wirken. Während wir über die Nase die Luft einatmen, wird der oberste Punkt unseres Kopfes in Bereitschaft gesetzt. Noch während des Einatmens fließt die Energie von außen zu diesem Punkt. Während wir wieder ausatmen, fließt die Energie vom obersten Punkt unseres Kopfes in unseren Körper. Beim Ausatmen machen wir also der göttlichen Energie im Körper Platz. Das passiert ständig, und bei jedem Ausatmungsvorgang erreicht die reine Energie das Innere unseres Körpers. Es ist ein Vorgang, den man fühlt.

Du kannst es göttliche Energie, kosmische Kraft, Prana oder Heilkraft nennen. Die Begrifflichkeit wird von deinem Körper angenommen, besonders gut gefällt ihm deine Vorstellung von „weißem Licht". Der Sitz der Zirbeldrüse (nach asiatischem Wissen „Scheitelchakra") öffnet uns den Weg zum Feinstofflichen. Diesen Kontakt zum Göttlichen über das Scheitelchakra haben wir ein ganzes Leben lang, und es gibt keinen Grund, diese Verbindung abzubrechen oder aufzugeben. Jeder darf sich mit seiner Vorstellungskraft dieser unerschöpflichen Quelle bedienen. Wer es übt und mit seinen Gedanken diese fruchtbare Realität nutzbar macht, darf wahre Wunder erfahren.

Wir wissen bereits, wie sehr Gedanken eine eigene Realität erschaffen können, und wir dürfen uns mit Freude in diesen Bereich hineinwagen, denn nichts spricht dagegen, dass man dem Göttlichen sehr nahe sein darf. Also beginnen wir uns bewusst zu machen, dass wir mit jedem intensiven Atemzug Luft einfließen lassen und so auch über diesen höchsten Punkt unseres Kopfes die göttliche Energie erhalten. Wenn wir uns dabei durch die Vorstellungskraft ein entsprechendes Bild formen, ist das sehr hilfreich. Wir stellen uns vor, wir atmen von oben weißes Licht ein. Wer sich hierbei mit geöffneten oder geschlossenen Augen das weiße Licht vorstellen kann, ist dem Vorgang schon ziemlich nahe gekommen. Wer weißes Licht noch nicht visualisieren kann, darf es gerne zuerst mit rotem Licht versuchen. Diese weiße oder rote Lichtsäule lässt man über dem Kopf schweben, und die Energie fließt von oben in uns hinein. Je kräftiger wir atmen, umso mehr erhalten wir. Wenn wir nur oberflächlich atmen, beispielsweise bei Angstzuständen, ist es nicht so wirksam. Würden wir bei Angstzuständen tief atmen, wäre man dem Göttlichen sehr nahe, und Ängste kämen weniger zum Wirken. Atmen ist das Intensivste, was wir tun können.

Wenn du dir nicht sicher bist, wie lange die jeweilige Atemphase dauern kann, hier ein kleiner Tipp: Es kann hilfreich sein, beim Atmen in Gedanken mitzuzählen. Während des Einatmens zählt man bis sieben beziehungsweise acht. Bis zur Zahl Sieben wird eingeatmet, dann ist die Lunge voll. Zwischen der Zahl Sieben und der Zahl Acht hält man die Luft an und gewährt einen kurzen Stillstand. Danach wird kräftig ausgeatmet und dabei wieder bis acht gezählt – bei sieben ist die Lunge leer geatmet, und zwischen sieben und acht gewährt man der leeren Lunge wiederum einen kurzen Stillstand. Das Zählen muss auf Dauer nicht beibehalten werden, es symbolisiert nur die kurze Ruhe- und Wirkungsphase zwischen dem Ein- und Ausatmungsvorgang. Es genügt, wenn du jeweils die kurze Wartephase bei ganz voller und ganz leerer Lunge beachtest.

Diese Übung kannst du täglich machen. Lege dich auf den Rücken, die Arme ausgestreckt neben dich, und beginne, kraftvolles weißes Licht einzuatmen. Lass in deiner Vorstellung das weiße Licht in deinen ganzen Körper fließen. Er darf gerne ganz mit weißem Licht ausgefüllt werden, so erhältst du Ruhe und Harmonie. Hier ist es hilfreich, dass der Körper zwischen Realität und gedanklichem Glaubenssatz nicht unterscheiden kann, er wird auf weißes Licht reagieren. Auch wenn du vorerst das Licht während der Übung noch nicht „sehen" kannst, für den Körper hat dieser Glaubenssatz dennoch Gültigkeit. Eine Visualisierung verstärkt allerdings den Effekt enorm.

Mit etwas Routine gelingt dies schon nach einigen wenigen Atemzügen. Diese direkte Kraft erhältst du jederzeit, der Zugriff zum Licht ist immer möglich. Wenn du geübt bist, musst du dich dazu nicht entspannt hinlegen, denn die Energie erhält man in jeder Lage, also auch im Alltag, im Beruf, beim Sport oder in der Badewanne.

Diese Beschreibung dient der Entspannung und um dich selbst in Harmonie zu bringen. Ich setzte die Übung erstmals in den Achtzigerjahren ein. Man erinnere sich – damals war unter Medizinern der Placeboeffekt noch vielfach ein belächeltes Ereignis. Später gab ich der Übung den Namen „Licht-Atem-Meditation"[1] und machte sie 2004 der Weltöffentlichkeit als kostenfreie Onlinemeditation[2] mit einer Länge von 28 Minuten zugänglich.

Wir sprechen von der Basisversion dieser Übung. Jetzt wollen wir innere Heilungsereignisse spezifizieren. Wir haben erfahren, dass wir mittels Gedankenkraft weißes Licht in unseren Körper einfließen lassen können. Es ist ebenso möglich, mit der heilsamen Kraft auch jeden beliebigen

---

1 Komplette Licht-Atem-Meditation siehe Seite 277.
2 www.fonfara.de

Punkt in unserem Körper anzusteuern. Wir „atmen" die Heilkraft dorthin, wo wir sie gerne gezielt einsetzen möchten. So trainieren wir, jeden Punkt „anzuatmen". Beim Ausatmen stellen wir uns vor, wo das weiße Licht genau hinfließen darf, zum Beispiel zum linken Knie, zum rechten Schenkel, zum Fuß usw. So erreichen wir über Atmung und Vorstellungskraft präzise jeden Punkt in unserem Inneren, und es lässt sich gezielt jeder Bereich harmonisieren, natürlich auch der, der in Disharmonie schwingt und uns gesundheitliche Schwierigkeiten bereitet.

Wir verwandeln ihn in eine harmonische Schwingung. Dazu müssen wir nichts Besonderes tun, alles weitere geschieht automatisch, wenn das weiße Licht den jeweiligen Punkt erreicht hat und mit göttlicher Liebe wirken kann. So lässt sich die feinstoffliche Dosierung gezielt steuern. Zur vollständigen Heilung eines jeweiligen Bereiches sind manchmal noch andere Komponenten zu bereinigen, doch die Harmonisierung ist ein sehr guter erster Schritt. Wenn wir zum Solarplexus (Nervenzentrum im hinteren Bereich der Bauchgegend, auch Sonnengeflecht genannt) hin atmen und die Kraft in der gesamten Bauchgegend angenehm warm fließen lassen, betrifft dies einen sehr wichtigen körperlichen Bereich, und wir finden bald unsere innere Ruhe. In diesem Zustand lassen wir den inneren Frieden wachsen und atmen die göttliche Kraft so lange in den Körper hinein, bis jede Zelle des gesamten Körpers die Harmonie aufgenommen hat. Dieser Zustand kann, wenn er intensiv erlebt wird, eine Trance bewirken. Das dürfen wir genießen und die Harmonie wirken lassen.

Wir begreifen allmählich, mit welchen Kraftelementen wir uns umgeben. Es sollte klar sein, dass man dies nicht in wenigen Tagen erreicht. Auch mit dem festen Willen unter Erfolgszwang ist wenig zu machen. Der Zwang hat sowieso keine Wirkung, nur der überzeugende Glaube öffnet Schranken. Außerdem sollte man fairerweise dem Körper die Chance geben, sich allmählich an dieses kraftvolle Ereignis zu gewöhnen. Deshalb darf man sich viel Zeit nehmen. Den Ablauf von Erfahrungen innerhalb einer Zeitspanne können wir sowieso nicht beeinflussen. Die Geduld ist der wirkliche Lehrmeister. Und was wir hier tun, hat wahrlich göttlichen Charakter, denn mit dieser Technik beginnen wir, uns selbst zu harmonisieren, zu „segnen"!

Gedanklich erreichen wir jeden Bereich unseres Körpers und stellen uns vor, wie dort das weiße Licht ankommt und wirkt. Das heißt, wir können vielleicht sogar visualisieren, wie kranke Zellen vom weißen Licht geheilt – oder eben aufgelöst werden und im Nichts verschwinden. Wenn jemand unter Rückenschmerzen leidet, könnte er die göttliche Kraft einatmen und als warmen Strom den Rücken hinunterfließen lassen. Jedes körperliche Problem kann geortet, angeatmet und in Harmonie versetzt werden. Die göttliche Kraft ist der direkte Träger von Harmonie und Liebe, also ist es für den Körper auch immer ein Liebesdienst, was wir ihm antun. Wir dürfen beginnen, unseren Körper als einen Teil von uns zu lieben. Wer seinen Körper liebt, versteht es auch, Liebe als Ausdruck eigener Erfahrung weiterzugeben. Wer seinen Körper dauerhaft in Harmonie versetzt, empfindet körperlich und seelisch ein unendliches Glücksgefühl. Dies ist die eigentliche Voraussetzung, zum Zweck der Heilung göttliche Kraft weiterzugeben.

Bis das gelingt, können wir uns noch an anderen Übungen erfreuen. So dürfen wir auch mit Organen oder einzelnen Zellen unseres Körpers sprechen. Wir sprechen sie mit Worten oder in Gedanken an. Darin liegt eine hohe Qualität. Unser Körper versteht uns und wird reagieren. Eine Warze dürfen wir bitten, dass sie sich auflöst, und einer Verletzung dürfen wir schnelle Heilung wünschen. Es gibt Ausnahmen, zum Beispiel bestehende Kopfschmerzen. Bei Kopfschmerzen kann man sich nur schwierig auf heilerische Vorgänge konzentrieren, es scheint nicht zu wirken, dennoch gibt es dafür andere mentale Techniken. Ich habe zu meinen Kopfschmerzen eine sehr persönliche Einschätzung. Meine Kindheit war geprägt von Migräne und Kopfschmerzen. Aus meiner heutigen Sicht war dies ein Stau an Energie. Es war Energie, die zur Verfügung stand und nicht zum Weiterfließen kanalisiert wurde. Als ich viele Jahre später begann, Heilkraft weiterzugeben, verschwanden die Kopfschmerzen schlagartig und erscheinen heute nur selten – besonders wenn es draußen kalt wird. Dies ist aber eine subjektive Einschätzung und betrifft nur mich in dieser speziellen Erfahrung.

Wir kommunizieren mit unserem Körper. Die Informationen werden verstanden und aufgenommen, denn jede Zelle unseres Körpers hat nicht nur ein Bewusstsein, sondern beinhaltet den Gesamterfahrungswert aller unserer Leben. Die Zellen unseres Körpers wissen mehr als unser

Gehirn und können viel schneller als unser Gehirn reagieren. Das ist spürbar, wenn wir in eine äußerst extreme Lebenssituation kommen und schnell reagieren müssen, um das Überleben zu sichern. In diesem Extremstress kann das Gehirn nicht so schnell reagieren und zusätzlich noch die Information an den Körper weitergeben und erklären, wie er sich zu verhalten hat. So lange wird der Körper nicht abwarten, deshalb reagiert er in der extremen Situation selbstständig und macht genau das Richtige, um zu überleben. Und das kann er, weil er auf das Wissen aller Erfahrungen dieses Lebens und aller früheren Leben zurückgreift. Das kann das Gehirn in seiner rationalen Steuerungsfunktion nicht bewerkstelligen, außerdem arbeitet es zu langsam.

Also können wir uns gerne mit allen Teilen des Körpers anfreunden und eine neue Art von Vertrauen entdecken. Dieses Vertrauen gibt uns die Erkenntnis, dass unser Körper unser Freund ist, wir mit ihm kommunizieren können, zukünftig Krankheiten verhindern wollen und keinen Missbrauch mit ihm betreiben möchten. So entsteht Verständnis für Harmonie, was den Anfang einer höheren Sichtweise bedeuten kann.

Alles an Wissen in uns ist auch das Verständnis für das, was außerhalb unseres Selbst stattfindet. Was wir innen begreifen, erkennen wir auch außerhalb als verständnisvolles Ereignis, mitfühlend und menschlich. Einen umgekehrten Weg gibt es nicht. Wer jedoch andere Menschen kritisiert, ihre Fehler entdeckt, ihren Charakter bemängelt und sich darüber noch besserwisserisch ereifert, sieht nur in den Spiegel seiner selbst und hat in Wirklichkeit nichts erkannt. Der Geizige wird sich über andere Geizige ärgern, wenn er aber irgendwann weise geworden und nicht mehr geizig ist, sind ihm andere Geizige vollkommen egal. Wir werden unsere „Fehler“ mit einem neuen Verständnis erkennen und überwinden. Wenn wir dieselben Fehler bei anderen sehen, können wir das mit einem tiefen herzlichen Verständnis akzeptieren. Es sind natürlich keine wirklichen „Fehler“, sondern nur die Etappen eines persönlichen Lernprozesses. Menschen halten sich gegenseitig ständig einen Spiegel vor und bemerken das Spiel nicht, weil sie mit dem Inkarnationswitz dieser Illusion nicht vertraut sind. Viele sehen in anderen einen Gegner und praktizieren in sinnlosem Konkurrenzdenken perfektes Unwissen, anstatt die Einheit und die unendliche Verbundenheit aller Wesen zu erkennen. Das ist ein überaus menschliches Symptom. Erkenntnisse daraus bieten die Möglichkeit, großzügig alle Formen von Menschlichkeit sowie auch menschliche Schwächen in ein gesundes Verhältnis von Liebe und Mitgefühl zu bringen.

Wer in dieses Leben bereits großes Wissen mitgebracht hat, geht mit Menschen göttlich um und lässt ihnen Harmonie und Liebe zukommen. Wer diese Sicht erst erfahren und den Umgang damit erlernen möchte, verzichtet zukünftig auf oberflächliche Maßstäbe und weltliche Beurteilungen. Letztendlich hat man für die Schwächen der Menschen ein tiefes Verständnis, da man in vielen Schwächen jedes Mal die eigenen erkennt.

Hilfreich auf die Mitmenschen einzuwirken, hat immer ein Gutes, wer aber großzügig im Gesamtgeschehen kreativ wirken möchte und die grundsätzlichen Dinge des Seins erkannt hat, kann bedenkenlos die Göttlichkeit zum Wirken bringen. Und dies sind gute Voraussetzungen, ein Heiler zu werden: Man versteht es, innere Harmonie zu erzeugen. Der Körper schwingt in Harmonie, und ein gesunder Geist tut dasselbe, sie ergänzen sich und können enorm kraftvoll nach außen treten.

Wir beginnen, unsere Kraft zu spüren, besonders wenn wir neben Schwächeren stehen. Das sollte uns aufmuntern, die Kraft weiterzugeben und besonders auf Schwächere zu übertragen. Es muss verbal nicht zum Thema werden, sondern wir tun es einfach. Wenn die Energie ankommt und eine Veränderung spür- oder sichtbar wird, brauchen wir uns nicht als Initiator zu erkennen geben, es ist unwichtig. Wenn uns aber jemand direkt fragt und um Kraft bittet, können wir ihm gerne die Hilfe anbieten und auch mit ihm darüber sprechen. Wer mit Aufgeschlossenheit an uns herantritt, zeigt die Bereitschaft, Unvorhersehbares und Unerklärliches zu akzeptieren und die (scheinbar magischen) Vorgänge anzunehmen.

Das ist der Moment, sich selbst zuerst in einen harmonischen Zustand zu bringen. Du kannst sehr einfach prüfen, ob du für eine Heilung bereit bist. Wenn du entspannt bist und dich gut fühlst, bist du wahrscheinlich bereit, Heilkraft weiterzugeben. Spürst du dazu noch das Kribbeln in deinem Bauch (ähnlich wie Schmetterlinge bei Verliebtheit), ist die Voraussetzung sehr gut. Wenn du dazu auch noch das spezielle Gefühl in deinem Herzen spürst – das kann auch ein Kribbeln im aktiven Herzchakra sein, kannst du nichts falsch machen. Dein Herzchakra dient der Nächstenliebe und der Heilung, und wenn du das spürst, bist du mit den Wesen verbunden.

Hast du diesen Bereich des Herzens noch nicht geortet, atme weißes Licht hin, bis sich dein „Herz öffnet" und du den Punkt deutlich spüren kannst. Dein Herz wird warm strömen, und du wirst dabei unendliche Menschlichkeit empfinden. Das Herz zu öffnen, kann bei manchen Menschen einen längeren Weg bedeuten. So empfiehlt es sich, dieses über einen gewissen Zeitraum zu üben. Wenn es geöffnet ist, spürst du die Dinge mit einer hohen Sensibilität und nimmst vieles mit Tränen in den Augen wahr. Auch so mancher intensive Weinkrampf in dieser Zeit der Neuorientierung hat seine gesunde Bedeutung und sollte nicht überbewertet werden. Dieser Zustand ist der Ausdruck einer fortgeschrittenen Menschlichkeitsstufe. Du wirst heilen können.

Es ist nicht von Bedeutung, wo sich dein Patient befindet. Die Wirkung unterliegt keinen Entfernungskriterien, es ist scheinbar egal, ob die Person vor dir sitzt oder sich auf einem anderen Erdteil, Tausende von Kilometern entfernt, aufhält. Denn genauso, wie du weißes Licht in deine eigene große Zehe atmen kannst, kannst du es in eine fremde Zehe oder einen beliebigen Körperteil atmen, egal, wo sich der Empfänger befindet.

Der praktische Vorgang stellt sich wie folgt dar: Du empfindest deine entspannte Haltung und spürst die Bereitschaft, es zu tun. Jetzt kannst du sehr konkret wirken.

Du visualisierst die Person. Kennst du sie, visualisierst du sie in ihrer vollen körperlichen Erscheinung. Weißt du nicht, wie die Person aussieht (zum Beispiel bei einem Fernheilungswunsch eines Verwandten), visualisierst du den Namen mit einer Person ohne erkennbares Gesicht. Wenn dazu doch ein Gesicht erscheint, ist das nicht störend. In Gedanken begrüßt du den Empfänger und sagst, dass du in Liebe kommst. Dann erstellst du eine Verbindung her, die von Deinem Herzen zu dieser Person führt. Du darfst dabei dein Herz warm spüren und lässt eine gedachte Lichtstraße aus deinem Herzen zu ihm fließen. Du atmest tief ein und holst dir die göttliche Kraft wie bereits beschrieben. Beim Ausatmen lässt du mit deinem Atem das weiße Licht von deinem Herzen über die Lichtstraße zur anderen Person fließen. Dabei stellst du dir die gewünschte Veränderung in der Person vor. Du prägt mit deiner Vorstellungskraft den Zustand, den du bei der Person erreichen willst, und das kann nur ein verbesserter Zustand sein.

Wir können auch ein bestimmtes Krankheitsbild oder nur einen Körperbereich in unserer Vorstellung verändern, indem wir das weiße Licht hineinfließen lassen und beobachten, was sich in unserer Vision verändert. Ein Krankheitsbild lassen wir als graue Suppe in den Erdboden fließen. Bestehendes Leiden lassen wir mittels unserer Gedankenkraft heraustreten und verstreichen. Jegliche Erneuerung festigen wir mit der Zufuhr des weißen Lichts. Das kann sehr schnell mit einigen wenigen Atemzügen geschehen, oder wir schenken dem Vorgang mehr Zeit, bis wir glauben, die Person steht im hellen Schein gefestigt vor uns. Wenn es uns gelingt, mit unserer Vorstellungskraft die Erscheinung zu erzeugen, die wir als geheilt bezeichnen könnten, betrachten wir uns das Bild. Sind wir damit zufrieden, atmen wir so viel Licht hinein, dass die Person sehr hell und von weißem Licht durchstrahlt erscheint.

Wenn wir meinen, die Kraftübertragung hat ihr Ziel erreicht und der Vorgang könnte abgeschlossen werden, kommt das Wichtigste: die Verabschiedung. Es ist sehr wichtig, die Verabschiedung sehr konkret auszuführen. Also beenden wir den Vorgang, indem wir zu der Person im Geist sagen: „Wir verabschieden uns jetzt mit liebevollen Gedanken. Du gehst deinen Weg in Frieden, und ich gehe meinen Weg in Frieden." Dann trennen wir die verbindende Lichtstraße mit einer virtuellen Schere, und der Kontakt besteht nicht mehr. Es gibt Gründe, warum die Verabschiedung wichtig ist. Wenn man vergisst, sich zu verabschieden, bleibt die Verbindung bestehen. Das bedeutet, es wird weiterhin Energie übertragen, obwohl man es nicht merkt und auch längst nicht mehr daran denkt. So kommen der entsprechenden Person möglicherweise weitere Gedanken und Energien zu, die einer anderen Bestimmung unterliegen und energetisch nicht von Vorteil sind. Vielleicht ist man selbst irgendwann nicht gut drauf und nicht in Harmonie, so würde auch diese Energie dort hinfließen. Das wäre nicht nur für den Empfänger ein riesiger Nachteil, sondern auch für uns selbst, denn auch das bekommen wir wieder zurück und wundern uns eines Tages darüber, warum es uns nicht gut geht. Bei einer starken Verbindung könnte die schwächere Person uns auch vorübergehend aussaugen. Darum bitte niemals die Verabschiedung vergessen!

Die Wirkung einer Fernheilung können wir meistens nicht nachvollziehen, aber wenn wir glauben, dass wir wegen einer besonders großen Aufgabenstellung nicht gleich zum Ziel gekommen sind, darf der Vorgang am nächsten Tag wiederholt werden. Die Wirkung unterliegt nicht dem Zeitaspekt, also kann ein möglicher Erfolg auch erst später eintreten. Wenn wir jemanden von einer schweren Krankheit befreien wollen, sollten wir berücksichtigen, dass hier noch andere Faktoren wie die geistige Haltung oder die karmische Situation des Patienten eine wesentliche Rolle spielen. Eine vollkommene Heilung unterliegt nicht immer unseren Maßstäben und Wünschen, aber die Kraftübertragung hat immer eine positive Auswirkung wie mögliche Schmerzlinderung oder gesteigerte Lebensfreude. Es gibt immer eine Form der Verbesserung, auch wenn unsere Sicht nicht immer gleich den großen Erfolg zeigt. Aber einen Schaden fügen wir niemals zu, wenn wir es mit dem Herzen tun.

Vielleicht ist es einfacher, sich zuerst an kleinere Aufgaben heranzuwagen. Wenn zum Beispiel der Lebenspartner vorübergehend in einer Phase beruflicher Überforderung tagelang schlecht gelaunt ist, visualisieren wir ihn, wie er lacht und vor Lebensglück sprüht. Dieses Bild harmonisieren wir mit Licht und schenken dem Vorgang Vertrauen. Es wird wirken.

Bei Ereignissen, die wir positiv beeinflussen wollen, ist die Zielsetzung von Bedeutung. Wenn wir unsere bevorstehende Führerscheinprüfung positiv visualisieren wollen, stellen wir uns nicht die Prüfung vor, die erfolgreich verläuft, sondern besser eine Szene, wie wir mit dem eigenen Führerschein bereits unterwegs sind. Wollen wir eine geschäftliche Vertragsbesprechung visualisieren, könnten wir uns das Bild vorstellen, in dem alle Beteiligten mit dem Geschäft einverstanden und glücklich sind und zusammen einen Sekt trinken. Besser aber wäre es, zu visualisieren, wie der Betrag bereits auf das Konto eingegangen ist.

Dennoch dienen diese Vorgänge nur einer Verbesserung für alle Beteiligten, auch das kann Heilung bedeuten. Mit jedem durchgeführten Heilungsvorgang wird man immer stärker und empfindet die Kraftübertragung wie einen Wohlgenuss. Fühlt man sich jedoch nach diesen Vorgängen geschwächt, könnte etwas falsch gelaufen sein. Es sollte niemals die eigene Energie sein, die wir weitergeben, denn, wie gesagt, wir wirken nur als Kanal. Wir steuern mit unserer Fähigkeit den Fluss dieser feinstofflichen Kraft. Dabei geben wir sie nur weiter in Form von weißem Licht, aber die eigentliche Kunst und unsere Stärke liegen in unserem Wissen. Mit diesem Wissen können wir unbegrenzt wirken und in helfender Absicht geschwächte Menschen beeinflussen, vorausgesetzt, wir spüren dabei unsere friedliche Haltung und tun es mit wohlwollenden Wünschen.

Wenn wir selbst vorübergehend in einer ungünstigen Stimmung sind oder keine liebevolle Absicht im Herzen tragen, sollten wir die Aktivität des Harmonisierens vorerst unterlassen. Wir wissen: Jede negative Übertragung erhalten wir zurück, und der Schaden erreicht immer auch uns selbst. Auch im Fall eines Streits oder in Konfrontation mit einem aggressiven Menschen, der uns beleidigt oder verletzt hat, sollten wir niemals in eigene Schwächen zurückfallen und in Wut oder schlechter Stimmung Dinge zum Tragen bringen, die uns später leid tun. Bei aggressiven Menschen sollten wir aus unserer friedlichen Haltung heraus ihre Schwächen erkennen. Sie verhalten sich aggressiv oder wütend, weil sie sich in diesem Moment nicht anders verhalten können. Darin liegt die Schwäche. Könnten sie es besser, würden sie es menschlicher lösen und wären nicht aggressiv. Wenn es diese Schwäche nicht gäbe, gäbe es viel weniger Probleme unter Menschen, doch alle unterliegen ihrem Lernprozess. Wirklich böse ist niemand. Also brauchen wir uns auch keine schlechten Gedanken machen oder gar ungünstig reagieren, der Wissende lässt diese ungünstige Energie nicht an sich herankommen. Wer auf Aggression wiederum aggressiv reagiert, wird innerhalb dieses Energieaustauschs ein Teil des anderen. Also dürfen wir gerne alles und jeden in Harmonie versetzen, auch wenn die Umstände des Menschen scheinbar nicht auf eine Beruhigung hindeuten. Es sollte in Liebe geschehen.

Wer in Harmonie steht und diese weitergibt, tut immer das Richtige. Also dürfen wir uns an alles heranwagen, wo Harmonie gefragt ist, denn wir verstehen es, mit Übung und Routine immer intensiver zu helfen. Geistige und körperliche Schwächen anderer Menschen werden in liebevoller Absicht zur Spielwiese unserer Fähigkeiten. Dabei sensibilisiert sich unsere Sichtweise, und wir werden durch unsere Empfindungen entsprechende Situationen detaillierter bemerken. Letztendlich wird es zur Selbstverständlichkeit, Schwächen zu erkennen und Kraft zu übertragen, auch wenn die Aufgaben zuerst unüberwindbar erscheinen oder das Engagement sich als scheinbar sinnlos erweist.

Schwierige Krankheitsbilder sollten uns nicht abschrecken, auch wenn die Schulmedizin von unheilbaren Zuständen spricht. Wir leben in einer Zeit, in der es scheinbar keinen Platz mehr für zwischenmenschliche Vorgänge gibt. Zeit ist Geld, und Mediziner sind Wirtschaftshandwerker, die ihre teuren Gesundheitsfabriken finanzieren müssen und scheinbar vergessen haben, was Heilung eigentlich bedeutet. Ganzheitliche Zusammenhänge wurden mit der Entwicklung hochwertiger Hightech-Operationsmaschinen vergessen. So hängen zappelnde fleischliche Wesen an Strippen, elektrischen Leitungen und Schläuchen. Ihre Person wird in einem Bündel digitaler Einheiten auf Magnetplatten abgespeichert und auf Bildschirmen sichtbar gemacht, doch keine dreidimensionale schichtabtastende Gehirnerfassung wird das vertrauliche Gespräch von einst ersetzen.

Menschlichkeit ist angesagt! Wir sollten uns nicht scheuen, wirklich in vielen Bereichen tätig zu werden und uns keine Gedanken darüber machen, was möglich ist und was nicht. Unsere geistigen Strukturen können vieles möglich machen, und wir werden wieder daran erinnert, was Wunder bedeuten. Aber wir müssen es auch wollen! Wir dürfen ein neues Vertrauen entwickeln und dieses weitergeben. Es wird uns in unserer Arbeit und im Leben sehr stark machen.

Wir dürfen uns auch für besondere Lebenslagen mit weißen Licht schützen, um weltliche Dinge abzublocken. Eigentlich ist dies nicht notwendig, da wir die Dinge, die uns erreichen, normalerweise verkraften können, und oft ist eine solche Erfahrung auch ein Teil unserer Lernbestimmung. Dennoch möchte ich die imaginäre Schutzhülle ansprechen.

Wir meditieren uns spielerisch in eine friedliche Haltung, umgeben von einem Verständnis für alles, was geschieht. Begrenzungen gibt es nicht, alles ist möglich, wenn wir es nur wollen. Wir bilden mit unserer Vorstellungskraft eine imaginäre Schutzhülle um unsere Aura. Dazu nutzen wir weißes Licht und lassen die Schutzhülle um uns herum entstehen. Wir atmen sie in eine passende Größe rund einen oder zwei Meter um unseren Körper und über unseren Kopf. Diese Lichthaube ist wie eine Glocke, die schützend über uns schwebt. Dann wünschen wir uns, dass die Schutzhülle bestehen bleibt und ihre Wirkung hat. So können wir den Schutz auf besondere Einflüsse oder bestimmte Ereignisse spezifizieren, andere Energien dürfen uns gerne weiterhin erreichen. Wir beschließen durch unsere Gedankenkraft, dass diese Hülle bestehen bleibt und immer kraftvoll im weißen Licht strahlt. Mit den Worten: „Es bestehe und wirke mit der Kraft des weißen Lichts. Ich danke dem Kosmos und meinen Helfern“, beenden wir das Ritual, atmen noch ein letztes Mal weißes Licht in die Aura und genießen den Zustand.

Nun gibt es drei Varianten dieses Schutzmechanismus. Bei Schutzhülle Nummer eins kommt die ungünstige Energie außen an und prallt ab. Bei Schutzhülle Nummer zwei kommt die ungünstige Energie an, prallt ab und fliegt zurück zum Absender. „Das ist gut! Das machen wir so!“, rief begeistert eine Teilnehmerin in einem Seminar, als ich darüber sprach, und alle mussten sehr lachen. Natürlich war allen klar, dass man sich bei dieser Version letztendlich wieder selbst schadet. Bei Schutzhülle Nummer drei kommt die ungünstige Energie an, wird von deiner Aura liebevoll in ein positives Ereignis umgewandelt und fliegt gesegnet zurück zum Absender. So ist eine Schutzhülle auch für lichtvolle Aktionen sehr benutzerfreundlich und dient nicht nur der Abwehr. Wenn wir diesen Zustand vertiefen und damit dauerhaft leben, erübrigt sich die Idee der Schutzhülle durch unsere permanent helle Ausstrahlung.

Unseren Wünschen entsprechend, fixieren wir die Außenhaut unserer Schutzhülle gemäß Auswirkung. Es geschieht mit der visuellen Kreativität und unseren wunderbaren Gedanken. Dann brauchen wir uns nie wieder darum kümmern. Wenn dennoch nach einiger Zeit deine Gedanken die Schutzhülle in Zweifel stellen, kannst du sie jederzeit erneuern. Die Schutzhülle kann nur in Resonanz mit den eigenen Gedanken bröckeln, so bleibt es dir überlassen, was du daraus machst. Am besten machst du dir darüber überhaupt keine Gedanken mehr.

Wir müssen auch nicht mit anderen darüber sprechen. Wenn wir es Mitmenschen erzählen und das Ganze zum Thema machen oder gar damit unsere Glückssträhne begründen, machen sich andere wiederum neue Gedanken, und diese müssen nicht immer vorteilhaft sein. Da auch die Gedanken der anderen ihre Wirkung haben, bedarf es nicht unbedingt eines Gesprächs über unsere erworbenen Künste. Wir beginnen humorvoll, ein Geheimnis mit uns zu tragen, das wir hüten.

Im Wandel der Zeiten werden wir immer öfter in Situationen kommen, in denen viele Menschen auf das Vertrauen der Wissenden angewiesen sind, und wir werden in vielen ungemütlichen Momenten auf das Geschehen einwirken. Das ist unsere eigentliche Aufgabe. Darum sind wir hier. Wir haben in unserem bisherigen Leben auf dieses Ziel hingearbeitet, jeder auf seine Art, bewusst oder unbewusst. Die Geschichte der Menschheit hat eine entscheidende Ära erreicht, die Zeit ist geprägt von karmischen Bestimmungen und grundsätzlichen Veränderungen. Der schwierige Moment im Zusammenspiel zwischen Mensch und Natur ist die große Zeit der Wissenden, der Heiler und Helfer. Ein Teil der Menschheit wird im Überlebenskampf dieser Neuen Zeit sehr empfänglich sein für das unsichtbare Geschehen zwischen Himmel und Erde.

Krankheiten sind Leidenswege, die dem Kranken noch immer eine Hilfe sein können, die Zusammenhänge zwischen Leben und Tod aus einer angstfreien Zone zu erlernen und darin einen Weg zu finden, den zeitlosen Moment höherer Zusammenhänge zu erkennen. Letztendlich ist kein Tod wirklich schlimm, nur unsere Gedankenstrukturen verschlechtern manchmal die Position aufgrund unserer Glaubenssätze. Natürlich sind Krankheiten keine

Zufälligkeit, und niemanden trifft es zufällig. Da wir uns vor jeder Wiedergeburt die Situation des neuen Lebens und die damit verbundenen Umstände und Möglichkeiten, persönliche Erfahrungen zu machen, selbst aussuchen, und damit auch die letztendliche Gültigkeit aller persönlichen Erfahrungen bestenfalls vor dem Ableben erkennen oder diese Erkenntnis durch die Todeswahl in Form einer entsprechenden Krankheit als mögliche Chance herbeiführen, sind Krankheiten der Ausdruck unserer Wahl, das Leben zu erlernen und den damit verbundenen Tod als vorübergehendes Bilanzereignis zu akzeptieren.

Zwangsweise und leidvoll wird der Kranke mit der Thematik so deutlich und unumgänglich konfrontiert, dass dies eine besondere Möglichkeit beinhaltet, spirituelle Zusammenhänge zu erlernen und sich mit einem neuen Bewusstsein sowie mit nie zuvor gekannten Gedanken über Leben und Tod anzufreunden und mit der gewählten Krankheit zu identifizieren. Der Leidende empfindet Schmerz und Qual, um weitere Varianten des Lebens kennenzulernen. Die gewählte Krankheitsform kann genutzt werden, um ein neues Verständnis zu entwickeln. Oder der Kranke nimmt die Chance nicht wahr und leidet bis zum Schluss. Der Wissende sieht den Leidenden in seiner körperlichen und geistigen Schwäche. Die schulmedizinischen Maßstäbe von Heilerfolgen sollten uns nicht abschrecken oder hindern. Übertragene Harmonie kann hier vielerlei Wirkung zeigen.

Die „richtige“ Einstellung zum Tod würdigt diesen düsteren Themenbereich. Erfrischende Gedanken für höhere Zusammenhänge zeigen dem Leidenden neue Werte.

Dem Krebspatient wird empfohlen, nicht gegen die Krankheit anzukämpfen. Die Krankheitsentwicklung könnte eher beschleunigt werden. Kämpfen bedeutet Krieg führen, wir würden gegen uns selbst Krieg führen. Die Krankheit ist nicht der Feind, sondern ein Teil von uns, und zwar ein ziemlich wichtiger. Dieser Teil hat die Aufgabe übernommen, uns körperlich darauf hinzuweisen, dass im Leben etwas nicht in Ordnung ist. Wäre bei gleicher Ursache das Krankheitsbild nicht entstanden, hätte der Patient nie den Zeitpunkt für eine lebensnotwendige Korrektur bemerkt. Die Krankheit hat für uns diesen „Job" übernommen, sie ist nicht unser Feind, denn es gibt keinen Feind. Wir dürfen uns mit der Krankheit anfreunden, sie ist ein wichtiger Teil, der als Weg zu dieser geistigen Erkenntnis notwendig war. Die Krankheit existiert als Ausdruck des derzeitigen Lebensbilds – unserer Gedanken und unserer Realität.

Alle großen Krankheiten und Seuchen dieser Welt waren nie ein Racheakt der Natur, sondern eine globale Korrektur der Dinge in ihrer Zeit. Unsere Denkstruktur um materielle Vorteile oder eingeengte Glaubenssätze hat diese Situation erschaffen. Im Verhaltensdrama der Menschheit liegt der lehrreiche Versuch, sich vorübergehend von der göttlichen Idee zu entfernen – mit allen damit verbundenen Konsequenzen wie Krankheiten und Katastrophen. Während karmische Bilanz gezogen wird und sich die Menschen vorübergehend innerhalb des Soll- und Habenbereichs für eine schwierige Teststrecke entschieden haben, bedarf es nun einer globalen Korrektur zurück zur Offenheit für höhere Zusammenhänge. Dies betrifft

Menschengruppen, Bevölkerungsschichten und Einzelne. Letztendlich wird jeder Betroffene seine Chance innerhalb dieser Zeit erhalten und nutzen dürfen.

Während Ärzte und Wissenschaftler seit Jahrhunderten nach immer neuen Heilmethoden forschen, hat die Natur immer neue Krankheiten hervorgebracht. Und während viele nützliche Medikamente entdeckt oder erfunden wurden, um Krankheiten auszurotten, hat die Menge der weltweiten Krankheiten niemals abgenommen. Die Grundhaltung der Natur im Gesamtgeschehen hat sich nie verändert, auch wenn noch so viele medizinische Erkenntnisse daraus hervorgegangen sind. Die menschlichen Verhaltensweisen mit ihren Auswirkungen sind dieselben geblieben. Die Natur hat deshalb ihre globalen Korrekturen bis heute beibehalten.

Die Natur reagiert präzise in gewohnter Weise, alle notwendigen Veränderungen werden veranlasst, und es hat letztendlich keine Bedeutung, wie viele Krankheiten sich heilen lassen oder welche Erfindungen wir zur Gesunderhaltung des Menschen gemacht haben. Dies könnten die fortschrittlichsten Erkenntnisse im medizinischen und wissenschaftlichen Wandel der Zeit sein. Wenn wir Krankheiten oder Naturkatastrophen verhindern wollen, dürfen wir zuerst beginnen, unsere Denkweise zu ändern. Alles, was geschieht, ist das Ergebnis unserer Denkweise. Für alles Geschehen sind wir letztendlich selbst verantwortlich. Wer sich über Katastrophen und Massensterben in Traurigkeit stürzt und einen Trost sucht, darf beginnen, den Tod nicht als einen Akt der Strafe zu sehen. Die Lösung liegt im Wandel der Zeit und im Puls der Natur. Im weltlichen Sinn regelt die Zeit alles, also sollten wir uns keine schrecklichen Gedanken machen. Gehen wir doch eher locker in die Neue Zeit. Wenn die Natur es so entscheidet, kommt bei der Wiedergeburt eine neue Chance.

Es lag immer eine gerechte Verhältnismäßigkeit im Zusammenspiel zwischen Mensch und Natur. Die Veränderung kann nicht ausschließlich im wissenschaftlichen Fortschritt erfolgen, sondern in der Erkenntnis des Einzelnen. Der Einzelne ist in der Lage, durch seine innere Haltung mehr zu bewirken. Große Veränderungen werden am wenigsten durch politische Beschlüsse und gesetzliche Regelungen bewirkt, dennoch wird dies ständig versucht. Politiker erschaffen Gesetze, erlauben oder verbieten die Abtreibung, den Alkohol, Drogen und vieles mehr. Doch seit Menschengedenken haben Gesetze das Verhalten der Menschen nicht verändert. Gesetze erschaffen Straftäter, aber keine innere Erkenntnis.

Als in den USA der Alkohol verboten war, wurde dennoch Alkohol verkauft und getrunken. Abtreibungsverbote konnten Abtreibungen nie verhindern, und ebenso konnten Drogengesetze den Drogenhandel nicht unterbinden. Selbst die Todesstrafe ist letztlich kein Akt wirklicher Veränderung. Es sind alles nur Scheinhandhabungen, mit denen Politiker in ihrer Ohnmacht das Volk beruhigen und blenden, aber tatsächliche soziale Veränderungen kommen über menschliche Wirkungsweisen von innen, bewirkt von Einzelnen, die es für sich selbst erkannt haben. Politik ist ein Spiel mit subjektiven Interessen, das Alibi des letzten

Jahrhunderts lautete „Demokratie“, und dieser Begriff wird heute mehr denn je missbraucht. Die vom Volk scheinbar gewählten Vertreter sind bedauernswerte Marionetten der Hochfinanz, wo man im Geheimen keinerlei menschliche Interessen vertritt, sondern eher Kriege inszeniert.

Eine wirkliche Demokratie würde Andersdenkende nicht an den gesellschaftlichen Rand drängen, sondern eher die schützende Hand über sie halten. Eine ehrliche Demokratie würde Minderheiten pflegen und die Stimmen Einzelner beachten, Unzufriedene müssten nicht zu Revolutionären werden. Politiker haben eigentlich nichts zu sagen, also dürfen wir auch nicht hoffen, sie würden die Welt verändern. Die es trotzdem gewagt haben, lebten nicht lange. Also ist der Einzelne, das Individuum gefragt. Die Kraft liegt beim Einzelnen, und jeder genießt letztendlich die Wahrheit, die er von innen heraussträgt. Dogmatische Vorgaben, denen Massen folgen, haben das politische und religiöse Vertrauen genügend strapaziert, die Zeit des Umdenkens hat längst begonnen. Dazu bedarf es keiner besonderen Logik – und schon gar keiner mit erhobenem Zeigefinger. Wer aber dennoch Dogmen mit erhobenem Zeigefinger von Kanzeln oder Regierungspalästen predigt und scharenweisen Zulauf erwartet, wird im neuen Zeitalter lernen müssen, wie kraftvoll ein persönliches Gespräch in einer menschlichen Begegnung sein kann.

Auch dies sind Formen von Unwissen. Und während Kirchenfürsten noch werbewirksam den Personenkult des Religionsführers mit der bekannten Folterszenen-Symbolik vermarkten und ihre Zitate zu Ostern und Weihnachten salbungsvoll in die Menge schmettern, darf der Einzelne beginnen zu überprüfen, welche veränderte Gewissenshaltung seiner inneren Ruhe besser bekäme und ob der dafür monatlich abgeführte Geldbetrag vielleicht als Spende der Welthungerhilfe oder einer Umweltorganisation dienlicher wäre.

Man kann sagen, dass die Zeit viele Regelungen von selbst bringen wird. Und dennoch waren alle Schwierigkeitsgrade notwendig, um an den globalen Punkt derzeitiger Erkenntnisse zu kommen. So ist es von lebenserhaltendem Vorteil, wenn der Einzelne mit einer großzügigen Haltung den Dingen entgegensieht und nicht am Gewesenen festhält. Es ist alles in Bewegung, und unsere vorgesehene Bestimmung kommt auf uns zu, also sehen wir den Dingen besser großzügig entgegen.

Der Weg zu einer neuen Ära beinhaltet die Grundformen aller Erkenntnisse. Das neue Wissen entsteht aus der Substanz all unserer Erfahrungen. Alles Gewesene war notwendig, unser Weg war berechtigt, und unsere Handlungen haben wir immer selbst gewählt, um daraus unsere Lebensgeschichte zu schreiben und zu lernen. Auch wenn viele bis dahin einen üppigen Umweg gegangen sind, dieser Prozess hat viele individuelle Persönlichkeiten stark gemacht. Bis dahin werden wir unzählige Lebensformen und Möglichkeiten ausgekostet haben, um wieder zur Einfachheit zurückzufinden. In den einfachen Formen finden wir die Spielregeln des Lebens, die eigentliche Wahrheit. Wir brauchen nicht abzuwarten, bis der globale Umwandlungsprozess beginnt, um uns dann auf die kommende Veränderung einzulassen. Wir können es auch sofort tun, wenn wir es wollen. Wir dürfen uns wieder an die Einfachheit erinnern und mit den Urbedingungen allen Wachstums auf die göttliche Spielregel zurückgreifen: das endlose Pulsieren von Geben und Nehmen. Die Ware, die ausgetauscht wird, heißt Liebe. Aus Liebe heraus ist alles entstanden, und was nicht in Liebe geschieht, ist nicht von göttlicher Genialität. Liebe bedeutet auch die Empfindung der eigenen göttlichen Qualität, in der wir Liebe wahrnehmen und weitergeben. Es ist der Weg, Menschen zu segnen und sie in ihrer Erdverbundenheit der Harmonie nahezubringen. Und kein Gesetz der Natur sagt, dass dies mit Ernst und Zwang geschehen soll, es ist immer ein Ausdruck von Freude und Lebenslust, auch wenn die damit verbundene Aufgabe aus weltlicher Sicht Traurigkeit, Schmerz und Leid beinhaltet oder dem Aspekt des Todes nahesteht.

Mitgefühl dürfen wir immer empfinden, bei Mitleid jedoch ist der tragische Ausgangspunkt vorprogrammierter Hilflosigkeit, es nutzt niemandem, wenn du *mitleidest*. Jeder Gedanke von Leid kann ein Weg zum Tiefpunkt der Gefühle sein, aber heilerisch sind wir auf unsere Gefühle angewiesen. Da wir uns stark machen sollten, ist Fröhlichkeit angesagt, und gemeint ist nicht der Ausbruch von Gelächter, sondern die Fröhlichkeit, die aus dem Herzen strahlt und dem Leidenden tatsächlich die Angst nimmt. Weil die Themen um Leid und Krankheiten so unfreundlich wirken, möchte ich nun im Sinne einer gefälligeren Unterhaltung auf fröhlichere Situationen zu sprechen kommen.

Das Entstehungsfeld von segensreichen Vorgängen ist endlos breit gefächert. Mit einem Schmunzeln können wir witzige Beispiele anführen, die zeigen, wie jegliches Harmonisieren das tägliche Leben vereinfacht. Wir haben erfahren, wie wir uns selbst harmonisieren und mit einer Lichthülle vor Ungemütlichem schützen können. Ebenso können wir unser Haus und unseren Garten schützen und mit Harmonie belegen. Der neuen Saat, dem gepflanzten Baum, der Ernte, dem Haustier, und allem, was uns lieb ist, geben wir den Glanz des Göttlichen. Wir erreichen mit der erlernten Technik eine bewusste Kraftübertragung zu jedem möglichen und unmöglichen Punkt, innen wie außen, im Diesseitigen und im Jenseitigen. Dem verfeindeten Nachbarn lassen wir die Harmonisierung zukommen. Die unfallträchtige Straßenkreuzung an der nächsten Ecke wird friedvoll mit Licht geglättet.

Das ist 100 Meter entfernt auf unserer Straße geschehen: Eine unübersichtliche Kreuzung war Austragungsort unzähliger Autounfälle. In dieser Zeit gab es an der Ecke einen Autohändler, der wohl kaum eines dieser alten Autos verkaufte, aber sein Geld machte, weil regelmäßig Fahrzeuge in das Grundstück krachten und alles beschädigten. Es gab pro Woche ein bis zwei Zusammenstöße. Mir gelang es allmählich, bei geschlossenem Fenster und laufender Musik an der Knallstärke zu hören, wie heftig der jeweilige Unfall war. Das kann so nicht weitergehen, dachte ich damals und sendete mehrfach gemäß der bekannten Technik weißes Licht auf diese Kreuzung. Vier Wochen später kamen Techniker und installierten eine veränderte Ampelschaltung, und es gab dort nie wieder einen Unfall.

Wir brauchen mit der Energie keinesfalls sparsam umzugehen, so lange sie in liebevoller Absicht angewandt wird. Wir harmonisieren unser Auto, besonders, wenn es schon alt ist und noch lange funktionieren soll. Wir harmonisieren vor der Autofahrt die gesamte Strecke und sehen in der Vision den Straßenverlauf eingehüllt in einem weißen Lichttunnel bis hin zum Ziel. Der Zielort wird ebenso „erhellt", da wir gesund ankommen wollen. Vor unserem geistigen Auge harmonisieren wir das Bild mit den Menschen, die uns irgendwo erwarten und die wir froh antreffen werden. Dasselbe geschieht mit dem Parkplatz in der City, den wir benötigen. Alles geschieht in friedlicher Absicht. Wir sollten niemals vergessen, dass wir in keiner alltäglichen oder schwierigen Situation allein sind. Wir können immer um Hilfe bitten, werden beschützt, und uns wird geholfen. Danach bedanken wir uns von Herzen.

Für mich ist es längst eine Selbstverständlichkeit, dass ich vor der Fahrt in die City meine Helfer um einen Parkplatz bitte. Das kann jeder ausprobieren. Auch wenn man keine Erfahrung mit Helfern oder Engeln hat, genügt eine Bitte in Gedanken. Wenn es geklappt hat, sollte man das Dankeschön nicht vergessen. Hat es nicht geklappt, haben die eigenen Zweifel das Glaubensgebäude zerbröckeln lassen, denn, wie gesagt, jeder bastelt sich seine eigene Realität. Oder es war kein Parkplatz verfügbar, weil dies einer höheren Richtigkeit entspricht: Ich wollte ins Kino fahren und schaute auf einer bestimmten Webseite nach, wo der Film lief. Dann wünschte ich mir einen Parkplatz in Kinonähe und fuhr los. Aber es gab keinen Parkplatz beim Kino, es war vollkommen unmöglich, dort zu parken. Bei näherer Information stellte ich fest, dass der Film gar nicht in diesem Kino lief, es wurde auf der Internetseite falsch angezeigt. Dann fuhr ich sofort zum richtigen Kino, und genau davor war ein freier Parkplatz.

Für manche Menschen existieren Engel. Wenn uns aber die hilfreichen Energien zu abstrakt vorkommen, ist dies der Ausdruck der persönlichen Realität, die jeder individuell mit seinen Ansichten beschränkt oder erweitert. Ablehnung ist eher eine Behinderung. Eine beschränkte Sicht ist nur eine Unkenntnis. Der direkte Weg zum Wissen ist Großzügigkeit. Es gibt niemals Begrenzungen, bis auf die, die sich der Mensch selbst auferlegt. Unser Glaube begrenzt uns, darum dürfen wir am besten bald unsere Glaubenssätze in eine großzügigere Richtung abändern. Es geht nicht darum, was man darf und was nicht. Wir dürfen alles, wenn wir es von Herzen tun und dabei mit weißem Licht agieren. Und das darf einfache weltliche Dinge betreffen. Also können wir gerne unseren ehrlich verlaufenden Geschäftsabschluss für den nächsten Tag beeinflussen, und das Ereignis kann nur so verlaufen, dass alle Beteiligten höchst zufrieden sind und keiner einen Nachteil erfährt.

Ich wurde nach einer längeren Pause gefragt, ob ich für einen Abend als Gitarrist in einer Rockband mitspielen könnte. Die komplette Band wurde kurzfristig für diesen einen Auftritt zusammengestellt, und eine vorherige Probe war zeitlich und organisatorisch nicht mehr möglich. Da Songs aus den Sechzigerjahren gespielt werden sollten, erschien das Programm unkompliziert, und nachdem sich jeder der Mitmusiker an den einen oder anderen Titel noch erinnern konnte, stellten wir eine Songliste zusammen. Nach Noten wurde sowieso nicht gespielt, also überließ man den Rest dem Können und dem Zufall. Eigentlich war es vorprogrammiert, dass der Auftritt nicht perfekt werden konnte, aber dies erschien dem Veranstalter nicht so wichtig.

Nun kam der Abend des Auftritts. Wir bauten die Verstärker und Boxen auf. Nach dem Soundcheck verblieb noch etwas Zeit bis zum Publikumseinlass. Ich empfand eine sonderbar fröhliche Stimmung, nichts stresste mich. So setze ich mich in eine ruhige Ecke, konzentrierte mich auf das Konzert und harmonisierte den ganzen Saal. Ich ließ im Geist weißes Licht einströmen und den ganzen Raum hell aufleuchten. Über mögliche Auswirkungen machte ich mir keine Gedanken. Dann ging das Konzert los, und wir kamen mit den ungeprobten Songs mit Ach und Krach über die Runden, es gab einige Ausrutscher, aber das schien überhaupt niemanden zu stören. Die Stimmung in der Band war intakt, und wir spielten in einheitlicher Harmonie. Das Publikum kam in eine ziemlich euphorische Stimmung. Das Ganze steigerte sich, und als unsere Show zu Ende war, tobte der Saal, und die Menge schrie und wollte uns nicht von der Bühne lassen. Erst am nächsten Tag erinnerte ich mich wieder an die mentale Beeinflussung für diesen Auftritt. Ich hatte auf meine Weise dazu beigetragen, dass viele Leute großen Spaß hatten und einen Abend lang gut unterhalten wurden.

Manche Menschen, die ihre Meditations-, Yoga- oder Beratungskurse in Zeitungsanzeigen anbieten, harmonisieren ihre Werbung, dass sie voller Leuchtkraft auf der überfüllten Zeitungsseite jedem ins Auge springt. CD-Veröffentlichungen, gute Bücher und viele andere künstlerische Aktivitäten erhalten ihre Leuchtkraft und funkeln später aus Bücher- und CD-Regalen.

Es gibt viele Wege, die Welt durch Worte, Taten und Gedanken zu verändern, wenn sie einer gesunden Kreativität entspringen. Kreativität ist der glanzvollste Ausdruck göttlicher Direktheit. Dazu finden wir genügend Beispiele in der Natur, in allen Geschöpfen und allem Leben.

Wer negative Ereignisse zum Tragen bringt, lieblos im Geist wirkt, dazu noch Schaden anrichtet und das Geschehene auch noch gut findet, ist ein Unwissender, der nur ausprobiert, wie weit man sich vom göttlichen Gedanken entfernen kann, um über Umwege zur schöpferischen Grunderkenntnis zurückzufinden.

Manchmal ist unsere Stimmung sehr wechselhaft. Das Gemüt schwankt, und ein wenig Zorn oder negative Gedanken begleiten uns. Wenn wir meinen, noch nicht den geeigneten friedlichen Punkt der inneren Ruhe gefunden zu haben, dürfen wir selbstverständlich auch die jenseitigen Helfer bitten, uns bei diesem Akt zu unterstützen. Für jedes liebevolle Vorhaben lässt sich eine jenseitige Wesenheit (oder ein Engel) um Hilfe rufen. Wir dürfen darum bitten, behilflich zu sein, dass Ruhe eintritt und wir zum Punkt des innere Friedens gelangen. Dabei atmen wir weißes Licht ein, und wenn wir unser Herz spüren, können wir die Kraft auch weitergeben. Es ist trainierbar und kann eine Menge Spaß machen. Außerdem erhalten wir bekanntlich jeden segensreichen Vorgang zurück, und das ist ein Lebensgefühl des Glücks.

Hier möchte ich noch einmal an die Einfachheit der Dinge erinnern: Es bedarf keines Zaubers und Hokuspokus', um gute Stimmung zu verbreiten. So möchte ich dich zu einem Test einladen. Wir kennen Supermärkte, die langen Warteschlangen an überfüllten Käse- und Fleischtheken, ungeduldige Menschen, eine gestresste Kassiererin und im Hintergrund ein Endlos-Tonband mit nerviger Musik zwecks angeblicher Verkaufsförderung. So starten wir unseren Einkauf, ohne unsere gute Laune zu verlieren und lassen uns nicht von ungünstigen Launen anstecken.

Wir lächeln, atmen tief ein und betreten den Supermarkt. Alles, was wir tun, geschieht mit einem Lächeln. Wir strahlen unsere persönliche Zufriedenheit aus und beobachten, wie sich um uns herum scheinbar alles verändert. Die Warteschlange am Käsestand stört uns nicht, die schlechte Laune der anderen wird von uns lachend zurückgewiesen, und die gestresste Kassiererin lächelt sogar zurück, weil sie sich gerade daran erinnert, dass sie heute noch gar nicht gelächelt hat. Wenn wir dies alles mit innerer Überzeugung vollbringen, wird diese Kraft wirken. Viel Spaß beim Ausprobieren!

Die Struktur des Zufalls

Die meisten Menschen träumen von einem Leben voller Wohlstand und materiellem Reichtum, weil sie glauben, dieser Zustand beinhalte die höchste Form der Lebensfreude. Da diese Art von Glück nicht gerade vielen beschert ist und nur wenige den erträumten Wohlstand erfahren, haben sich die Menschen spielerische Systeme ausgedacht, um Wohlstand zu erreichen, vorausgesetzt – das Glück spielt mit. Millionen und Milliarden werden umgesetzt, besonders in schlechteren Zeiten florieren die Geschäfte an den Glücksspiel-Annahmestellen, denn Glück im Lotto kann bekanntlich sofort die Lebenssituation komplett verändern. Unabhängig vom sozialen Umfeld kann man an viel Geld kommen. Es wäre die Lösung vieler Probleme, und der gemütliche Teil des Lebens könnte beginnen. Es wird gespielt und gewettet, doch dann hört man vielfach in frustriertem Tonfall: „Jetzt spiele ich seit 30 Jahren dieselben Zahlen im Lotto, und sie waren nicht einmal die Glückszahlen...!“

Woran liegt das? Hat das Glück versagt? Ist man tatsächlich ein Pechvogel, weil man nicht an das große Geld gekommen ist? Scheinbar sind viele vom Pech gezeichnet, und manchen gingen sogar jahrelang investierte Gelder verloren, oder Spekulationen wurden in den Sand gesetzt. Wunschträume platzten. Sind das die Schicksalsschläge Einzelner, denen das Glück einfach nicht hold sein will? Und wer bestimmt über das Glück Einzelner? Warum ist Glück nicht kalkulierbar?

Da ist niemand, der über Glück und Pech bestimmt oder Gewinne scheinbar ungerecht verteilt. Es sind, aus einer höheren Sicht benannt, unsere eigenen Entscheidungen. Es ist der eigene Plan, der darlegt, wie der Lebensweg absolviert werden soll, um die bestmögliche Erfahrung in dieser Zeit zu machen. Diese Lebenszeit beinhaltet alle von uns selbst vorbestimmten Grundsituationen, um für den menschlichen Fortschritt dazuzulernen. Das bedeutet, wie bereits beschrieben, wir haben unser soziales Umfeld schon vor der Geburt selbst gewählt, um aufgrund früherer Erkenntnisse neue Anforderungen für ein weiteres individuelles Erden-Lernprogramm zu erstellen. Nur in diesem bestimmten sozialen Umfeld und in der Begegnung mit bestimmten Menschen unter Einfluss einer ausgeklügelten Zeitsituation (man kann auch Zufall sagen) finden wir den bestmöglichen Weg, weitere persönliche Formen der Menschlichkeit zu erlernen, individuell zugeschnitten auf unser Wesen. Darin liegt eine unserer ganz großen Chancen, nur haben wir das während der Erdenzeit vergessen und jammern, weil das Geld so knapp ist oder wir gerne einen neuen Wagen fahren würden.

Aber eigentlich hat sich jede Wesenheit ihre weltliche Situation für das jeweils ideale Lernprogramm selbst erschaffen. Bedauerlicherweise ist das manchmal schmerzhaft, weil man wegen der eingeengten Sicht (oder wegen des Unwissens um höhere Zusammenhänge) nur die Sorgen und Probleme sieht und dies, der Lebenssituation entsprechend, traurig auslebt. Ein Mensch, der karg lebt und darin nur die Tragik der Armut sieht, wird eher damit spekulieren, im Lottospiel einen Haupttreffer zu landen, um sich einer üppigeren Lebensgestaltung hinzugeben. Würde dieser Mensch tatsächlich durch einen Haupttreffer zu Reichtum kommen, würde wegen des plötzlich eintretenden Überflusses an Materiellem eine erhebliche Abweichung vom ursprünglichen Lebensplan stattfinden. Veränderungen des Wohnortes oder des ganzen Lebensbereichs könnten vorbestimmte Begegnungen mit hilfreichen Menschen verhindern, sogenannte „Zufälle“ der Vorsehung nicht mehr stattfinden, und das eigentliche individuelle Lernprogramm eines ganzen Lebensabschnitts wäre ungünstig beeinflusst oder nicht mehr ausführbar. Doch es könnten sich auch Korrekturen ergeben. Der Mensch könnte in kurzer Zeit wieder alles verlieren, sei es durch eine verschwenderische Lebensweise oder andere unvorhergesehene Ereignisse. Dies bestätigt die Statistik, die meisten Hauptgewinner hatten nach einigen Jahren alles wieder verloren, viele von ihnen standen danach schlechter da. Nur einige gingen besonnen mit ihrem Gewinn um, ließen intelligent das Geld arbeiten und lebten weiter in einer gewissen Bescheidenheit. Es geht wohl auch darum, im Fall einer solchen Veränderung dennoch mit dem Herzen zu leben und sinnvoll zu entscheiden, denn materieller Wohlstand könnte eine Bestimmung in sozialen Projekten finden. Demnach tragen reiche Menschen eine Verantwortung gegenüber ärmeren.

Das bedeutet, plötzlicher Reichtum ist nicht immer ein Gegenteil, wenn man die höheren Zusammenhänge nicht sieht. Wenn jedoch zur Lebenserfahrung ein gewisser

Wohlstand der Vorsehung entspricht, wird der Reichtum von selbst kommen, und dann ist es unbedeutend, ob man Lotto gespielt hat oder ein reicher Erbonkel aus Amerika aufgetaucht ist. Ein sogenannter Zufall wird die Situation verändern. Aber selbst mit dieser Erkenntnis darf man trotzdem gerne weiterhin Lotto spielen und ein wenig das Schicksal kitzeln...

Insgesamt heißt das nicht, dass jeder Arme grundsätzlich bis zum Lebensende in Armut schmachten muss, und es bedeutet keineswegs, dass nicht Wohlstand erreicht werden darf. Es heißt auch nicht, dass man sich auf einen solchen Zufall, der das Leben verändern könnte, verlassen und am besten im stillen Kämmerchen sitzen und abwarten sollte. Es bedeutet eher, dass einfache Umstände genutzt werden dürfen. In dieser Einfachheit besteht die Chance, sich nicht von materiellem Luxus ablenken zu lassen, sondern sich mit Aufmerksamkeit und einer aufgeschlossenen Sichtweise bereitwillig auf die eigentliche Bestimmung einzulassen. Die Bestimmung taucht plötzlich auf und tritt von selbst in Kraft. Dies bedeutet oft Veränderungen und neues Geschehen im Leben mit einem neuen Lebensgefühl. Das neue Lebensgefühl darf jeder selbst bestimmen. Jeder formt nach persönlichen Glaubenssätzen die „Qualität der Zeit“, die ihm vorübergehend – je nach Einstellung und Sichtweise – angenehm oder schwierig erscheint. Wie immer wieder erwähnt: Jeder formt sich seine eigene Realität durch persönliche Glaubenssätze. Jeder Mensch schafft sich seinen eigenen Raum durch die Ansichten seiner begrifflichen Vorstellungen. Bewertungen wie „Richtig“ und „Falsch“ sowie

„Gut“ und „Böse“ haben ihre eigene Wirkung. Nach diesen Glaubenssätzen erschafft sich jeder seine Welt. Glaubenssätze dürfen flexibel und veränderbar sein. Wer für neue Formen bereit ist und Veränderungen gestattet, formt sich eine großzügigere Realität. Das bedeutet Lebensfreude und Gesundheit. Der Lebensinhalt wird zur kreativen Realität. Wer Veränderungen optimistisch entgegensieht, wird gegenüber denjenigen Vorteile genießen, die gemäß ihrer Glaubenssätze festlegen, was „möglich sein darf und was nicht. Statisch festgelegte Glaubenssätze eskalieren zu unveränderbaren Dogmen, sie können Ungemütlichkeiten und Probleme vorprogrammieren, und es folgt ein schwieriges Leben. Dann beginnt der Zeitplan zu wirken: Auf sanfte oder schmerzhafte Weise wird der Betroffene immer mehr in diese Erfahrensebene hineinbewegt, die Erneuerung bedeutet. Diese Veränderung entspricht dem Plan und dem persönlichen Lernprogramm. Wer sich an Vergangenes klammert und an alten Werten orientiert, wird sich darum immer schwer tun. Je mehr man sich wehrt, desto schwieriger werden die Lebensumstände und die Zeiten.

Wer bereit ist für Veränderungen, öffnet alle Türen. Jeder trägt die Wegrichtung in sich und agiert mehr oder weniger bewusst nach seinem Lebensplan, wenn ungünstige Glaubenssätze es nicht blockieren. Wer mit positiven Erwartungen Veränderungen freudig akzeptiert, wird in eine sorgenfreiere Zeit gehen. Dann ergeben sich die Dinge scheinbar wie von selbst.

Jede Schwierigkeit ist ein Wink. Wer diesen bemerkt und als Zeichen deutet, wird die Richtung ändern. Schwierigkeiten sind kein Zufall, genauso wenig zufällig sind Autounfälle, die Begegnung mit einem Dieb oder der Beinbruch beim Skifahren. Der Betroffene wird mit solchen Ereignissen an den eigentlichen Plan erinnert beziehungsweise in diese Realität hineingeschubst. Man könnte auch sagen: Es wird der vorübergehende Weg einer „falsch gewählten Richtung" unterbrochen oder umgeleitet. Doch eine „falsche" Richtung gibt es nicht, es sind nur Umwege, die der Erfahrung und dem Menschwerden dienen. Steinige Umwege dauern etwas länger und bedeuten ein spezielleres Lernprogramm, aber wirklich „falsch" ist nichts, nur eben besonders individuell. Der steinige Umweg macht bezüglich des ausgewählten Themas sehr stark. Plötzliche Ereignisse können auch eine bemerkenswerte direkte Hilfe sein.

Beispiel: Ein Skiunfall versaut den Urlaub. Doch während des Krankenhaus-Aufenthalts kommt es zu einer besonderen Begegnung: Der Patient begegnet dort dem Partner fürs Leben. Oder: Die Fügung kreiert zur Sicherheit des Lebens einen Skiunfall mit frühzeitiger Abreise. Die plötzliche Rückkehr aus dem Winterurlaub schützt das Weiterleben, da zwischenzeitlich eine Lawinenkatastrophe den Urlaubsort verwüstet hat. Auch die Auswahl der Opfer unterliegt keiner Zufälligkeit, sondern ist die Folge einer präzisen Einrichtung eines vorbestimmten Zeitablaufs. Eine Kette mit vielen Beispielen über Ursache und Wirkung wäre die spielerische Umschreibung von scheinbar unerklärlichen Zusammenhängen, die wir gerne weiterhin als Zufall bezeichnen können.

Ein weiteres Beispiel: Ein Mann meint, er müsse sich eine Lebenskarriere als Rennfahrer aufbauen. Dies entspricht aber nicht seinem Lebensplan, weil seine Bestimmung ihn als homöopathischen Heiler vorsieht. So wird er zuerst zehn oder zwanzig Jahre lang Autorennen fahren, bis der Zeitpunkt der Wende in seinem Leben eintritt: Er wird verunglücken. Im Krankenhaus hört er im Gespräch mit anderen Patienten von alternativen Heilmethoden. Das Thema erweckt sein Interesse, und er wird – bedingt durch weitere Zufälligkeiten – zum geplanten Lebenszeitpunkt als Heilpraktiker arbeiten. Falls er sich aber noch nicht für die neue Idee interessieren sollte, kann er nach der Genesung weiterhin Autorennen fahren. Die Fügung wird irgendwann ein Ereignis erschaffen, das die Veränderung drastischer darstellt. Wenn der Betroffene dann noch immer auf Autorennen beharrt, wird er einen unglücklichen Weg gehen und unter seinen eigenen Glaubenssätzen leiden.

Mit Besonnenheit und innerer Ruhe bedarf es einer Überprüfung der wirklichen Berufung. So könnte festgestellt werden, dass der gedachte berufliche Fortschritt behindert wird, weil wir irgendetwas glauben, das uns nicht weiterbringt. Wir wundern uns, warum aus uns kein cleverer Geschäftsmann oder kein Hollywood-Schauspieler wurde, obwohl wir so hart daran gearbeitet haben. Der berufliche Aufstieg oder künstlerische Durchbruch erfolgt nicht. Wir leiden, und unsere Seele leidet. Die Antwort ist einfach: Es ist so nicht vorgesehen.

Dies könnte auch Arbeitslose betreffen. In der Vorstellung, den gelernten Beruf ausüben zu müssen, versteift sich der Suchende auf nur diesen einen Berufsweg. Er könnte, einer gewissen Intuition folgend, mit zufälligen Situationen konfrontiert werden, neue Menschen kennenlernen und seine Freude in Tätigkeiten finden, von denen er vielleicht vorher überhaupt nichts gewusst hatte. Dies ist jedoch kein Rezept gegen Massenarbeitslosigkeit. Individuelle Vorbestimmungen und ihre Wege entsprechen keiner Massenabwicklung.

Die Erkenntnis eines jeden Einzelnen unterliegt dem sensiblen Einfühlungsvermögen und kann nicht als Universalrezept für Berufsgruppen oder Völkerscharen pauschal als Regelung dienen. Wenn jedoch ganze Berufszweige aussterben und eine große Arbeitslosigkeit den Unmut der Massen auslöst, darf daran erinnert werden, dass wir selbst Ursache und Wirkung sind. Wenn zum Beispiel keine Autos mehr verkauft werden, riesige Industriezweige zusammenbrechen und ihre Zulieferfirmen in großer Zahl die Pforten schließen, kann das globale Problem als logische Auswirkung gesehen werden: Die Hersteller von Autos, ihre Besitzer sowie die Industrie zur Herstellung von Autozubehör belasten in Sorglosigkeit Umwelt und Natur. Dass wir ein Teil der Natur sind, hat der Mensch in diesem Abschnitt seiner Geschichte vergessen. Die Natur erinnert uns und wehrt sich, die Zeit wird es regeln.

Die abendländische Denkweise, veränderte Tendenzen in der Politik, die allgemeine Konjunkturschwäche mit allen wirtschaftlichen Auswirkungen und die damit verbundenen Veränderungen in Gesellschaft und Kultur sind die Korrekturen unserer Zeit. Große globale Veränderungen unterliegen globalen Ursachen, ausgelöst von Millionen von Menschen, die nun erinnert werden und die Chance bekommen, sich auf neue Lebensweisen zu besinnen. Solche großen Einbrüche sind ebenso kein Zufall. Wir sehen nur den Zusammenhang zwischen Ursache und Wirkung nicht immer, weil wir uns in unserer dreidimensionalen Denk- und Sichtweise eigene Gesetzmäßigkeiten ausgedacht haben. Bevor wir die Erde noch mehr zerstören und dann naiv beginnen, von den katastrophalen Tatsachen abzulenken oder die Schuld bei anderen zu suchen, dürfen wir uns stets vor Augen halten, dass wir dies alles selbst bewirkt haben und noch immer beeinflussen.

Große Menschengruppen, die gemeinsam betroffen sind, bis hin zu Einzelnen, die scheinbar mit der Ursache nichts zu tun haben und trotzdem dem Leid ausgesetzt sind, unterliegen einer ausgewogenen Gesetzmäßigkeit im Zusammenspiel der Kräfte. Ungerechtigkeiten gibt es in diesem höheren Sinn nicht. Die Auswirkung des Einzelnen mit dem damit verbundenen Schicksal passt im übergeordneten Sinn immer perfekt zusammen (wenn auch manchmal nach unseren Begriffen etwas zeitversetzt), und deshalb ist es nicht ratsam, diesbezüglich zu werten oder Schuldige zu suchen. Auch wenn das Unglück zufällig die kranke Mutter mit dem hungernden Kind besonders hart trifft und wir dann bemerken: „Es trifft immer die Ärmsten“, ist auch hier im höheren Sinn keine Ungerechtigkeit im Spiel. Die höhere Logik des Zusammenspiels aller Realitäten, die miteinander wirken und alle Ursachen speichern und gemäß einer Zeitachse zur Auswirkung bringen, ist uns in der dreidimensionalen Denkweise nicht vertraut.

Wie mehrfach gesagt, planen wir unsere Leben selbst. Auch die kranke Mutter und das hungernde Kind haben sich ein solches Leben selbst gewählt, als ihre Seelen in Absprache dieses Zeitereignis konfigurierten. Aus unserer weltlichen Sicht sieht das höchst dramatisch aus und bewegt uns im Herzen (unser Herzchakra bringt Nächstenliebe und Heilung zur Wirkung). Aus höherer Sicht dürfen wir sicher sein, dass jede weltliche Tragik letztendlich ein seelisches „Happy End" erfährt, und hier ist die Zeit das Maß aller Dinge. Dies alles haben die Menschen in ihrer fleischlichen Hülle vorübergehend vergessen.

Die Zeiten haben ihre eigenen Qualitäten. Den Menschen werden immer wieder Epochen gegeben, in denen ruhige Momente wirksam werden – Momente für die schöpferische Kreativität, Momente, um die Natur zu spüren, Momente für die innere Ruhe. Es sind keine Vorgaben, um in Bequemlichkeit zu verharren oder mit solchen Momenten verschwenderisch umzugehen. Der Selbsterhaltungstrieb wie Nahrungsbeschaffung, Verteidigung und andere Überlebenstechniken war in den Menschheitsepochen nicht immer nur anstrengend und zeitraubend. Wir hatten immer wieder viele Gelegenheiten, Ruhe zu finden und friedlich in uns hineinzuhören, sei es bei einem religiösen Ritual oder schweigend sitzend an einem Lagerfeuer. Doch dann beschleunigen wir die Zeit mit schnellerer Bewegung, schnelleren Ereignissen, schnelleren Autos und einem schnelleren Fortkommen mit Zügen und Flugzeugen. Knappere Terminsetzungen und ein hektisches

Leben veränderten die Bedeutung des Begriffs „Leben“, materiell ausgerichtete Glaubenssätze beschleunigten unsere Handlungen. Der Slogan hieß: „Zeit ist Geld“. Wir veränderten unsere Rituale zugunsten des materiellen Fortschritts. Das reduzierte Verhältnis zur Natur wurde gesellschaftlich „in Kauf“ genommen. Profitdenken brachte nicht die Entspannung, sondern neue Formen eines modernen Selbsterhaltungstriebs. Steinzeitliche Naturkämpfe um Beute und Reviere wurden abgelöst durch neuzeitliches Karrieredenken. Auch die Freizeit wurde hektisch – Videospiele, Horrorfilme, oder der Kurztrip zum Abenteuerurlaub sind nur einige Beispiele. Wir haben uns abgewendet von unseren telepathischen Fähigkeiten. Dafür haben wir das Telefon erfunden und Telefonleitungen über die ganze Welt gezogen. 100 Jahre später haben wir dies technisch verfeinert und nennen es Internet. Jetzt staunen wir, weil wir so gut vernetzt sind. Wir waren es auch zuvor, nur anders, und wir haben es vergessen.

In den Jahren des Wohlstands und der Sorgenfreiheit hat der abendländische Mensch dem Begriff „Freizeit“ eine neue Bedeutung gegeben. Freizeit heißt hier nicht mehr „In sich gehen“ und „Alles-was-ist wahrnehmen“, sondern bedeutet „modernes Zeitvertrödeln“.

Die Zeit wurde mit dem ausklingenden letzten Jahrtausend verschwenderisch schnell. Was wir versäumt haben, wird sich nach den Maßstäben des Zufalls auf den Einzelnen individuell auswirken. Dies hat nichts mit Schuld zu tun, denn einen Schuldigen gibt es nicht. Es sind nur andere Wege, um in diesem Bereich besonders viel

Wissen zu erlangen. Die Zeit des verschwenderischen, schnellen Lebens am Ende des letzten Jahrtausends hat dennoch vielen die Chance der Besinnung eingeräumt. Manche haben sich stark gemacht für die Umwelt, gegen atomare Kräfte demonstriert und sich vor allem an eine ehrliche Form in Geben und Nehmen erinnert. Ein Großteil der Menschheit scheint die kommende Veränderung nicht erkannt zu haben. Viele nutzen weiterhin unter egoistischen Grundsätzen alle Profitmöglichkeiten des abendländischen Überlebenskampfes, räumen sich Vorteile ein, und das oft zu Ungunsten der Mitmenschen und der Natur. Die Struktur der Zufälligkeiten wird im Laufe der Zeit auch an diesen Menschen nicht spurlos vorüberziehen. Auch sie erhalten in neuen Zeiten besondere Möglichkeiten, an die Ursprünglichkeit der Dinge erinnert zu werden. Große Veränderungen werden erneuernde Lebensformen anbieten. Die Wissenden werden über große Kräfte verfügen und betreuend Hilfe und Beistand anbieten.

Es wird eine neue Form der Einfachheit stattfinden. Das üppige Leben hat Spuren hinterlassen, es ist unwichtig, ob wir es Treibhauseffekt, Erderwärmung oder neue Eiszeit nennen. Die neuen Zeiten werden Landschaften und Erdteile verändern. Das geschieht nicht als Strafe, sondern die Erde verändert sich sowieso, und wir haben die Chance, daran teilzunehmen. Das Individuum Mensch wird sich wieder an Werte erinnern, die es immer in sich getragen hat, denn es ist nichts verloren gegangen. Das Lernprogramm der gesamten Menschheit war ziemlich umfangreich und ist noch längst nicht abgeschlossen. Was wir im weltlichen Geschehen bemerken, ist nur der kleine sichtbare Mini-Aspekt und dennoch ein Hinweis multidimensionaler Auswirkungen.

Es passiert alles „zufällig“ zur richtigen Zeit. Wenn wir einen sogenannten Zufall bemerken, ist dies immer nur die „Spitze des Eisbergs“. Wir sind vertraut mit unseren drei Dimensionen, die unser weltliches Denken bestimmen. Diese Dimensionen sind die Ergebnisse unserer Glaubenssätze. Das war nicht immer so. Die Dimensionen haben sich mit unseren Glaubenssätzen verändert. Von einer 500 Jahre alten Erdscheiben-Erkenntnis bewegen wir uns konsequent in eine Zeit der multidimensionalen Erscheinungen und Erfahrungen. Wer sich mit dem Gedanken anfreundet, wird schneller verstehen. Wer an alten Vorstellungen klebt, wird schwierigere Momente empfinden.

Was bedeutet „multidimensional“, und wo finden wir diese Realitäten? Wenn wir uns das begreiflich machen wollen, ist der „Zufall“ kein „zufälliges“ Ereignis innerhalb der uns vertrauten und bekannten Realität mehr, sondern ein Teilaspekt einer größeren Wirklichkeit, die uns für einen Moment sichtbar wird. Dieser Moment bringt uns in Erstaunen. Weil es kein anderes Wort dafür gibt, nennen wir es Zufall. Man könnte auch sagen, das Bemerken eines Zufalls ist eine Form von Hellsichtigkeit, da wir einen Vorgang wahrnehmen, dessen mehrdimensionale Auswirkung uns sonst nicht bewusst ist.

Wir treffen jemanden auf der Straße und sagen: „So ein Zufall, gerade gestern habe ich an dich gedacht.“ Oder das Telefon läutet, und kurz zuvor haben wir zufällig an den Menschen gedacht, der jetzt anruft. So bietet sich die Frage an: Können wir uns darin üben, diesen Zufall zu steuern und nutzbar zu machen?

Das Gesamtgeschehen aller Dinge bewegt sich nicht nur innerhalb der uns vertrauten drei Dimensionen. Die vielen weiteren Dimensionen sind in der Zahl unendlich und basieren auf der Menge unserer Gedanken, Taten und auch Träume. Dies sind eigene unzählige Realitäten, sie sind für unser Gehirn im dreidimensionalen Denkmuster unvorstellbar. Also beginnt man mit Beispielen zu erklären und in Gleichnissen zu sprechen. Es soll einem besseren Verständnis dienen, da wir hier etwas umschreiben, das sich eigentlich nicht in Worten ausdrücken lässt. Darum folgt nun ein bildliches Beispiel für multidimensionale Ebenen und Realitäten.

Mit Buchstaben und Worten verglichen, wären die Ebenen wie bereits gelöste Kreuzworträtsel, wo jeder Buchstabe über eine senkrechte Linie mit den korrespondierenden Worten einer waagerechten Linie perfekt zusammenpasst. Ein herkömmliches Kreuzworträtsel jedoch wäre nur zweidimensional, nämlich waagerecht und senkrecht. Hier jedoch handelt es sich um ein multidimensionales Kreuzworträtsel, das nicht in nur zwei Richtungen miteinander korrespondiert, sondern in alle Richtungen, nach oben, nach unten, nach hinten und nach vorne, quer, diagonal und wieder zurück – und noch sehr viele Varianten mehr aufweist. Und immer wieder würden die Buchstaben mit den Worten perfekt zusammenpassen. Alle Worte sind auf allen Ebenen und Etagen miteinander perfekt verknüpft und passen wie ein unendliches multidimensionales Puzzle immer zusammen, egal, welche Richtung oder Ebene wir wählen. Wir würden innerhalb dieses multidimensionalen Kreuzworträtsels immer mehr Richtungen und Ebenen entdecken, die Möglichkeiten wären unendlich. Immer wieder würden aufs Neue alle Buchstaben und Worte in unendlicher Weise zusammenpassen, egal, in welche der unzähligen Richtungen die Worte gelesen würden. Wird nun auch nur ein Buchstabe oder Wort aus irgendeiner beliebigen Querverbindungsebene geändert, ändert sich der gesamte Text im Zusammenspiel auf allen Ebenen. Und wieder würde alles perfekt zusammenpassen. Die kleinste Veränderung wirkt sich in unvorstellbarem Maß auf viele Ebenen aus, kein Wort geht dabei verloren, und keine Bewegung bleibt ohne Bedeutung.

Nun stellen wir uns das nicht als Kreuzworträtsel mit Buchstaben und Worten vor, sondern mit den unzähligen Elementen aus Gedanken, Handlungen, eingeschlossen die unserer Bekannten.

Jeder Gedanke kann sich auf vieles auswirken. Das bringt dauernde Bewegungen in ständig neues Geschehen. Jede auch noch so kleine Ursache hat Auswirkungen auf vielen Ebenen und Etagen. Alles ist miteinander vernetzt und wechselt ständig Energien und Daten im Sinne eines unendlichen Informationsaustauschs. Alles ist immer in Bewegung und wirkt kraftvoll auf alles. Stillstand gibt es nicht. Da bei diesen Geschehnissen die unterschiedlichsten Ebenen berührt und verändert werden, kommt es auch vor, dass die eine oder andere Auswirkung unsere weltliche Realität streift, und das ist die Auswirkung, die für uns sichtbar wird und Zufall heißt. Aber wir sehen nicht, welche Realitätsebenen auch noch betroffen sind und warum unsere Realität gestreift wurde. Wir wissen nicht, was die Ursache war.

Die Ursachen eines solchen „Bewegungs-Ereignisses" können jeder Realitätsebene zugrunde liegen, entweder als Folge einer Tat oder aus dem Gedankengut. Und es kann auch das Gedankengut eines Freundes sein, denn wir sind keinesfalls Einzelgänger mit unseren Realitäten.

Es ist nicht unser persönliches mulidimensionales Spiel, sondern unser gesamtes Spiel über alle Ebenen und Realitäten mit allem, was existiert. Unzählig viele Ereignisse wirken auf uns ein, sichtbar werden aber nur die der weltlichen Ebene. Die weltlichen Auswirkungen erreichen uns innerhalb eines gerechten Zeitaspekts, und wir nehmen dies bewusst war. Aber Teile von uns nehmen auch die anderen Realitäten wahr. Unser Höheres Selbst agiert, und das Wesen aus Fleisch und Blut reagiert. Wir tun dann eigenartigerweise Dinge, von denen wir gar nicht wissen, warum wir sie tun oder warum wir plötzlich besondere Ideen oder intensive Gefühle empfinden. Oder wir fragen uns, warum uns gerade eine bestimmte Person in den Sinn kommt, die wir noch am selben Tag zufällig treffen.

Könnte man die Struktur des Zufalls in ihrer multidimensionalen Bewegung in einer uns vertrauten Logik verfolgen, würden wir uns über das zufällige Zusammentreffen nicht wundern, sondern wären höchstens über den gewählten Zeitaspekt erstaunt. Und weil wir bereits wissen, dass Zeit eigentlich nicht existent ist und vorübergehend nur als Messlatte für Wachstum im Weltlichen wirkt, könnte gesagt werden, dass das weltliche Zeitereignis die Geschehnisse in eine chronologische Verständnisebene „hineinkorrigiert“, die uns ermöglicht, Ursache und Auswirkung wenigstens manchmal festzustellen und ein wenig zu begreifen.

Diese Ereignisse finden ständig statt, nur bemerken wir sie meistens nicht, sondern nehmen vieles selbstverständlich als gegeben hin. Wären wir fähig, alle Zusammenhänge zu erkennen, könnten wir wahrnehmen, dass Begegnungen mit irgendwelchen vorbeilaufenden Menschen auf der Straße dieser Logik entsprechen. Niemand läuft zufällig an einem Fremden vorbei. Jede noch so unwichtige und unbedeutende Begegnung ist nicht zufällig. Alle Wesen bewegen sich in dieser Struktur von Realitäten, wie sie auch andere Realitäten streifen und so ihr Spiel in Form weltlicher Begegnungen betreiben. Sämtliche Zufälligkeiten entsprechen dieser Logik: Mit welchem Chef haben wir es zu tun? Warum diese Nachbarn? Die Urlaubsbekanntschaft, der nette Herr am Gemüsestand, der Taxifahrer und warum uns im entscheidenden Moment eine Wespe sticht.

Alle Zusammenführungen von Menschen im Weltgeschehen sind programmgemäße Ereignisse, die wir jedoch mit ein wenig Verständnis umprogrammieren könnten. Alles ist beeinflussbar. Weil es niemals Stillstand gibt, dürfen wir an der unendlichen Bewegung teilnehmen. Wir klinken uns ein und machen mit. Jeder kann sein Schicksal in die Hand nehmen, jeder Mensch formt sein Leben selbst und darf jederzeit die Richtung ändern. Nichts muss bleiben, wie es war, und die Dinge dürfen schöpferisch verändert werden. Das Lebensgrundmuster kommt auf uns zu, wir nehmen es als vorbestimmte Eckpfeiler hin und fällen dann unsere Lebensentscheidungen. Das Lebensgrundmuster ist der ursprüngliche Plan, und wir versuchen, das Beste daraus zu machen. Alles, was passiert und auf uns zukommt, ist berechtigt. Jedes Ereignis hat seine Bedeutung. Wenn wir „sehen" oder „wissen", warum zu einem speziellen Zeitpunkt unser Auto kaputtgeht, ärgern wir uns nicht mehr darüber, sondern erkennen später, dass damit Schlimmeres verhindert wurde. Wenn ein Geschäftsabschluss im letzten Moment doch noch platzt oder wir bemerken, warum die Qualität der Zeit für ein derartiges Geschäft ungeeignet war, wissen wir, dass es dafür eine höhere Richtigkeit gibt, die wir vielleicht erst später verstehen.

Kein Ereignis geschieht zufällig, und ebenso unterliegt der biochemische Vorgang in unserem Gehirn keinem Zufall. Wir wissen bereits, dass schöpferisches Entstehen und Materialisierungen Ergebnisse unserer Gedanken sind, mit Ausnahme der Handlungen in extremen Stresssituationen, in denen der Mensch sehr schnell auf Überlebenstechniken zur Selbsterhaltung zurückgreifen muss und intuitiv unter Ausschaltung seiner Ratio richtig handelt. Wir sagten bereits, dass in solchen Momenten jede Zelle des Körpers auf das Gesamtwissen aller Erfahrungen zurückgreift und immer richtig reagiert, und das Höhere Selbst kennt schon vorher den Ausgang des Geschehens. Hier kommen viele

Wirkungsbereiche zum Tragen. Einmal sind es Momente aus der Summe aller Erfahrungen, auch der aus früheren Leben. Ebenso sind es Auswirkungen anderer Energien, die ständig ihre beschützende Wirkung auf uns haben. Es ist also niemals ein Zufall, wenn wir einen Unfall oder eine Katastrophe überleben, sondern die Summe vieler Einflüsse.

Wenn es also möglich ist, dass uns ein Mensch in den Sinn kommt, den wir kurze Zeit später irgendwo zufällig treffen, ist es genauso möglich, entsprechende Gedanken um jemanden entstehen zu lassen und auszusenden. Also versuchen wir, auf die Struktur des Zufalls einzuwirken und beschließen, einem bestimmten Menschen in Kürze zu begegnen.

Wir versetzen uns in eine Stimmung der inneren Ruhe und Harmonie, eine gute Voraussetzung für den Gedankentransfer. Wir können den entsprechenden Menschen rufen, mit ihm im Geist sprechen und ihn bitten, dass wir demnächst Kontakt haben. Um dies kraftvoll zur Wirkung zu bringen, können wir dabei auf die erlernte Methode zurückgreifen und den Menschen vor unserem geistigen Auge entstehen lassen. Dabei stellen wir uns die Art der Begegnung vor und atmen weißes Licht in die Vision. Auf keinen Fall vergessen wir danach die überaus wichtige Verabschiedung. Den Rest überlassen wir der Eigendynamik, denn wir haben eine Realität bewegt, die sich weiterentwickelt. Da wir Wesenheiten alle auf vielen Ebenen miteinander verbunden sind, werden die Signale das Ziel auf irgendeiner Realitätsebene erreichen, und wir überlassen das Eigengeschehen der Struktur des Zufalls.

Vielleicht kommt es bald zu der erwünschten Begegnung oder einem Telefonanruf, vielleicht aber tut sich gar nichts. Da für dieses Ereignis noch andere Faktoren einwirken, wird das erwünschte Ereignis dann eintreffen, wenn alle Faktoren zusammenpassen, auch die Einwirkung fremder Gedanken anderer Menschen. Dann ist die „Qualität der Zeit“ für das Ereignis geeignet. Wenn es jedoch dazu keine weiteren Faktoren gibt, kann das Ereignis sehr schnell eintreffen.

Auch wenn wir keine Rückmeldung erhalten, ist die Botschaft dennoch angekommen, denn sie findet ihren speziellen Weg zur Zielperson, vielleicht als Gedanke oder in einem Traum, aber bestimmt auf der Ebene, in der wir in Verbindung getreten sind. Es könnte auch sein, dass unsere Botschaft auf die derzeitige Lebenssituation der Zielperson störend wirkt, also lassen wir die Zeit arbeiten. Wenn es die Bestimmung zulässt und wir dabei nicht andere Bereiche ungünstig streifen oder von wichtigeren Vorbestimmungen ablenken, wird die Aktion unseres Wunsches entsprechend wirken.

Dieses Beispiel betrifft nur den simplen Wunsch, mit Gedankenkraft einen Menschen zu rufen. Natürlich gilt es, wesentlich interessantere Beeinflussungen und Veränderungen zu bewirken, als nur jemanden zu rufen, um dabei seinen Spaß zu haben. Also rufen wir nicht nur Menschen, sondern wünschen uns günstige Situationen in beruflichen Zusammenhängen − positive Auswirkungen oder den günstigen Abschluss eines Vertrags – ,wie bereits beschrieben. Der Zufall lässt sich nicht berechnen, da er nicht der dreidimensionalen Beweisführung aus Wissenschaften wie Mathematik oder Physik unterliegt. Deshalb lassen sich Wunder nicht wiederholen oder beweisen. So lassen sich Zufälle für unsere Realität nicht immer sichtbar und zuverlässig programmieren, aber die Tendenz der Bewegung in Richtung auf das Ereignis ist kreativ beeinflussbar. Das bedeutet, dass der Zufall als kreatives Ereignis willentlich in die Wege geleitet wird und zur Wirkung kommt, jedoch muss diese Wirkung nicht unbedingt sofort innerhalb unserer dreidimensionalen Sichtweise zutage treten. Und manche denken dann, es hätte nicht funktioniert.

So spielen viele Komponenten zur Zusammenführung von Ereignissen eine Rolle, aber nicht alle Ereignisse werden für uns sichtbar. Wie schon zuvor besprochen, erleben wir bei der heilsamen Lichtübertragung, wie wir eine ungünstige Situation eines leidenden Mitmenschen in eine günstigere verändern und damit beeinflussen können. Aber möglicherweise wird das Resultat nicht in der uns erwünschten sichtbaren Form eintreten, oder es wird erst viel später weltliche Realität. Das natürliche Zusammenspiel vieler Auswirkungen entscheidet das Ausmaß unserer Beeinflussung. Wenn wir einem leidenden Menschen auf diese Weise helfen, findet die Hilfe mit Sicherheit statt, auch wenn sie nicht so eintritt, wie wir es uns vorgestellt haben. Aber die Heilung wird übertragen und wirkt sich genauso aus, wie es der zeitliche Aspekt am vorteilhaftesten für diesen Menschen vorsieht. Zufällig wird alles richtig geschehen, bei einer positiven Beeinflussung können wir nichts falsch machen.

Darum dürfen wir immer und jederzeit das Weltgeschehen verändern, wenn es ein Herzenswunsch ist und in liebevoller Absicht geschieht. Die Struktur des Zufalls entscheidet den Grad der Auswirkung im sichtbaren Bereich, aber im Unsichtbaren geschieht ebenso eine Menge. Unsere Wünsche und Gedanken werden registriert und ewig aufbewahrt. Es geht nichts verloren, und alles hat Wirkung. Der Zeitaspekt schenkt uns im geeigneten Fall ein sichtbares Ergebnis. Es ist der Aspekt, der uns so wichtig erscheint, aber den unwesentlichsten Teil in unserer Gesamterfahrung ausmacht.

Damit wären wir wieder bei der Beeinflussung von Reich und Arm angekommen, und wir haben geklärt, dass viele Faktoren zum Tragen kommen, besonders der, der dem Lebensplan entspricht und bestimmt, ob man Millionär wird. Dennoch kannst du ein Millionär werden, auch wenn es nicht deiner Bestimmung entspricht. Die Frage wäre: Wie radikal wirst du dich gegenüber deinen Mitmenschen bewegen, um das Ziel zu erreichen? Wenn materieller Luxus als Lebenserfahrung eingeplant ist, kommt er von selbst.

Entlang am Pfad der Lebensbestimmung kommt der Wohlstand im entsprechenden Quantum von selbst, wenn du dies wünscht und mental steuerst. Aber unsere Gesellschaft ist geblendet und wird überhäuft von Ereignissen, die dazu auffordern, übermäßigen materiellen Wohlstand anzusteuern, weil diese Gesellschaft darin den wirtschaftlichen Wert eines Menschen erkennt. Materielle Bedürfnisse im Überfluss bedeuten eine starke Einengung der

Sichtweise. Wer sich davon freigemacht hat, kann sich auf der Basis des Zufalls einrichten. Das bedeutet, dass keine Grenzen durch veraltete Glaubenssätze gesetzt werden, und unnütze Blockierungen werden aufgehoben. Wenn der Mensch sich seiner positiven Handlungen bewusst ist und seiner Bestimmung folgt, wird er sehr leicht auf der Kette wundervoller Zufälle schweben.

So werden die Tage immer spannender, und man entdeckt Vorzüge, die man früher nicht für möglich gehalten hätte. So lange der Mensch glaubt, er bestünde nur aus seinem fleischlichen Körper, wird er sich mit dem Gedanken seiner multidimensionalen Möglichkeiten und Verbindungen zu anderen Wesen nur schwer anfreunden können. Der sichtbare Körper ist nur ein sehr kleiner Teil seines Wesens. Der Mensch als gesamte Wesenheit ist vielfach größer und umfassender. Sein größerer, unsichtbarer Teil hat eine unglaubliche Wirkung und verfügt über sehr kreative Kräfte, doch der Mensch ist sich dessen nicht bewusst. Diejenigen, die sich mit dieser geistigen Form anfreunden können, gestatten sich den bewussten Zugang zu multidimensionalen Wirkungsweisen. Dieser kleine menschliche Körper aus Fleisch und Blut ist nur ein minimaler Teilaspekt eines Ganzen, der auf vielen Ebenen gleichzeitig Erfahrungen sammelt, dazulernt und wächst. Damit erklärt sich der bisher genutzte Begriff „Höheres Selbst“. Während des Erdendaseins ist der menschliche Körper nur ein Teil der Erfahrung. Er dient dem Erlebnis in der Materie und zeigt die Vergänglichkeit in Raum und Zeit. Unser Höheres Selbst wird einen materiellen Körper immer wieder und so lange auf die Erde schicken, bis auch dieser Aspekt des Ganzen erlernt hat, dass hier das globale Gesetz der Liebe oberste Gültigkeit genießt. Die vielen anderen Aspekte unserer Wesenheit arbeiten mit und erhalten jeweils in ihren eigenen Realitäten andere Aufgabenstellungen. Das Zusammenspiel ist unendlich und kaum vorstellbar. Und es geschieht alles gleichzeitig. Die Hauptsteuerung übernimmt das Höhere Selbst. Und kein fremdes oder übergeordnetes Wesen sagt dir, du müsstest dieses oder jenes tun, das Höhere Selbst weiß bereits alles.

Wir dürfen den gedanklichen Kontakt mit unserem Höheren Selbst pflegen und mit ihm sprechen wie mit einem Schutzengel. Wir dürfen unser Höheres Selbst bitten, für uns den bewussten Kontakt zu anderen Realitätsebenen zu erleichtern. Unsere Empfindungen werden dadurch sensibler. Was wir an Mitteilungen erhalten, sind Empfindungen, Regungen und Gefühle. Schon der Wunsch, in Kommunikation zu treten, ist wirksam. Eingebungen sind ein deutliches Zeichen für eine gute Verbindung mit dem Höheren Selbst oder mit anderen Realitäten. Eingebungen sind nicht zufällig, sie sind das witzige Spiel in unvorstellbarer Weite. In Momenten der Eingebungen empfinden wir gerne eine besondere Nähe zu den Realitäten, die man als göttlich bezeichnen darf.

Die Multidimensionalität eines Menschen ist eine ziemlich abstrakte Angelegenheit. Unsere Vorstellungskraft gelangt nicht annähernd zum Punkt, der dies darstellt. Darum versuchen wir, für eine sinnbildliche Erklärung die Gesamtheit „Mensch“ als einen Baum zu sehen. Dies ist nur ein bildlicher Darstellungsversuch und unterliegt selbstverständlich keinen biologischen Fundamenten.

Der Baum war immer da und wird immer da sein. In der zeitlosen Existenz beschließt er, seine Göttlichkeit in allen seinen Aspekten zum Ausdruck zu bringen. Dazu möchte er jeden auch noch so kleinen Aspekt seiner Baumwesenheit in göttliche Wirkung bringen. Die vielen Elemente seines Baumausdrucks tragen den göttlichen Aspekt bereits in sich, und jedes Teilchen davon plant, eigene Formen von Göttlichkeit weiterzuentwickeln. Der Baum wird zum Gewächs aus Wurzeln, Stamm, Ästen, Zweigen und Blättern, und jede kleinste Faser trägt alle Aspekte der göttlichen Schöpfungsfreiheit in sich. Und ganz unten, irgendwo im Erdreich, wächst eine kleine Wurzel. Sie hatte es sich ursprünglich zur Aufgabe gemacht, in der Erde zu wachsen, um dem Baum Halt zu geben und ihm Nahrung zuzuführen. Aber diese kleine Wurzel hat nun vergessen, dass sie selbst ein Teil des Baums ist. Sie glaubt, der Baum wäre ihr Chef. Sie glaubt, sie sei allein unterwegs und kämpfe ums Überleben.

Diese kleine Wurzel entspricht in unserem Beispiel dem Menschen. Dein Höheres Selbst ist wie dieser Baum, er ist multidimensional. Es hat viele Aspekte, wir nennen sie Wurzeln, Äste, Blätter, Stamm usw., und alle erleben auf besondere Weise Wachstum. Die Wurzel bemüht sich um ihr eigenes Überleben. Anfangs meint sie, wenn sie abstirbt, sei alles zu Ende. Sie existiert im Dunklen, hat keine Übersicht, sieht kein Licht und denkt nur ans

Überleben. Die Wurzel erlernt alle Techniken des Überlebenskampfs. Wenn ihr eine andere, vielleicht schwächere Wurzel im Weg steht, glaubt sie, die andere Wurzel sei ein Gegner. Sie bekämpft sie und entzieht ihr die Kraft, um selbst stärker zu werden. Sie wird körperlich immer kräftiger, durchbohrt das Erdreich und lernt, wo die Erde besonders nahrhaft, mineralienreich und fruchtbar ist. Und es ist der Wurzel noch immer nicht bewusst, dass sie ein Teil des großen Baums ist und mit ihrem Wachstum dazu beiträgt, dass sich der Baum als Ganzes weiterentwickelt. Sie glaubt, sie sei „nur" eine Wurzel und würde sich die Lebenssäfte aus der Erde zum eigenen Nutzen holen. Sie weiß noch nicht, dass sie zwar selbst groß und stark wird, aber unbewusst die Lebenssäfte für einen höheren Nutzen zum Baum weiterleitet. Es ist ihr nicht klar, dass sie eine Wurzel und gleichzeitig dieser Baum ist.

Die Wurzel wird alt, und eines Tages stirbt sie. Bis jetzt dachte sie, mit dem Tod sei alles zu Ende. Beim Ableben verlässt sie den Wurzelkörper, und ihr wird plötzlich klar, dass sie nicht nur eine Wurzel war, sondern der Baum. Und sie erinnert sich wieder, dass sie mit einem Sonderauftrag unterwegs war, um mit einem eingeschränkten Bewusstsein im Erdreich zu wirken. Nun sieht sie auch, was sie in dieser Zeit im dunklen Erdenbereich hätte besser machen können. Sie ist traurig, dass sie die schwächeren Wurzeln so egoistisch aus dem Weg geräumt hat, und erkennt, dass die schwächeren Wurzeln auch ein Teil des Baums waren. Doch sie war rücksichtslos, weil sie glaubte, es ginge nur um dieses eine Überleben.

An diesem Lebensweg war nichts „falsch“, denn nur so konnte sie diese Erkenntnis erlangen. Das wird sie stark machen, denn sie wird es besser machen wollen. Und wieder inkarniert sie als Wurzel und beginnt als junger Strang im Erdenbereich neu zu wachsen. Wieder hat sie vorübergehend vergessen, dass sie nicht nur die Wurzel ist, sondern der Baum. Und sie hat auch vergessen, dass sie sich selbst diesen steinigen Boden ausgesucht hat, um mühevoll einen anderen kraftvollen Werdegang zu erlernen. Sie hat es nicht leicht, gegen die größeren und stärkeren Wurzeln anzukommen, und sie lernt dabei, wie sehr es schmerzt, so wenig Mitgefühl von anderen Wurzeln zu erhalten. Zufällig gibt es gerade hier so viele große Wurzelstränge, die ihr fast den Saft rauben. Und zufällig erlebt sie nun das, was sie früher übersehen und anderen Wurzeln zugefügt hatte. Dies entspricht dem geplanten Lernprogramm, das sie momentan jedoch als Ungemütlichkeit oder gar Ungerechtigkeit empfindet.

Zufällig passt alles perfekt zueinander, das Zusammenspiel auf allen Ebenen zwischen starken und schwächeren Wurzeln ist wie ein globales „Gerechtigkeits-Puzzle“, alle mitwirkenden Wurzeln erleben genau das Programm, das ihnen jeweils zusteht und das sie sich für das jeweilige Wurzelleben herausgesucht haben. Alle möglichen Aspekte vieler „Wurzelerfahrungen“ werden wirksam, und das komplexe Zusammenspiel unterliegt der Regie einer großen Seele, denn alle Teile sind Bereiche eines großen Ganzen, eines Baums. Global geht es um das Wachstum des Baums. Alle anderen Teile dieses Baums wie Blätter,

Äste und Zweige erleben ebenso ihre eigenen vielschichtigen Erfahrungen, und eine Ausführung dieser Geschichte würde den Versuch einer Erklärung des Unendlichen darstellen.

Doch wir bleiben bei unserem Beispiel mit der Wurzel. Diese inkarnierte Wurzel stirbt irgendwann wieder und erkennt danach, wo und wie sie in ihrem nächsten Wurzelleben das Lernprogramm verbessern könnte. Dann plant sie nach diesem Muster ein neues Erdendasein und startet ein weiteres Wurzelleben. Sie probiert neue Wege aus, lernt den Umgang mit verschiedenen Erdbeschaffenheiten, Härtegraden, verschiedenen Gesteinsarten und die unterschiedlichen Wirkungsweisen von Feuchtigkeit, Erde, Luft und Licht. Sie macht Erfahrungen mit Käfern, Würmern, Mäusen und anderen Pflanzen. Dazu inkarniert sie viele, viele Male. Es gibt keine Begrenzung in der Anzahl von Wurzelleben, sie darf es wiederholen, sooft sie es wünscht, und niemand schreibt ihr vor, was zu tun ist und welchen Weg sie zu gehen hat. Keiner gibt dazu Befehle, und es gibt keine Anordnungen, das einzige Gesetz ist die freie schöpferische Entscheidung innerhalb dieser einzigartigen göttlichen Spielregel. Also wählt sie immer wieder ein neues Leben aus der Sicht kreativer Schöpfungen. Dies wiederholt sie so oft, bis ihr während ihres vielfachen Wurzeldaseins klar wird, dass sie als Wurzel nur dazu existiert, der Gesamtheit des Baums dienlich zu sein. Sie kann sich jetzt als Wurzel lieben, denn sie liebt sich als Baum. Sie liebt die anderen Wurzeln, denn sie weiß, sie sind keine Gegner, sondern ein Teil von ihr. Das alles hat diese kleine Wurzel nun gelernt, und irgendwann stirbt sie wieder und sieht, dass sie alle Aspekte des Wurzeldaseins erlernt, als Wurzel Vollkommenheit erlangt hat und auch im dunklen Erdenbereich liebevoll wirken kann. Es ist nicht mehr ihr Wunsch, ein weiteres Mal als Wurzel zu leben, sie möchte sich neuen Bereichen zuwenden. Allerdings könnte es auch sein, dass sie ihr Wissen an andere Wurzeln weitergeben und auf dieser schwierigen Ebene noch einmal hilfreich tätig sein möchte, also inkarniert sie doch noch ein weiteres Mal und ist für andere Wurzeln der Helfer in der Not, die dann manchmal zu ihr sagen: Du bist wirklich ein Engel.

Irgendwann plant sie, gemäß dieser göttlichen Spielregel einen weiteren Schritt nach oben in das Gesamtbewusstsein als Baum zu wandern. Jetzt inkarniert sie als lebende Holzfaser im dicken Stamm dieses Baums. Es beginnt ein erneuter Lernprozess, und sie darf wieder viele Male inkarnieren, um das Leben einer Holzfaser in einem Baumstamm zu erlernen. Sie hat vergessen, dass sie schon einmal eine Wurzel war. Zufällig aber sitzt sie als Holzfaser dicht gedrängt neben anderen Holzfasern, die sie schon einmal kennenlernen durfte, als sie alle noch Wurzeln waren. Aber niemand erinnert sich. Die anderen Fasern haben dies auch vorübergehend wieder vergessen, und das Spiel beginnt aufs Neue, bis alle wieder gelernt haben, liebevoll miteinander umzugehen, weil sie irgendwann wissen werden, dass sie alle zusammen den Baum darstellen. Neue Erfahrungsebenen werden geplant, und der Teilaspekt dieses Baums, der schon einmal als Wurzel und dann als Baumstamm lebte, beschließt nun, als Zweig zu leben. Dies tut er wieder so lange, bis er als Blatt und später als Blüte weiterexistiert. Oder es geschieht in einer anderen Reihenfolge. Aber jedes Teilchen dieses Baums nähert sich der Vollkommenheit, was letztendlich die Vollkommenheit dieses Baums darstellt. Der Zeitaspekt bis dorthin ist gleich Null, wenn es auch auf uns wie 20 oder 200 Jahre wirkt.

Wir wissen inzwischen, dass Zeit nicht existiert. Alles geschieht in dieser nicht visionierbaren Gleichzeitigkeit. Die Zeit als vorübergehende Variante ist eine hilfreiche Illusion. Würde für uns Menschen Zeit nicht existieren, wären Bewegung, Wachstum, Fortschritt und Vergängliches nicht wahrnehmbar. Nach dem Ableben ist Zeit nicht mehr wirksam und wird auch nicht mehr notwendig. Und es gibt keinen Raum mehr, in dem sie wirken könnte.

Aber der Mensch kann sich in seiner irdischen Zeit darin üben, den Zeitaspekt vorübergehend auszuschalten. Dies geschieht mit der sogenannten Empfindung des „Hier und Jetzt". In einem meditativen Zustand bewegt man sich mit seinen geistigen Computerdaten an die Schnittstelle der Gefühle. Ein solcher Moment ist ein zeitloser Zustand. Er bedeutet eine hohe Empfindung des Glücks und kann mit einem besonderen Gefühl in der Bauchgegend nachempfunden werden. Hier erinnere ich an die dargestellte Meditationsweise, wonach durch gezielte Atmung dieser Zustand herbeigeführt werden kann.

Wenn unser Baum im Beispiel den Zustand der Vollkommenheit erreicht hat, beginnt die Schöpfungsidee weiterzuwirken. Also wünscht sich der Baum, mehr zu sein als nur ein Baum und schließt sich der göttlichen, schöpferischen Unendlichkeit an. Das könnte bedeuten, er würde im Kosmos eine erweiterte neue Position einnehmen und als ein anderer Baum neu anfangen und neue kreative Formen und Figuren wählen. Oder er könnte ein Tier werden. Oder ein Mensch. Oder irgendetwas anderes. Die Unbegrenztheit der Schöpfungsidee gestattet alles, aber es wäre immer nur ein kleiner Ausdruck der gesamten schöpferischen Freiheit im Universum.

Uns bleibt die Frage nach dem Zufall, dessen Verlauf vielleicht logisch erscheint, wenn wir uns im weltlichen Denken nicht einschränken. Und wenn der Zufall im Gefüge vieler Bewegungen in unser irdisches Leben hineinspielt, könnten wir uns immer daran erinnern, dass andere Aspekte unserer Wesenheit ebenso tätig sind und kraftvoll in anderen Ebenen wertvolle und nutzbringende Erfahrungen sammeln. Der Zufall als Überraschungsmoment ist die witzige Präsentation der Gleichzeitigkeit im Gefüge der Dinge. Und so lange uns Zufälle noch überraschen, sind wir noch erstaunt über die gedankliche Vorstellung, dass Zeit nur eine vorübergehende Illusion ist. Wenn wir uns mit der abstrakten Vorstellung anfreunden, dass der Mensch sehr viel mehr ist als sein fleischlicher Körper und dass die Energie seines Höheren Selbst im Unsichtbaren agiert, kommen wir der Möglichkeit näher zu verstehen, was der Ausdruck von Multidimensionalität bedeuten könnte.

Wer diesen gesunden Weg gehen möchte, kann sofort beginnen, auf unvorstellbare Kraftreserven zurückzugreifen. Kreative Menschen tun das ständig, indem sie über die Zufallsstruktur von Gedanken den Ausdruck ihrer Kreativität finden. So entstehen Formen, Farben, Klänge, Dichtungen und vieles mehr. Doch alle diese Schöpfungen sind nicht in einem Gehirn eines dreidimensionalen Menschenkörpers entstanden. Die vielen Zufälligkeiten, Umstände und Fügungen, die dem Entstehen der künstlerischen Schöpfung vorausgehen, sind das intelligente Zusammenspiel vieler Ebenen der menschlichen Natur. Unser kleiner Menschenkörper mit dem noch viel kleineren Gehirn reagiert nur auf die Impulse der anderen, unsichtbaren Anteile seines Selbst. Und weil wir nicht alleine und isoliert im Universum stehen, sondern mit vielen Bereichen unseres unsichtbaren Selbst kommunizieren und uns gleichzeitig mit anderen Wesenheiten des Universums austauschen, können wir erstaunt zur Kenntnis nehmen, dass möglicherweise künstlerische Eingebungen, Gedankenblitze, großartige Einfälle und umwerfende Ideen nicht nur aus unserer eigenen schöpferischen Küche kommen. Unser Höheres Selbst empfängt und gibt, wir sind als Erdenmenschen kleine fleischliche Nutznießer einer unüberschaubaren Intelligenz und freuen uns wie kleine Kinder über so manchen spontanen Einfall, der uns als Gedankenblitz erreicht.

Kreative Menschen verstehen es besonders gut, schöpferische Impulse zu empfangen. Es spielt keine Rolle, woher diese Einfälle eigentlich kommen. Keiner fragt danach, ob eine gute Idee vom Höheren Selbst oder von einer anderen Wesenheit zugespielt wurde. Wir nehmen dies genauso wie die allgemeine göttliche Schöpfung als gegeben hin. Es bedarf keiner Urheberforschung, denn die Natur lässt sich auf kein Urheberrecht festlegen.

So entstehen künstlerische Schöpfungen, deren Ursprung wir aus dem Kosmos dankend annehmen dürfen. Große Kompositionen, Dichtungen, bildende Ausdrucksformen, viele künstlerische Leistungen und kreative Erfindungen und alle Eingebungen, die die Welt veränderten, kamen aus diesem unsichtbaren Bereich. Es scheint so, als ob wir in Dankbarkeit das Zusammenspiel der schöpferischen Kräfte verwerten dürften. Großartige Gedanken werden uns zugespielt, als ob man uns von der anderen Seite ständig helfen wollte. Es sieht so aus, als hätten wir Unmengen von Befürwortern, die uns permanent zur Seite stehen und kreativ mitwirken.

Das kommunikative Wechselspiel vieler Wesenheiten bestimmt die Schöpfungskraft Einzelner. Der Mensch ist ein Individuum, er entscheidet selbst, welche Ideen und Eingebungen er verwertet oder ignoriert. Intuitionen sind niemals zufällig, sondern jederzeit gegeben und als Energie vorhanden. Der Kreative greift hier ins Volle, und Künstler scheinen stets mit den Ereignissen zwischen Himmel und Erde zusammenzuarbeiten. Die Urheber, die auf liebevolle Weise Eingebungen senden, stehen uns sehr nahe und leisten unendliche Liebesdienste. Es ist unwesentlich, ob wir sie Lichtwesen, Engel oder anders nennen. Sie sind die kraftvollen Freunde von der anderen Seite, ohne die unser Leben unvorstellbar wäre. Wenn wir ihre Nähe akzeptieren oder sie gar um „Mitarbeit“ bitten, fördern wir das Zusammenspiel. Das bedeutet gesteigerte Kreativität. Also können wir uns in unserer künstlerischen Arbeit oder für das normale Alltagsgeschehen darauf einstellen, dass es jemanden gibt, der uns hilft. Viele Künstler sind davon überzeugt, dass die erbrachte Leistung das Ergebnis ihres Talentes sei. Doch Talent ist scheinbar nur das Wort für die sichtbare Auswirkung einer engen Zusammenarbeit mit der anderen Seite. Der Künstler ist das Werkzeug der Natur.

Wer unter Zeitdruck regelmäßig Manuskripte schreibt (zum Beispiel für eine TV-Serie usw.), könnte gefragt werden: „Gehen dir nie die Ideen aus?" Und der Autor würde antworten: „Nein, es werden immer mehr!" Die Quelle ist unbegrenzt und unerschöpflich, sie ist das Phänomen unserer kreativen Natur.

Nun betrifft dies nicht nur künstlerische Eingebungen. Jede Art von Tätigkeit – im Alltag, im Beruf, in der Freizeit – wird von Eingebungen begleitet. Jeglicher Gedankengang zum Zweck einer praktischen Ausübung, jeder Impuls, auch wenn er unbedeutend erscheint, hat eine begründete Ursache. Manche Menschen haben immer zufällig im richtigen Moment die richtige Idee. Sie sind Glückspilze, weil sie von besonders aktiven Helfern umgeben sind. Wer viele Talente besitzt, arbeitet mit einer ganzen Schar von Begleitern zusammen.

Es genügt, allgemein um Hilfe zu bitten. Dabei muss kein spezielles Wesen angesprochen werden, denn die Wesenheiten sind miteinander vernetzt, sodass Wünsche und Nachrichten immer die richtige Adresse erreichen. Erfolgt der Wunsch im Zustand der inneren Ruhe oder während der friedlichen Haltung einer Meditation, ist die Kanalisierung bedeutend einfacher, und unsere Gedanken werden besonders liebevoll befördert. Wenn sich kein Schritt in der gewünschten Richtung zeigt, hat nicht das verantwortliche Geistwesen versagt, sondern der erhoffte Erfolg würde vom Lebensplan abweichen, und ein solcher Weg wäre nicht sinnvoll. Auch das ist hilfreich. Die Qualität der Zeit steht nicht zur Verfügung.

Wir können auf alles einwirken, wir können alles mental beeinflussen, wir können alles verändern, nur eins nicht: die Zeit. Wir können nicht den Zeitverlauf beeinflussen, bis es zum erwünschten Ergebnis kommt. Dies betrifft zum Beispiel Heilungen oder positive Veränderungen in einer Gesellschaftsstruktur – wir können sie veranlassen, aber keinen Termin setzen, bis wann die Heilung erfolgt sein soll. Alles ist beeinflussbar, nur die Zeit nicht. Die Zeit ist die offene Variante, wie auch der Raum (zum Beispiel bei einer Fernheilung). Diese Regelung betrifft selbstverständlich nicht terminliche Ereignisse wie das Geschäftsgespräch morgen um 10.00 Uhr oder die Fahrschulprüfung übermorgen, hier ist unser Impuls auf eine Situation gerichtet, die in der Zeit bereits eingebunden ist.

Die Struktur des Zufalls ist eine äußerst umfangreiche Spielwiese der Geschehnisse und könnte in der Analogie unserer Sprache in Tausenden von Buchseiten erklärt werden, ohne dass darin die Grenzen aller Wahrheiten erreicht werden und auch nur eine gewisse Ähnlichkeit des Gesamtbilds in seiner Perfektion aufgezeigt wird. Darum darf in Beispielen und Vergleichen gesprochen werden.

Das Verstehen lässt sich nicht mit einem Lernprogramm erzwingen oder per Intensivkurs schlucken. Es beginnt im Kleinen, im Einfachen, und wächst dann von selbst. Die einfachen Formen beinhalten schon alle Wahrheiten. Es ist deshalb nicht wichtig zu verstehen, wie sich Unendlichkeit darstellen lässt. Unendlichkeit lässt sich eher als Gefühl erfassen und bedarf keiner Erklärungen. Die Ausläufer dieser Unendlichkeit sind die witzigen Impulse der Gegenwart, in der zufällig alles richtig kommt und entsteht. Die Struktur des Zufalls ist keine mathematische Formel und nicht berechenbar nach den Maßstäben unserer wissenschaftlichen Beweisführung. Sie beinhaltet eher alle Varianten der Unendlichkeit. Der Zufall als Gesamtereignis passt nicht in unser übliches Denkschema. Ähnliche Muster einer anderen Logik sind uns nicht vertraut. Unser Gehirn ist ungeeignet, das Ganze zu erfassen, unsere Gefühle können dem jedoch wesentlich näherkommen. Unendlichkeit ist die Sprache der Gefühle. Unsere Existenzform ist dafür ausgelegt, die Dinge so zu nehmen, wie sie kommen. Es gibt nur den Moment. Hinter jedem einzelnen Moment steht die Unendlichkeit, die in Gefühlen stattfindet. Überraschungen dürfen wir weiterhin als Zufall bezeichnen.

Wer das multidimensionale Gesamtereignis in der ganzen Tragweite von Unendlichkeit auch nur annähernd als Gefühl definieren und empfinden kann, fragt nicht nach Gott. Man sucht nicht mehr nach Gott, denn man weiß, was Gott bedeuten könnte. Hier findet die Ruhe statt und ein Geschehenlassen in der jeweiligen Qualität der Zeit. Die eigentliche Definition ist der wortlose Moment. Die innere Erkenntnis bedeutet die Definition außen, denn innen ist wie außen. Veränderungen finden nicht außen statt. Revolutionen haben auch nie außen stattgefunden. Wirkliche Revolution kann nur innen geschehen. Außen geschieht es von selbst. Außen ist nur der Spiegel des inneren Standes. Jeder, der nach außen schaut und an anderen Kritik übt, schaut in einen Spiegel und kritisiert sich selbst. Das Zufallsereignis ist auch nur der Spiegel des Inneren, also spielt sich der eigentliche Zufall innen ab. Zufällige Begegnungen mit anderen Menschen sind unser Spiegel von Gefühlen und Gedanken. Die Geschehnisse außen sind nur die Bewegung des Inneren. Was wir außen sehen, ist nur eine Täuschung unserer Wahrnehmung. Wir erleben unsere eigenen Projektionen. Es sind die Spiegel, die wir benutzen könnten, um uns zu sehen, wie wir wirklich sind: Wenn wir uns zu ernst nehmen, werden wir immer nur den „Ernst der Lage“ empfinden, und wenn wir uns selbst belächeln, werden wir unseren Humor nach außen tragen.

Die Struktur des Zufalls ist nur ein Wortspiel. Wir sind Kinder und sollten beginnen, es zu spielen.

Gott sind wir selbst

Auf der Suche nach Gott hatten alle Kulturen seit Menschengedenken die vielschichtigsten Erkenntnisse. Je mehr Menschen über Gott nachdachten und sich auf die geistige Suche machten, umso mehr Ideen zu göttlichen Zusammenhängen wurden geboren. Religionen wurden formiert und reformiert, gespalten und kriegerisch bekämpft. Es diente dem guten Zweck, Gott zu finden. Doch dieser Gott schaute scheinbar gefühllos dem Geschehen zu und mischte sich nicht ein. Er ließ die Menschen gewähren. Über Jahrtausende probierten sie unzählige Wege aus, um diesen Gott zu finden. Und weil sie ihn so gründlich suchten, wurde vor lauter Enthusiasmus vielen Unschuldigen großes Leid zugefügt, die Lehren wurden dogmatisch, aber die Welt änderte sich nicht.

Wir kommen frisch geboren auf der Erde an und wissen eher wenig über das Leben, über Spiritualität und oft nicht, was Menschlichkeit bedeutet. Die Menschen suchen eine Orientierung, und Hilfe wird vielfach angeboten, von traditionellen Religionen bis hin zu organisierten Gruppen, die eher nicht das Gute bezwecken. Sie alle haben etwas gemeinsam: Sie bieten Glaubenssätze an – Glaubenssätze als Lehre des Lebens, die dazu beitragen sollen, das Leben zu verstehen. So klammern sich viele Menschen an vorgegebene Glaubenssätze und richten danach ihre Zeit aus, je nach Gesinnung – vom Priester bis zum Geldfälscher. Ihr Handeln ist der Ausdruck ihrer Denkweise, und sie glauben, dies sei der einzige Weg und somit richtig.

Wenn sie sogenanntes „Böses“ anrichten, sind sie deshalb nicht wirklich böse, sie „wissen“ nur nicht. Niemand ist wirklich böse, er ist nur nicht wissend.

Die Menschen weiteten mittels kreativer Gedanken ihre Glaubenssätze mit entsprechenden Ideen aus, die das jeweilige Religionsthema bestärken und belegen sollten, mystische Geschehnisse oder biblische Wunder waren der Ausdruck ihrer erzeugten Realität. Dennoch findet mit jedem unguten Gedanken in uns eine gewisse Ungemütlichkeit statt, denn Harmonie sieht anders aus. Die Ungemütlichkeit aber findet nicht statt wegen eines „bösen Gedankens“, sondern weil wir uns in den scheinbaren Grenzbereich der göttlichen Schöpfung hineinbewegen. Es sieht so aus, als wollten wir hier erforschen, wie weit sich die Schöpfung ausdehnt und wo sie aufhört. Gibt es überhaupt einen solchen Grenzbereich?

Die Auswirkungen „ungöttlicher Taten“ können den Suchenden vorübergehend schwächen, aber zeitlos betrachtet ist auch dies eine selbstgewählte Form von Wachstum innerhalb der Göttlichkeit. Aus Wohlstand und weltlicher Macht als höchste Trophäe der „abendländischen Jagd“ formieren sich lehrreiche schöpferische Vorbestimmungen. Viele karmische Zusammenhänge sind vorgegeben, was in diesen Zeiten spürbar wird. Die Qualität der Neuen Zeit ist ein besonderer Ausdruck dieser göttlichen Spielregel und fordert deutlich ein Umdenken.

Viele wissen längst, dass die Zeitenwende eingetreten ist und erkennen schon lange die Veränderungen. Doch sie reagieren oft ängstlich, sorgen sich um Wohlstand und

Lebensstandard, haften an Vergänglichem und können nicht loslassen. Sie haben den Weg des Einfachen vergessen, einfach und frei von vergänglichen, veralterten Glaubenssätzen.

Das Klammern an Vergangenem beginnt schmerzhaft zu werden, die weltlichen Probleme werden damit nicht geringer. Doch wozu das Spiel? Hat Gott so viel Spaß am unharmonischen Weltgeschehen, oder haben wir unseren Gott bis jetzt falsch eingeschätzt?

Wir haben gelernt, unsere herkömmlichen Vorstellungen zu überprüfen und mit Gedanken neue Realitäten zu erschaffen. Wir haben die Kraft der Imagination ausprobiert. Wir haben Veränderungen veranlasst und positiv die Richtung beeinflusst. Wir kennen den Umgang mit feinstofflicher Materie und die heilsame Anwendung. Wir haben alles ausprobiert und getestet, was wir früher nicht für möglich gehalten hätten. Wir haben unsere Vorstellung von Gesetzmäßigkeiten gebrochen und unsere Unbegrenztheit erfahren. Wir wissen, dass wir mehr sind als nur Menschen aus Fleisch und Blut, und wir können mit unserem neuen Wissen die multidimensionale Reichweite des Gesamtgeschehens beeinflussen. Wir alle zusammen sind die Dirigenten einer unvorstellbaren Gesamtharmonie. Wir sind mit dem neuen Bewusstsein zu vielem fähig und erreichen nahezu alles, wenn wir es geistig entstehen und zur Realität werden lassen. Wir wissen, dass alles in Bewegung ist, auch die scheinbar feste Materie. Wir wissen, dass Materialisierung das Ergebnis der geistigen Schöpfung ist. So dürfen wir beginnen, an der Bewegung aktiv mitzuwirken. Es ist wie eine ständige Drehbewegung, ebenso wie bei Sonne und Mond. Wir dürfen an der Drehung teilhaben, wie es wohlwissend die tanzenden Sufis seit 800 Jahren praktizieren. Sie drehen sich während des religiösen Rituals viele hundert Male und stehen in der Bewegung der Sterne und des Kosmos. Eine Hand erhält von oben die Energie, mit der anderen Hand gibt der Sufi dies an die Menschheit weiter.

Wir werden von der Natur lächelnd aufgefordert, diese Gesetzmäßigkeit zu nutzen und im Gleichklang zu agieren. Im Gleichklang mit Natur und Kosmos entstehen keine Krankheiten wie Krebs oder Tumore. Der gesunde Austausch feinstofflicher Harmonie ist das endlose Geben und Nehmen dieser göttlichen Kraft, die wir mit dem einfachen Wort „Liebe“ umschreiben. Überall ist dieses Gesamtbewusstsein eingepflanzt, alles Lebende ist von göttlichem Wissen. Gott ist Alles-was-ist. Alles ist göttlich. Alles-was-ist ist eine in sich unvorstellbar geniale Idee. Es ist die Gesamtenergie, die wir Gott nennen. So ist Gott die geniale Idee, die sich durch die endlose Schöpfung mit sich selbst multipliziert. Schöpfung ist Geist, und alles was Geist ist, nimmt an der Schöpfung teil. Wir nehmen ebenso an der Schöpfung teil, indem wir in jedem Moment des Seins Neues entstehen lassen, zuerst im Gedanken, oft in Worten und Taten, bis hin zum materiellen Erzeugnis. Schöpfung bedeutet unbegrenzte Kreativität, frei von Raum und Zeit. Daraus entstand die Natur als konkretes Teilerzeugnis der genialen Idee „Gott“. Die Natur und der gesamte Kosmos erweitern und multiplizieren sich ständig selbst, und kein Moment ist wie der vorherige. Jedes daraus hervorgehende weitere Produkt beinhaltet die gleiche Energie aus der Ursprungskraft. So befindet sich in allem Bestehenden der gleiche göttliche Schöpfungsaspekt. Alle Erzeugnisse der göttlichen Idee sind genauso produktionsfähig wie die Gottesenergie selbst. Genau das ist das Geniale der Idee von Göttlichkeit. Jedes daraus hervorgehende Erzeugnis ist nicht minder fähig, schöpferisch tätig zu sein oder neue Welten zu erschaffen. Die Natur denkt darüber nicht nach, nur wir Menschen glauben, dies alles sei nicht möglich. Der Mensch begrenzt die Dinge, seine Gedanken begrenzen seine Wirklichkeit. Doch wir Wesenheiten „Mensch" tragen in uns den gleichen Ursprung – mit der Kraft göttlicher Schöpfungsmöglichkeiten. Wenn wir uns erinnern würden, wozu wir fähig sind, wären wir nicht mehr so ernst und traurig. Wir würden unsere Erde und die Atmosphäre retten und unsere göttliche Welterscheinung fröhlich fortpflanzen. Wir könnten grenzenlos agieren und würden dabei immer stärker werden. Jeder Einzelne von uns kann Welten entstehen lassen und weitere liebevolle Wesen erschaffen, wenn wir dies mit unseren Gedanken wollen.

Innerhalb der weltlichen Sichtweise werden wir unsere Schöpfungen nicht immer wahrnehmen beziehungsweise wahrhaftig sehen können, aber es geschieht dennoch real in einer anderen Ebene des Seins. Damit entfernen wir uns nicht von Gott, sondern kommen seiner Idee sehr nahe, weil wir durch Kreativität und Schöpfung seine Idee und damit die Ur-Energie weitertragen. Das ist der göttliche Stoff, aus dem wir alle sind. Wer von sich glaubt, nicht göttlich zu sein, darf seine Göttlichkeit ausprobieren und beginnen, im Umgang mit Natur, Mensch und Tier göttlich zu leben. Wir könnten im Sinne von Gott vollkommene Göttlichkeit ausstrahlen. Jeder Mensch kann sofort testen und erfahren, wie es ist, göttlich zu sein. Jeder kann unverzüglich beginnen, wie Gott zu handeln. Es wird sich sofort alles verändern, und das Göttliche wird in unerwarteter Form im Inneren und Äußeren in Kraft treten.

Kein Gesetz sagt, dass wir uns nicht wie Gott verhalten und im Glanz der Liebe tätig sein dürfen. Wir meinen, wir müssten uns „nur" wie Menschen aufführen. Wir dürfen und sollen die geniale Idee der göttlichen Kreativität fortpflanzen, falls wir sie verstehen und anzuwenden wissen. Wir sind wahrhaftige kleine Götter, die momentan in ihrer derzeitigen Wachstumsphase den Umgang der genialen Gottesidee noch nicht ganz erlernt haben, die aber alle Voraussetzungen bereits in sich tragen – und schon immer in sich getragen haben. Die Qualität der Zeit wird dem Einzelnen die Augen öffnen, denn wir sind alle aus dem Stoff der Göttlichkeit. Mit seinem Verhalten hat jeder für sich den persönlichen Weg der Erfahrung gewählt, dennoch sind wir alle zusammen Göttlichkeiten, jeder trägt diese Genialität in sich. Dies ist die große Wahrheit, die jeder Mensch auf seinem spannenden Weg erkennen darf. Doch wie gehen wir diesen Weg? Wir sprechen von Göttlichkeiten und ungeklärt bleibt, wer der geniale Chef ist.

Es ist spannend, denn es sind unsere Gedanken, die im göttlichen Sinne einen ziemlich kreativen Job übernommen haben. Alle religiösen Bewegungen verehrten oder verehren den großen Unbekannten oder die Sonne, den Donner, oder Gott – in Ausrichtung einer spirituellen Kollektivorientierung durch Gebet, Andacht oder andere Rituale. Daran klammern sich Suchende in ihrer Hilfslosigkeit, weil es bequem ist und zu einer gewissen Geselligkeit beiträgt. Aber wir wissen es nicht. Wir werden mit dieser Regelung unserer Glaubenssätze immer „nur" glauben und nicht wissen. Über welchen Gott unterhalten wir uns hier? Ist er in dieser Beschreibung weiterhin der globale große Unbekannte? So würden wir hier weiter steinalte Glaubenssätzen benutzen und nach Regelungen suchen, die weitere Glaubensformen erzeugen. Aber wir könnten auch mit unseren schöpferischen Gedanken die komplette Situation verändern.

Gott ist eine undefinierte Größe an genialer Energie. Für die weitere Definition dieses überaus schwierigen Themas einigen wir uns auf eine abstrakte Form, die verständlich bleibt und möglichst alle bisherigen Glaubensformen beinhaltet. Wenn wir den globalen multireligiösen Gott als riesig große „globale Energie aus Liebe und Intelligenz" benennen, versuchen wir, mit dieser Symbolik möglichst keine religiösen Glaubensrichtungen auszuschließen und meinen damit im höheren Sinn alle dasselbe. So existiert diese „globale Energie aus Liebe und Intelligenz", natürlich sucht unsere Vorstellungskraft eine visuelle Orientierung. Um dieser abstrakten Erklärung zu entsprechen, stellen wir uns eine riesige Kugel aus Licht und Energie vor. Diese Kugel ist die Quelle für alles, sie beinhaltet alles, was existiert. Die Kugel aus Licht und Energie besteht aus zig

Zentilliarden Einzelteilchen (dies ist nur eine Beispielszahl, weil mir keine höhere einfällt), und jedes einzelne dieser Teilchen besteht ebenso aus purer göttlicher Energie. Jedes Teilchen kann all das, was die globale große Kugel auch kann. Jedes dieser Teilchen hat alle göttlichen Fähigkeiten. Alle zig Zentilliarden Einzelteilchen haben die gleiche unbegrenzte Fähigkeit, und zusammen bilden sie die große „globale Energie aus Liebe und Intelligenz“.

Es gibt nichts, was diese Einheit trennt (außer vorübergehend die eingeschränkte Haltung von Erdenmenschen), die von dieser Vielzahl leuchtender Splitter in Liebe getragen wird. Alle diese Splitter sind gleichwertig, alle beinhalten Leuchtkraft und dieselbe Erbfunktion als ein kreatives Miniteilchen Gottes. Jeder Splitter hat sich eine eigene Ausdrucksform von Göttlichkeit ausgedacht, doch keiner dieser Splitter ist mehr oder weniger wertvoll als andere, nur ihre Ausdrucksformen sind unterschiedlich. Einige Milliarden Lichtsplitter haben sich als Kreaturen auf der uns bekannten weltlichen Plattform niedergelassen, andere haben sich andere Welten mit anderen Aufgabenstellungen geschaffen, die unser menschliches Vorstellungsvermögen nicht erfasst. Wieder andere Arten von Materialisierungen, Verdichtungen aus Gasen, feinstoffliche Teilchen, harmonische Schwingungen oder mathematische Elemente sind die Basis für andere Lebensformen. Die irdische Schwingungsanzahl ist dagegen niedrig, da die Materialisierungsdichte mit der damit verbundenen Aufgabenstellung auf der Erde zu tun hat, so entstand auch der Begriff von Raum und Zeit, der nur hier Gültigkeit hat.

Alle diese Welten wurden aus der göttlichen Feinstofflichkeit erschaffen. Alle göttlichen Splitter sind vertraut miteinander und kennen sich aus der hohen Ebene des göttlichen Ausgangspunkts. Im unendlichen Austausch von Liebe war nur der Zustand des grenzenlosen Friedens bekannt. Die Splitter aus Göttlichkeit kannten nur das göttliche Selbst, das wiederum alle Varianten der Schöpfung beinhaltet.

Und hier bekommt der Begriff „Gottes Schöpfung ist unendlich“ wahre Bedeutung. Diese vielen göttlichen Teilchen nennen wir hier vereinfacht „Lichtseelen“. Alle „Lichtseelen“ sind unterwegs, um göttliche Ideen zu realisieren. So bildeten sich unter den Lichtseelen auch Interessengruppen und Arbeitsgemeinschaften, um speziellere göttliche Ideen umzusetzen. Und es bildete sich eine Gruppierung, die sich eine besondere Aufgabe vornahm. Es ging in höchster kreativer Schöpfungskraft um die Frage: Wie weit kann man sich von Gott entfernen, und bis wohin bleibt es göttlich? Milliarden von Lichtseelen wollten in Freude an diesem Forschungsprojekt teilnehmen, um auf diese schwierige Weise die Unendlichkeit der Schöpfung darzustellen. Für das Projekt wurde eine Bühne aus dreidimensionaler Materie geschaffen, die sie Erde nannten. Die Lichtseelen mussten für ein Dasein auf der Erde zuerst konfiguriert werden, da sie in ihrer Feinstofflichkeit die niedrige Schwingung der materiellen Welt nicht ertragen würden. Wenn wir Menschen den Mond betreten, benötigen wir einen Raumanzug zum Überleben. Genauso benötigten die Lichtseelen einen Raumanzug, um geschützt in die reduzierte Wirklichkeit der weltlichen Dimensionen einzutauchen. Und das ist geschehen. Somit war das Experiment gestartet. In der „paradiesischen“ Anfangszeit erkannten sich die Lichtseelen noch immer als Göttlichkeiten, ihr weltliches Dasein war ein dankbares Geben und Nehmen. Alle gingen liebevoll miteinander um, denn sie waren ja Göttlichkeiten. Doch mit der Zeit änderte sich das. Sie vernahmen immer weniger ihren göttlichen Ursprung und erkannten sich nur noch an ihren menschlichen Körpern – den weltlichen Raumanzügen.

Sie vergaßen immer mehr, wer sie eigentlich waren, und unterlagen weltlichen eingeschränkten Denkmustern. Dann kam der berühmte Tag, an dem das Karma erfunden wurde, sagen die einen. Die anderen nennen es Sündenfall. Es war der Tag, an dem erstmals eine Lichtseele zu einer anderen einen Negativimpuls aussendete. Der Mensch sagte zum anderen etwas weniger Nettes – und gab somit eine Bewertung ab. Vielleicht war es ein gesprochenes Wort, ein Gedanke oder eine Tat. So entstand die Bewertung als Ausgangspunkt unseres dualen Denkens zwischen „Gut“ und „Schlecht“, und damit eine vollkommen neue Situation. Bisher gab es im Göttlichen kein Gut oder Schlecht, es gab Bewertungen überhaupt nicht, weil sie nicht notwendig waren. Aber jetzt erkannten sich die Lichtseelen nur noch an ihren fleischlichen Raumanzügen in Denkmustern wie Menschen. Bewertungen bilden die Grundlage für eine bis heute anhaltende Gesetzmäßigkeit, die wir derzeit immer noch Karma oder Sünde nennen. Der biblische Apfelbiss hat einen interessanten Langzeiteffekt.

Ich spreche von den vielen Lichtwesen, die derzeit hier herumirren. Gemeint sind die Menschen, die immer noch glauben, wir wären hier, um Spiritualität zu erlernen. Aber es ist umgekehrt, wir sind spirituelle Wesen, und wir sind hier, um Menschlichkeit zu erlernen. Das haben wir vergessen und widmen uns den weltlichen Gesetzmäßigkeiten und den Glaubenssätzen des jeweiligen Zeitgeistes.

Nun könnte ich an dieser Stelle vorschlagen: Versuchen wir doch, uns wieder an unsere göttlichen Fähigkeiten zu erinnern. Aber das funktioniert so scheinbar nicht. Und mancher wird vielleicht denken: „Soll dann jeder hier Gott spielen dürfen?" Ich würde antworten: Ja, warum denn nicht? Was würde dies bedeuten? Die menschlichen Wesen würden beginnen, endlose Liebe zu geben und hätten gute, schöpferische Gedanken ohne jegliche Bewertungen. Sie würden wie göttliche Lichtseelen liebevoll miteinander umgehen und Orte in Licht und Liebe hinterlassen. Dies könnte auf Erden in gleicher Seeleneintracht geschehen wie einst am göttlichen Quellpunkt, von dem wir kommen. Wir sind selbst die kreativen göttlichen Schöpfer dieser Weltidee, die noch immer nicht wirklich erforscht, bewältigt und abgeschlossen ist.

Unsere Gedanken sind der Spielball der heiligen Absicht, um am entferntesten Ort der Schöpfung zu erfahren, dass es im tiefsten Grenzbereich jenseits der Gottesidee noch immer göttlich ist – weil alles der göttlichen Idee entspringt. Die direkten Träger des Experiments sind wir selbst, Lichtseelen mit Raumanzügen aus Fleisch und Blut. Nun aber Gott spielen? Ist das nicht auch nur ein weiterer Glaubenssatz? Selbstverständlich ist dies auch ein Glaubenssatz, aber ein ziemlich interessanter. Mit dieser Haltung würden wir niemals Schaden anrichten und niemandem Leid zufügen. Und es ist keine neue Religion, sondern der Glaubenssatz, mit dem wir nicht religiös ein höheres Wesen „anhimmeln", sondern das Geschehen selbstverantwortlich in die Hand nehmen.

In Orientierung an den Glaubenssatz „Gott bin ich selbst" erzeugst du gedankliche Energie in höchster göttlicher Absicht. Das hat nichts damit zu tun, als Gott über andere herrschen zu wollen, das wären nur weltlich unreife Gedanken. Es geht eher darum, hier ein Klima zu schaffen, das dieses heilige Kollektiv der Seelenfreunde in göttlicher Eintracht erkennen lässt. Unvorstellbar?

Vielleicht denkst du jetzt: Das kann nicht sein! Dann würdest du deine Realität bereits einschränken, während ich mit dem Glaubenssatz, ein Wesen aus purer Göttlichkeit (zur Zeit mit Raumanzug) zu sein, dieses intensiv schöne Gefühl in meinem Solarplexus empfinden darf.

„Gott sind wir selbst" würde bedeuten, dass wir uns selbstverständlich auch selbst heilen können. Dies lehrt uns seit jüngster Zeit die Quantenphysik. Es ist dargestellt, dass über Gefühlsstrukturen Heilung geschieht. Der Quantenphysiker Gregg Braden ist einer der Vertreter der „Neuen Wissenschaften", und glaubt man ihm, erhalten die Worte „Gott bin ich selbst" aus wissenschaftlicher Sicht eine ziemlich konkrete Bedeutung. Derzeit glauben viele, nur Heiler könnten heilen. Aber jeder kann heilen. Das weiß intuitiv jede Mutter, die ihre Hand auf das schmerzende Knie ihres Kindes legt. Aber Heilung bedeutet auch, dem „Heiligen“ näherzukommen, heil zu sein, um die Gesamtheit wie ein göttliches Seelenwesen zu empfinden.

Gott sind wir selbst – was hindert uns, diesen Glaubenssatz bedenkenlos anzuwenden? Wenn du sagst, das ist sehr schwierig, hast du recht, denn mit diesen Worten hast du bereits ein weiteres Mal deine Realität beeinflusst, und dann ist es wirklich schwierig.

Wenn du meinst: „Jeder kann Gott sein? So etwas darf nicht sein!“, wird dieses Ereignis in deiner Realität ausgeblendet, und vielleicht merkst du gar nicht, wie um dich herum die Wesen immer göttlicher werden. Es sind unsere Glaubenssätze, die die Wahrnehmung beeinflussen.

Was müsste ich nun tun, um meine eigene Göttlichkeit zu empfinden? Die Spielregel ist kurz und einfach: Beginne in jedem Menschen den göttlichen Aspekt zu sehen, und du wirst dich vollkommen verändern. Beurteile nichts mehr in „Gut“ und „Schlecht“. Gehe mit anderen Wesen gut um – in Gedanken, Worten und Taten – und verlasse keinen Ort in Scherben. Mehr brauchst du nicht zu befolgen, darin steckt dein ganzes Wissen, das du bis dahin erlangt hast, ein Wissen um eine „höhere Richtigkeit“, die wir selbst erschaffen haben, um diese große göttliche Idee zu realisieren.

Empfinde wie (ein) Gott, denke nicht darüber nach, ob du Gott bist, sondern sei es einfach. An Gott ist nichts Falsches, du kannst nichts Falsches tun. Du wirst immer fair, gerecht und hilfsbereit sein und in Liebe handeln, deine weltlichen Fähigkeiten werden ins Unermessliche steigen. Du bist eines dieser leuchtenden Teilchen aus Göttlichkeit. Frage nicht nach Gott, denn du bist es selbst, du erkennst es nur derzeit nicht. Du könntest eigentlich alles bewirken, was Gott auch kann, denn das Göttliche bist du selbst. Und genau das ist ja unser Experiment, auf das wir uns ursprünglich alle lachend eingelassen haben. Es ist wie ein Spiel, und es gibt niemanden über dir, der für dich die Dinge entscheidet. Es gibt keinen Chef, du bist der Chef für dich in deinem Leben. Also wenn du Gott sein möchtest, dann sei es einfach, es ist richtig so. Du kannst jederzeit hell zu strahlen beginnen, wenn du es mit deinen Gedanken möchtest. Lass uns mit dem Spiel beginnen.

So entstand diese schöpferische Weltidee. Scheinbar haben wir diese Aufgabe unterschätzt, denn unsere Gedanken haben bekanntlich nicht nur konstruktive Formen bewirkt. Traurige Momente gab es in der Menschheitsgeschichte ständig. Während sich die Menschen in ihren egoistischen Ideen verrennen, werden wir von anderen Lichtseelen beobachtet, denn viele göttliche Splitter sind stets um uns. Sie kennen alle den Plan, und sie helfen, wann immer sie können. Und zu allen Zeiten sind sie hier aufgetaucht, um mitzuwirken und dem menschlichen Suchen ein Ende zu setzen – Heilige, Wissende, Schamanen und die vielen, die unauffällig im Hintergrund wirken. Jetzt sind wir im Laufe der Erdgeschichte an einem ganz besonderen Punkt angekommen. Der menschliche Geist hat einen Schöpfungsakt getätigt, der dem Machtaspekt unterliegt. Er hat das Ur-Gefühl vergessen, und die Gedanken haben eine egoistische Eigendynamik bekommen. Wir zerstören nicht nur Natur, Pflanzen, Tiere und unsere eigene Art, wir zerstören sogar den Stützpunkt des Projekts. Das bedeutet, wir vernichten die für uns notwendige Realitätsebene, auf der wir uns aufhalten müssten, um das Projekt zu Ende zu bringen. Da jedoch die Schöpfungsidee vollkommen ist, werden wir unumgänglich einen Weg finden, der unserem ursprünglichen Plan gerecht wird, göttliche Liebe in allen Formen zu leben. Wenn unsere Welt aus Gründen der Umweltzerstörung nur noch bedingt Lebensfähigkeit bietet, müssten wir notwendige Anpassungstechniken in Kauf nehmen, um letztendlich das Projekt doch noch abzuschließen, denn wir können mit unserer Seele nicht einfach so aus dem Vorhaben aussteigen. Aus Gründen höchster Bestimmung, die in uns als göttliches Erbe steckt, können wir das sinkende Schiff nicht verlassen. Das Vernünftigste wäre selbstverständlich, die Welt zu retten. Dazu sind genügend Wege bekannt.

Obwohl die großen Schäden wie Vernichtung des Regenwalds usw. von einer relativ kleinen Menschengruppe bewirkt werden, wird die Auswirkung für alle spürbar sein. Das bedeutet nicht, dass sich der große restliche Teil der Menschheit als Opfer fühlen sollte. Dies passiert nicht alles zufällig, und wir sind nicht zufällig die Betroffenen des Weltgeschehens. Wir wussten, dass diese Zeitenwende kommen würde, und wir alle haben gemäß einer Verabredung auf diesen Zeitpunkt hin gelebt, jeder mit seiner individuellen Vorgeschichte. Aber jetzt sind wir alle hier, was viele Bedeutungen hat. Einmal bietet ein riesiger Teil der

Menschheit einigen Wenigen die Möglichkeit, diesen ungöttlichen Weg zu gehen, um zu erfahren, wie es ist, aus Gründen von Geld und Macht die Natur platt zu machen. Die Machthaber haben selbst entschieden, diese besondere Erfahrung zu machen, der Rest der Menschheit hilft ihnen dabei – und es geschieht in Liebe. Wir alle sind daran beteiligt. Eine weitere Bedeutung dieser besonderen Zeit liegt auch darin, dass wir alle die komplette Ausbildung für die Veränderung in uns tragen. Jeder Einzelne wird in Situationen kommen, in denen er mit einem Urgefühl das Richtige tun wird. Also bedarf es keiner Ängste, wir werden alle richtig handeln, und die neuen Zeiten dürfen gerne kommen. Ebenso bedeutungsvoll ist die große Zahl anwesender Helfer. Es sind sehr viele da. Manche treten mit großer Leuchtkraft als inkarnierte Engel auf oder als Heiler, Medizinmann oder Schamane, als Helfer der Menschheit, Lebensretter, Erfinder, oder leben ein scheinbar bürgerliches Leben und wirken im Hintergrund mit großer mentaler Kraft.

Unsere Erde stirbt nicht, sie passt sich nur neuen Situationen an. Das tut sie seit Millionen von Jahren, das ist nichts Besonderes. Doch hat es eine deutliche Auswirkung auf die kurze Zeitepoche der Menschheit. Die oft benannte Klimakatastrophe ist für die Erde nicht wirklich eine Katastrophe, sie verändert nur Winde, Meeresströmungen, und die Pole verschieben sich. Dabei steigt das Meer, Länder gehen unter, und das Klima wird rauher. Das Wort „Klimakatastrophe" ist eine Erfindung der Menschen, aber die Erde verhält sich eher natürlich und korrigiert einige

Oberflächenereignisse, was durch manch menschliches Verhalten eher noch beschleunigt wird. Damit korrigiert sie auch Ereignisse, die die Menschheit betreffen. Wir bezeichnen dies als Naturkatastrophe, aber letztendlich ist es nur eine Korrektur der Dinge.

Ein fast unendliches Netz karmischer Verknüpfungen kommt für die Menschheit zur Auswirkung, und in allem Geschehen liegt eine höhere Richtigkeit.

Die Rettung der Umwelt geht vom Einzelnen aus. So bieten sich auch hier meditative Techniken an, geistige Energien zur positiven Beeinflussung der Natur nutzbar zu machen. Wir erinnern uns an die Möglichkeiten, durch die Magie der Liebe Wunderbares geschehen zu lassen. Wir verfügen über die Fähigkeit, jegliches Geschehen zu beeinflussen, und wir wissen, dass in allem Bewusstsein steckt. Ebenso hat unser Planet Erde ein Bewusstsein. Jedes Bewusstsein wächst, und der Nährstoff allen Bewusstseins ist die Schöpfungskraft, die wir Liebe nennen. Unsere Erde fühlt sich seit einiger Zeit ungeliebt. Ohne Liebe wird alles Lebende krank. Unsere Erde möchte nicht krank werden, darum verändert sie sich naturgemäß. Und sie möchte auch geliebt werden. Mit Kenntnis der uns vertrauten Gesetzmäßigkeit können wir beginnen, Leben und Wachstum auf der Erde zu beeinflussen. Es ist längst Zeit für Heilung, und sehr viele sind bereits aktiv.

Genauso wie wir mit unserem Körper sprechen, können wir mit unserem Planeten sprechen. In liebevoller Hingabe und in meditativer Haltung lassen wir im Geist die Worte entstehen, die das Universalbewusstsein allen

Geschehens wahrnimmt. Selbstverständlich erreichen wir auch das „Ohr“ der Erde. Wir dürfen als Botschaft unsere unendliche Liebe zu ihr bekunden und ihr Dank sagen, weil wir auf ihr wohnen und sie für unser Leben und die Nahrungsaufnahme nutzen dürfen. Die Erde wird uns hören, und sie wird sich sehr darüber freuen. Freude ist Wachstum und Heilung. Wir heilen unsere Erde durch die gleiche feinstoffliche Energie, wie wir sie bei Heilvorgängen für Mensch, Tier und Pflanze anwenden.

Während der warmen Jahreszeit legen wir uns auf eine Wiese und spüren den Erdboden unter uns. Wir haben direkten Kontakt zur Erde, spüren unsere Verbundenheit und die absolute Einheit. Dieser Vorstellung führen wir über den Weg unseres Herzens weißes Licht zu. Wir segnen die Erde und empfinden dabei die Gefühlsstruktur tiefster seelischer Verbundenheit. Wir umarmen unsere Erde wie einen Freund, den wir nie verlieren wollen. Auch dürfen wir der Erde unsere heilenden Hände auflegen und ihr in direktem Kontakt Energie zufließen lassen. Wir sollten alles tun, um unsere Liebe zu diesem einmaligen Planet zu bekräftigen. Im karmischen Gefüge von Ursache und Wirkung werden wir zu Trägern von Dankbarkeit und Liebe, wir erhalten das Ereignis zurück.

Ein Großteil der Menschheit verfügt derzeit noch nicht über das Bewusstsein, derartige Dinge mental zu bewirken, aber viele stimmen im Herzen mit einem heilen Weltbild überein, wie es Naturvölker immer taten. Die Natur wird aber wegen der persönlichen Vorteile Einzelner noch immer geplündert. Doch es bringt keinen Vorteil, über die

„schlimmen Dinge“ zu jammern. Jammern hilft niemandem, das Leid dieser Welt ist für uns keine gedankliche Heilungsbasis. So richten wir unsere Gedankenkraft besser auf ein heiles Weltbild und formen kreativ das, was kommen wird. Wir kennen unsere Fähigkeit und unsere Aufgabe, darum können wir bedenkenlos unsere Gedanken einsetzen, um eine gesunde Welt zu erschaffen.

Viele haben längst begonnen, die Welt zu heilen, und es werden immer mehr, ein Schneeballsystem kommt in Bewegung. Es ist vergleichsweise wie eine randvolle Plastiktüte mit Sand, die schwer nach unten zieht. Wenn man unten mit einer Nadel ein kleines Loch reinpickst, strömt zuerst nur ein wenig Sand aus. Doch der Druck von oben ist enorm, das Loch vergrößert sich, und es strömt immer mehr Sand aus, bis das Loch aufreißt und der komplette Inhalt herausfällt. An vielen Orten auf der Welt geben Menschen Heilkraft für unsere Natur. Diese Rettungsaktion ist vielleicht einmalig in der Geschichte der Erde. Die positive Energie multipliziert sich um ein Vielfaches, und im Geschehen der natürlichen Gesetzmäßigkeiten werden viele destruktive Formen wie von selbst ausgelöscht. Das heißt nicht, dass Umweltsünder schneller sterben, sondern ihr Bewusstsein verändert sich.

Wir sind die Götter, die dies können! Wir verfügen über die Voraussetzungen, schöpferisch und liebevoll Welten entstehen zu lassen, also sollte es uns eigentlich leichtfallen, unsere eigene Welt zu retten. Da aber die Menschheit in einer gewissen Sackgasse steckt und das Projekt „Erde“ in göttlicher Absicht zum Ziel geführt werden muss, mussten besondere Maßnahmen aus höherer Ebene eingeleitet werden. Auch darum sind viele Helferseelen hier, die immer mehr in Erscheinung treten werden. Viele wachen auf, einige wurden schon in jungen Jahren aktiv, andere erst ab einer bestimmten Lebensreife. Viele werden durch besondere Ereignisse oder spezielle Begegnungen wieder erinnert, oder sie erhalten zufällig ein Buch wie dieses.

In diesen Zeiten sind es immer mehr Babys, die in ihren Körbchen liegen und dennoch eine große lebensausfüllende Aufgabe im Herzen tragen. Aus diesem Grund sollten wir unsere Kinder gut beobachten und ihren göttlichen Glanz bemerken, viele von ihnen sind wirkliche Engel und als auserwählte Retter der Menschheit zu uns gekommen. Sie werden heranwachsen und oft einen unbürgerlichen Weg gehen, bis sie weise und bedächtig ihr Wissen anwenden. Ihr Weg ist oft steinig, manchmal werden sie am Rand der Gesellschaft stehen und vorerst verkannt bleiben. Der Weg nach Besitz und Karriere scheint keinerlei Bedeutung zu haben. Als Botschafter des Guten werden sie auch Künstler, Musiker, oder Comedy Star, um die Menschen zum Lachen zu bringen. Durch ihre besondere Art werden sie nicht immer in das öffentliche Erscheinungsbild passen. Wo sie auftreten, werden sie manchmal anecken und unverstanden bleiben. Manche gehen in ihrer feinstofflichen Empfindung den Weg einer Prostituierten, weil sie „Liebe geben“ körperlich verstanden haben, aber dennoch über ein tiefes Menschenempfinden verfügen. Einige aber werden in ihrer leuchtenden Persönlichkeit bemerkt, man wird versuchen, sie auf einen Thron zu heben, zu Medienstars oder zu Opfern geschäftstüchtiger Manager zu machen. Aber sie werden in ihren ungewöhnlichen Lebensformen genauso wachsen und das Glück suchen, um es dann unter den Menschen zu verteilen. Innerhalb ihrer individuellen Entwicklungen und im Zeitgefüge der Zufälligkeiten werden sie an ihre Aufgabe herangeführt, und sie werden ihre Fähigkeiten vielseitig einsetzen. Sehr viele dieser engelhaften Wesen werden hier sein, um ein neues Bewusstsein zu bringen und die Rasse „Mensch" an die göttlichen Fähigkeiten zu erinnern. Tausende dieser Wesen sind bereits hier. Sie sind vertraut mit unserem Projekt „Erde" und haben auf ihren Einsatz für diesen Notfall gewartet. Jetzt ist es so weit.

Eine neue Qualität der Zeit wird Erkenntnisse säen. Dies werden die Momente sein, in denen sich Menschen wieder gerne an Wunder erinnern, und diese Wunder werden auch geschehen. In diesen bewegten Zeiten der äußeren Korrektur wächst noch mehr die Sehnsucht nach Frieden und innerer Ruhe. Und nach einem Leben voller Unruhe und Kampf wird man in Sehnsucht nach Frieden einen natürlichen Tod herbeiwünschen, einen Übergang in Stille und im Klang der Harmonie. Nichts ist friedvoller als ein schöner, natürlicher Tod.

Es gab eine Umfrage unter einer kleinen Anzahl von Menschen, die kurz vor ihrem Ableben standen. Sie wurden gefragt, was das Wichtigste im Leben sei. Und alle antworteten sie gleich: „Das Wichtigste ist, sich als Mensch verwirklicht zu haben..." Keiner der Sterbenden erwähnte Besitz oder Wohlstand.

Der Tod ist der eigentliche Höhepunkt des Lebens. Wer ein friedliches Leben führt, erhält einen friedlichen Tod. War das Leben eher ungemütlich, wird auch das Sterben ungemütlich sein. Der Tod als Höhepunkt des Lebens zeigt uns die Summe unserer weltlichen Erscheinung. Dies kann wunderschön sein und geschieht in dem Wissen, auf der anderen Seite bereits erwartet zu werden. Wir können schon zu Lebzeit beeinflussen, wie wir den Übergang erleben möchten. Gemeint ist hier nicht die Todesart, sondern der Raum-Zeit-Verbleib danach. Der Inhalt als szenischer Ablauf ist dramaturgisch planbar, wir können ihn schon jetzt kreativ gestalten, wenn wir es nur wollen.

Wir wissen, dass wir mit unserer Gedankenkraft auf Realitäten einwirken und auch Begrenzungen festlegen oder Freiheiten gestalten können. Unsere persönliche Natur ist nur das Ergebnis unserer Glaubenssätze. Ein streng katholischer Mensch könnte ein Leben lang glauben, dass nach dem Tod die Geschichte mit dem berühmten Fegefeuer beginnt. Also wird er nach dem Ableben diese Geschichte „erleben“ und mit dem Fegefeuer konfrontiert. Vielleicht ist er während dieser Erfahrung ängstlich, aber dann nur, weil er schon zu Lebzeiten ängstlich war. Aber vielleicht hat er seine Glaubenssätze verändert und könnte dies auch mit einem Schmunzeln erleben. Andere werden vorübergehend eine kleine, mittlere oder größere Hölle erfahren, weil sie glauben, sie hätten sie verdient. Mit ihren Glaubenssätzen haben sie sich ihre eigene Hölle kreiert. Manch gläubiger Mensch wird erwarten, vor das jüngste

Gericht gestellt zu werden. Er wird es genauso erleben: Die Inszenierung wird nach seinem eigenen Drehbuch durchgeführt. Dazu werden andere jenseitige Lichtseelen anwesend sein, um gemäß einer Rollenverteilung diese Wunschszene mitzuspielen. Sie werden ihm in liebevoller Absicht diesen letzten Glaubenswunsch als visionäre Theateraufführung erfüllen. Regisseur und Autor bleiben wir dabei selbst, denn wir haben uns unsere Lebensgeschichte ein Leben lang selbst geschrieben.

Andere meinen, nach dem Tod sei alles zu Ende. Wenn sie davon überzeugt sind, dass da nichts mehr kommt, kann es passieren, dass sie ihren Tod nicht bemerken. Ich greife dieses Thema nun noch einmal auf, da es noch nicht abgeschlossen war.

Der körperliche Tod tritt ein, doch eine Energie bleibt bestehen. Sie merken nicht, dass sie gestorben sind, auch weil es gemäß ihrer Glaubenssätze nicht sein kann, dass da noch etwas existiert. Andere bemerken ihren Tod nicht, weil sie an ihrem Besitz hängen oder in einer Energie zwischen Wut, Hass und Zorn verweilen. Sie sind Seelen ohne Körper mit dem Blick aufs Weltliche, eine andere Orientierung existiert für sie scheinbar nicht. Sie sind mit dem Erdenleben noch immer so verhaftet, dass es ihnen nicht gelingt, ihren Weg zu erkennen. Und es sind viele in diesen Zeiten, da in unserer Kultur das Leben nach weltlichem Besitz ausgelegt und bewertet wird. Der Rest macht eine unfriedliche Haltung bis in den Tod hinein. Und so bleiben sie in Raum und Zeit bestehen, jedoch ohne Körper. Sie können sich scheinbar nicht selbst helfen, die meisten wissen nicht einmal, dass sie in einer Zwischenebene hängen geblieben sind, empfinden den Zustand aber als unglücklich. Viele werden mit der Zeit sehr traurig, weil wirklicher Austausch von Liebe nicht stattfindet. Ihnen kann geholfen werden, jedoch nicht von jenseitiger Richtung. Unsere Helfer aus dem Licht können hängen gebliebene Seelen nicht erreichen, denn diese würden diese Hilfe nicht bemerken, sie können nur uns, die weltlichen Wesen aus Fleisch und Blut, wahrnehmen. Also kann nur Hilfe vom Diesseits kommen, von uns Menschen. Wir haben die Kraft und das Wissen und keinen Gedanken an Furcht oder Angst. So kann es uns gelingen, in besonderen Umständen mit ihnen in Kontakt zu treten, gedanklich, durch Raumklang oder eine andere anwesende Person. Wir stehen in einer friedlichen Haltung, und unser Handeln ist liebevoll. Wir strahlen unseren Glanz aus und signalisieren göttliche Absichten.

Vielleicht ist ein Kontakt möglich, ein Austausch, ein Dialog zwischen dir und der unglücklichen Seele. Wenn ein Kontakt entsteht, prüfe, ob du mit einer Seele aus der Zwischenebene kommunizierst. Dazu stellst du die Frage: „Kommst du aus dem Licht?“ Wenn du eine Antwort erhältst wie „weiß nicht“ oder „was für ein Licht?“, sprichst du mit einer Seele aus der Zwischenebene, die dringend Hilfe benötigt. Wenn aber als Antwort ein klares „Ja“ kommt, sprichst du mit einer Seele aus dem Licht, ein Helfer, der sich bei dir gemeldet hat. Das kannst du vielleicht als wertvolle Botschaft genießen. Nun geht das darum, einer körperlosen Seele zu helfen. Dazu dürfen wir zuerst Vertrauen gewinnen durch unsere Art und das Angebot, helfen zu wollen. Einige wollen das aber nicht. Sie wollen sich nicht verändern, obwohl sie wissen, dass sie unglücklich sind. Dazu erklären wir, dass dies hier nicht ihr Platz ist. Sie erleben nur eine Scheinwelt, in der sie nicht existieren können, und wir verweisen auf den Weg zum Licht. „Schau nach oben zum Licht", heißt der klassische Satz. Wenn sie das erste Mal nach oben schauen, wird ihnen meistens klar, wo sie stehen. Begleite sie mit Worten auf diesem Weg zum Licht und bitte die Helfer auf der anderen Seite, die betroffene Seele abzuholen. Verabschiede dich mit den Worten: „Gehe deinen Weg in Frieden, und ich gehe meinen Weg in Frieden."

Als ich dies aufschrieb, konnte ich solche Handlungsweisen als etwas Geheimnisvolles genießen. Mit großem Respekt vor feinstofflichen und anderen Energien empfand ich es als wichtig, auch diesen Aspekt des Lebens auszuleuchten. Dann überholte mich die Zeit. Zwanzig Jahre später ist dies fast ein Alltagsthema, und die Seelenrückführung wurde längst zum Hauptthema einer bekannten TV-Serie.

Der Tod hat nichts Erschreckendes an sich. Er ist eher ein Ereignis der Freude, zumindest für die Wartenden auf der anderen Seite, genauso, wie uns eine irdische Ankunft erfreut. Wir fühlen beim Ableben einer uns nahe stehenden Person, dass wir traurig sein müssen, weil wir jemanden verloren haben. Doch wenn jemand den Weg zur anderen Seite vollzieht, ist dies das Ergebnis einer Lernphase auf einer Zeitbahn. Die Zeitbahn ist beendet, weil sie vorerst nicht mehr notwendig ist. Diesen Höhepunkt dürfen wir jedem Sterbenden gönnen, auch wenn sein Leben vielleicht nur kurz war oder man keine Zeit mehr für einen Abschied hatte. Eine wirkliche Trennung gibt es nicht. Nur im Räumlichen erleben wir diese Entfernung, die sich als Trauer darstellt. Die Trennung ist eine Illusion, die wir zutiefst gefühlvoll empfinden und ausleben dürfen.

Wenn wir die Kreativität des Lebens begriffen haben, verstehen wir auch, dass wir unseren Todesverlauf kreativ beeinflussen können, und es ist noch immer das Thema, das uns bewegt. Jeder wählt den Todesverlauf, an den er glaubt. Doch wir müssen nicht Opfer unserer eigenen Glaubenssätze sein, wir dürfen sie eher lustvoll und kreativ benutzen. Darum erfinden wir unsere eigene Geschichte der Todeserfahrung. Wir lassen unsere Gedanken zu der Realität werden, die uns dann erwartet. Und das machen wir nicht erst kurz vor dem Ableben. Das machen wir ab sofort und kreieren eine wunderschöne Geschichte, wie wir sie gerne nach dem Ableben „erleben" möchten. Damit programmieren wir unsere Wahrnehmung für diesen Vorgang.

Wir können uns eine beliebig schöne Geschichte ausdenken, wie wir sie gerne zutiefst empfinden möchten. Zum Beispiel ein Zusammentreffen oder eine Willkommensparty mit anderen Seelen. Grenzenlose Konfigurationen sind möglich, sprenge deine Fantasie und erlebe mit einem schönen Gefühl, wie dieser Zustand sein könnte. Denke dir diese Geschichte viele Male aus, bis du alt wirst, und glaube an sie, den Rest bewirken deine amtlich arbeitenden Glaubenssätze. Wenn du in deine „Party“ weltliche Genüsse einplanst wie Alkohol, wird der zwar da sein, aber nicht wirken. Wenn du wirklich mit einer fröhlichen Party gehen möchtest, aber bis zuletzt auch in dir weißt, dass dein Leben nicht wirklich immer harmonisch war, wird dieser Aspekt in deine Abschiedsparty mit einwirken.

Vielleicht muss es auch keine Party sein, denn es ist eher der Weg der Stille und auch des Staunens und ein Gleiten in Freude: Wir manifestieren uns gedanklich kein tragisches Erwachen, sondern eine abenteuerliche Reise in Liebe. Voller Spannung erwarten wir den Ausgang dieses Abenteuers und genießen diese besondere Art von Unterhaltung. Wir haben vor dem Tod keine Angst mehr, sondern nur noch Reisefieber. Es ist ein Loslassen, um ins Licht zu schweben. Selbstverständlich können wir uns jetzt schon mit Engeln verabreden und sie bitten, uns auf halbem Wege entgegenzukommen, um uns abzuholen. Sie werden uns hören und da sein, wie sie immer zu allen Zeiten da waren.

Leben heißt, jeden Moment zu empfinden. Der Moment des „Hier und Jetzt“ konzentriert sich nicht ausdrücklich auf das, was schon war oder noch kommt. Also sollten wir uns keine Sorgen machen, denn in allem geschieht die große universale Richtigkeit. In dieser Richtigkeit steht bereits geschrieben, in welchem Teil des Lichts ein jeder von uns mit seinen Göttlichkeitsaspekten wieder landen wird. Zeit hat keine Bedeutung, nur der gewählte Weg der Erfahrung zählt und macht die göttlichen Individuen schöpferisch und stark. Wenn wir nach erfolgreicher Beendigung des Projekts „Erde" wieder als Göttlichkeiten vereint sind, über neue Bereiche der Schöpfungskreativität sinnieren und uns weitere Aufgaben ausdenken, um aus Göttlichkeitsenergie die Schöpfung noch mehr in die Unendlichkeit zu tragen, ist in Wirklichkeit kein Bruchteil an Zeit vergangen. Die geniale Idee, die wir so gerne als Gott bezeichnen, ist die multidimensionale Gleichzeitigkeit. Wir meinen seit Einstein, dass wir nicht altern, wenn wir uns so schnell wie das Licht bewegen. Doch wir sind das Licht. Wir waren immer da und werden immer da sein, unvergänglich. Unsere Seele testet derzeit nur verschiedene Färbungen. Und was die Wissenschaft berechnet und beweist, ist immer nur der Ausdruck zeitgenössischer, begrenzter Glaubenssätze. Der wirkliche Wissenschaftler folgt seiner Intuition, das tat auch Einstein, und er war erfolgreich. In der Gleichzeitigkeit der Dinge wird die erlebte Zeitphase besonders bedeutungsvoll, wenn sie so prägnant ihre Qualität zeigt wie hier und mich an die Geschichte des Lebens erinnert: Was bedeutet Kraft?

Die Raben kommen nun schon seit 23 Jahren zu mir auf mein Vordach. Die Rabeneltern brachten nach jedem Frühjahr ihre Jungen mit zur Fütterung, die älteren Generationen suchten sich eigene Reviere. Es hatte alles seine Normalität. Doch irgendwann blieben die Raben weg, das war vor ungefähr zwei Jahren. Es war wie eine Rabenpause über kurze Zeit, dann kamen wieder vereinzelt Raben, doch es waren nicht „meine" Raben von früher. Ich habe nie erfahren, was aus ihnen geworden ist.

Zuvor kamen die Raben sofort angeflogen, wenn ich nur den Balkon betrat, die neuen Raben beobachteten eher aus der Entfernung, ob es da etwas Außergewöhnliches zu fressen gab. Das veränderte Verhalten der Raben war mir unerklärlich, dann entdeckte ich den Grund. Eines Tages betrat ich den Balkon, und vor mir auf dem Geländer saß ein Bussard. Ich war mehr erschrocken als er. Während er sich gemütlich mit riesigen Schwingen weggleiten ließ, registrierte ich die Größe dieses Tieres. Jetzt wusste ich, warum die Raben diesen Abstand hielten, zumindest im Beutebereich. In der Luft allerdings waren sie angriffslustig, um den Bussard zu sechst oder zu zehnt aus dem Revier zu vertreiben. So schützten sie ihren Nachwuchs, allerdings war der Bussard auch an den Leckereien auf meinem Vordach interessiert. Und er war nicht allein, ein zweiter Bussard kam dazu. Die Raben wagten nicht, die Köstlichkeiten vor Ort zu verzehren, was jahrelang üblich gewesen war. Schnell stibitzen sie ein Stück, und wenn es zu groß war, verloren sie es unterwegs. Ich fand ein Hühnerbein auf dem Dach eines Autos.

Also verkleinerte ich die Stücke und erweiterte den Umfang, damit es für alle reichte. Elstern, die sich bei Raben eher im Hintergrund hielten, gesellten sich nun in den Schlepptau vom Bussard, der dies wohl duldete. Was für ein Bild! Was für eine Geschichte, die immer weitergehen wird. Und wieder stehe ich da mit dem Blick ins Unendliche. Was einst als Erkennen begann und den Umbruch formte, wurde zum witzigen Zusammenspiel schicksalshafter Bestimmungen: Ein bedeutungsvoller Funke innerhalb der Bestimmung von Zeit. Und alles verändert sich ständig weiter, das Wunderbare ist die endlose Bewegung und dass wir an dieser Bewegung aktiv teilnehmen können. Wir schaffen die Zukunft.

Nachwort

Dies ist eine Geschichte aus meinem derzeitigen sechzehnten irdischen Leben. Wenn ich gehe, werden Rabenvögel in der Nähe sein. Und sie werden noch immer da sein, wenn ich wiederkomme, vielleicht im Jahr 2047. Es interessiert mich nämlich, wie das alles weitergeht.

Ich wünsche mir, dass sich bis dahin sehr viele Menschen wieder an ihre Göttlichkeit erinnert haben. Wir haben es nach dieser langen Zeit endlich verdient, diesen Planeten als göttlichen Urlaubsort zu genießen und den Spaß zu haben, der das Grundelement von Göttlichkeit bestimmt, nämlich Humor, Harmonie und Heilung. Benutze dein intuitives Wissen, denn du bist wahrlich göttlich. Ich wünsche beste weltliche Unterhaltung. Mach was draus!

Anhang

Selbstheilung bei Krebs und ander physischen und psychischen Leiden

- Wie aktiviere ich meine Selbstheilungskräfte?
- Wie heile ich mich selbst?
- Kann ich mich überhaupt selbst heilen?
- Was sind die Voraussetzungen für Selbstheilung?
- Ersetzt dies jede Therapie?
- Funktioniert dies auch bei schweren Krankheiten wie Krebs?

Die Zeiten haben sich geändert. Wir leben in einer Zeit der globalen Umwandlung, und viele Menschen leben schon länger mit diesem Bewusstsein. Umwandlung bedeutet auch, Dinge anders wahrzunehmen, zum Beispiel herkömmliche Denkweisen zu überprüfen und veraltete Glaubenssätze abzulegen. Wir betreten in unserer Denkweise eine „neue Freiheit", hier beginnt unsere gedankliche Kraft, die uns möglicherweise in unserem bisherigen Leben in vielem so sehr behindert hat, unsere reale Welt zu verändern und großzügiger zu machen.

Bisher engten wir uns oft im wirklichen Leben ein und behinderten uns selbst, weil wir viele Male glaubten, dieses oder jenes „könnte nicht möglich sein" oder „dürfte nicht sein".Schon die gedankliche Haltung wie „dies ist nicht möglich" engt uns konkret ein in der Entfaltung unserer persönlichen Realität. Diese Begrenzung ist eine Erfindung der Menschen. Die Natur kennt diese scheinbare Begrenzung nicht. Aber viele Menschen getrauen sich nicht, ihre Welt der bisherigen Denkweise zu verlassen, weil sie sich vor dem Unbekannten fürchten. Es sind Ängste, die uns behindern.

Weißt du, liebe Leserin, lieber Leser, was „Angst" eigentlich bedeutet? „Angst" ist nur ein anderes Wort für „nicht wissen".Jede Art von Angst ist nur „nicht wissen"...

Beispiel: Angst vor einer Prüfung

Wenn wir vorher ganz sicher wissen, dass wir bei dieser Prüfung nicht durchfallen werden, existiert die Angst nicht.

Beispiel: Angst in einem dunklen Raum

Wenn wir vorher ganz sicher wissen, dass uns in diesem dunklen Raum nichts passieren kann (weshalb auch immer), existiert die Angst nicht.

Beispiel: Angst vor einer Operation

Wenn wir vorher ganz sicher wissen, dass die Operation gut verläuft, haben wir keine Angst davor.

Beispiel: Angst vor dem Tod

Wenn wir vorher ganz sicher wissen, dass der Tod nicht wirklich Sterben und Verenden bedeutet, haben wir keine Angst davor, sondern erfahren eher „Reisefieber" beim Gedanken an den Übergang in die andere Welt.

Nun überprüfe selbst, wovor du Angst hast. Sind es die Denkweisen aus deinem bisherigen Leben? Wenn du deine Ängste überprüfst, wirst du feststellen, dass auch bei dir jede mögliche Art von Angst nur dein persönlicher Ausdruck von „nicht wissen" bedeutet. Und wie kannst du das ändern? Wie kannst du deine Ängste ablegen?

Eigentlich ist es so einfach: Lege dir Wissen zu! Glaube nicht mehr, was du bisher geglaubt hast. Entdecke deine große gedankliche Freiheit, diese eröffnet sich dann automatisch in deiner wirklichen und realen Welt. Eigne dir Wissen an, indem du deine bisherigen gedanklichen Grenzen sprengst. Dies kann niemand für dich tun, sondern jeder nur für sich selbst erforschen und erfahren. Deine Ängste und Krankheiten sind Ausdruck deiner bisherigen Denk- und Lebensweise.

Und wenn du nicht weißt, wie du beginnen sollst, empfehle ich dir als einfache Übung die Licht-Atem-Meditation. Diese Entspannungsübung ist vollkommen unkompliziert, ähnlich wie Autogenes Training. Wenn du diese Übung täglich machst, darfst du nach wenigen Tagen selbst überprüfen, ob das Unmögliche bei dir möglich ist. Und wenn du feststellst, dass dir diese Übung guttut, mache sie täglich weiter. Dein geistiges Denken wird sich automatisch verändern und dir eine Welt von Möglichkeiten eröffnen, die du früher nie für möglich gehalten oder an die du früher nie „geglaubt" hättest. Du wirst wunderbare Erfahrungen machen und deine Ängste verlieren. Nimm dir viel Zeit dazu. Zeit ist das Wertvollste, das du hast, und du wirst endlich verstehen, was es bedeutet, die Selbstheilungskräfte zu aktivieren.

Die Gedanken und unsere Krankheit

Dieses Thema ist sehr umfangreich und nicht mit wenigen Worten zu beschreiben, dennoch gibt es bestimmte Anhaltspunkte zur Orientierung. Ich bin kein Mediziner, habe aber einige Jahre gute Erfahrung im Umgang mit Menschen zum gleichen Thema gemacht und helfe auch dir gerne mit Tipps und Hinweisen.Vorab einige Gesetzmäßigkeiten.

1. Heilung bei dieser Art von Krankheit (mit oder ohne ärztliche Hilfe) kann nur stattfinden, wenn du dich selbst darum „kümmerst", das heißt, so lange du darauf wartest, dass ein anderer kommt und dich heilt, und du musst dabei nur abwarten und nichts tun, ist der Ausgang ungünstig.
2. Diese Art von Krankheit findet im Kopf statt, das Erscheinungsbild der Krankheit am Körper und alles, was wir medizinisch als diese Krankheit definieren, sind „nur" die körperlichen Auswirkungen, die Ursache ist unsere gedankliche Haltung zur realen Welt. So lange wir uns von Gesellschaft, Beruf oder Familie als „Opfer" fühlen, können wir nicht geheilt werden beziehungsweise uns nicht selbst heilen.
3. Betroffene haben es verlernt, in Worten und Gedanken Zukunftswünsche und Pläne zu aktivieren. Ihnen fällt es schwer, im Kopf positive Visionen für ihre eigene Zukunft aufzubauen, was das Hauptproblem der Krankheit ist.

4. Unsere Gedanken beziehungsweise Glaubenssätze (und damit prägt jeder seine eigene persönliche Realität) lassen keine Zukunftswünsche zu, dies sollte unbedingt geändert werden, denn jeder Gedanke hat Auswirkungen, und vor allem richtet sich unser Körper (und gemeint ist damit jede Zelle unseres Körpers) nach unseren Gedanken. Unser Körper (jede Zelle unseres Körpers) hat Bewusstsein und reagiert auf unsere Gedanken. Das heißt, wenn wir zum Beispiel glauben, „die Welt ist schlecht", übernimmt unser Körper diese Information und glaubt es auch. Unser Körper kann nicht zwischen der wirklichen Realität und unserer Gedankenwelt unterscheiden, und genau das hat dramatische Auswirkungen.
5. Was bedeutet Aktivierung der Selbstheilungskräfte?
   Dieser Vorgang ist nichts Besonderes, denn er findet normalerweise in jedem Körper ständig beziehungsweise sehr oft statt. Alle Teile und Teilchen (Atome, Zellen usw.) des gesamten Körpers stehen in einer bestimmten Bewegungsschwingung, jeder Mensch hat seine eigene Schwingungsfrequenz, es gibt keinen Stillstand, alles ist immer in Bewegung. Alle diese Schwingungen aller Teilchen eines jeden Körpers „schwingen im Gleichklang" und bilden eine Harmonie, das heißt, alle Schwingungen passen zusammen und „harmonieren".
   Beispiel Musik: Wir spielen auf dem Klavier einen C-Dur Akkord, dieser Akkord wird zusammengesetzt aus den Tönen C, E und G. Dies hört sich schön und „har-

monisch" an, würde sich allerdings das C zu einem Cis verändern, würde es sich schräg und unharmonisch anhören. Etwas Ähnliches findet in unserem Körper statt, aus irgendeinem selbstgesteuerten Anlass (zum Beispiel Gedanken wie Wut, Hass, Zorn usw.) versetzen wir manchmal einige Atome unseres Körpers in Disharmonie (die Schwingung ändert sich beispielsweise von einem C zu einem Cis), unser Körper merkt dies (auch er kann ohne Harmonie nicht existieren) und korrigiert es ganz automatisch nach dem Prinzip, das wir als ein lohnenswertes Ziel betrachten.
Also, wenn wir glauben, wir leben in einer wunderbaren Zeit, haben wunderbare Pläne, Projekte, Ziele (privat, beruflich oder familiär), übernimmt der Körper diese Information und sagt sich: „Für diese wunderbaren Ereignisse brauche ich einen wunderbar funktionierenden Körper", und schon beginnt der Körper, alle notwendigen Selbstheilungskräfte zu aktivieren. Und wie gut das funktioniert, wissen wir von den Menschen, die nie krank werden und mit einem Lachen auf den Lippen erfolgreich durch die Zeit wandern.
Haben wir aber nicht diese positiven Zukunftsvorstellungen und keine Pläne, die uns Freude bereiten, wird im Fall einer eintretenden Disharmonie der Körper noch immer beginnen, alle Zellen in Gleichklang zu bringen (vorerst), aber mit der Zeit sieht er (der die gedankliche Information dramatischerweise als reale Gegebenheit akzeptiert) ebenso keinen Sinn darin, denn es gibt keine Zukunftsvisionen, keine Wünsche und

keine schönen Pläne, keine positiven Vorstellungen und angenehmen Realträume. Und alle diese (eher traurigen) Informationen übernimmt der Körper als absolute Realität und sagt sich deshalb: „Wozu korrigieren? Wozu Heilung? Es gibt ja sowieso keine Zukunft." Damit beginnt das Drama.

Wenn dir ein Arzt sagt, dass Krebs oder eine ähnliche Art von Krankheit unheilbar ist, hat er mit seiner subjektiven Haltung (und innerhalb seiner Art von Realität) bestimmt recht. Dies ist aber nicht deine Realität, bestimme deshalb deine Realität selbst! Und deine Realität wird in deiner Situation nur von deinen Gedanken, Worten und Taten bestimmt. Wer das aber nicht „glaubt", hat sich selbstverständlich auch damit seine eigene entsprechende und sehr spezifische Realität erschaffen...

Was können wir sofort ändern?

1. **Wir legen uns ein Wunsch-Tagebuch zu.**
   Jeden Tag machen wir hier einen Eintrag mit einem Wunsch, täglich versuchen wir, eine Wunschvorstellung mit unseren Gedanken zu aktivieren und beschreiben diese in unserem täglichen Wunsch-Tagebuch. Damit üben wir etwas, das wir im Laufe der Zeit verlernt haben, was anderen gesunden Menschen aber leichtfällt. Sind wir zeichnerisch begabt, können wir dies auch skizzieren beziehungsweise aufzeichnen. Wäre

also unser Wunsch, der uns so sehr glücklich machen könnte, eine Reise nach Hawaii, könnten wir diese Vorstellung in einer Skizze oder Zeichnung darstellen. Also beginnen wir, unsere Reise nach Hawaii zu zeichnen oder ausführlich zu beschreiben, wohlgemerkt nicht so, wie es wirklich zu sein scheint, sondern so, wie wir es uns in schönster Weise vorstellen können.
Stellen wir uns diesen Wunsch extrem schön vor, beschreiben wir oder zeichnen wir uns diese Vorstellung entsprechend positiv in unserem Wunsch-Tagebuch auf. So könnte täglich ein neuer Wunsch entstehen und zeichnerisch oder textlich dargestellt werden, ebenso lassen sich Wunschvorstellungen für unser Wunsch-Tagebuch wiederholen oder mit der Zeit ergänzen und ausbauen. Aber diese Kraft sollte unbedingt täglich aktiviert werden, und was anfangs unmöglich erscheint, wird durch diese Übung wieder erweckt.
Erinnere dich an deine Kindheitsträume und Wünsche! Grabe die schönen alten Erinnerungen bezüglich dieser Wünsche und Sehnsüchte wieder hervor und lass sie, wenn du möchtest, neu aufleben. Bitte schmücke dein Wunschereignis neu aus. Erfinde neue Gedanken und Ideen dazu und schreibe es täglich in dein Wunsch-Tagebuch.

2. **Bedenke, dass uns keine Grenzen gesetzt sind.**
   Alles – per Wunsch in deinem Kopf – ist möglich! Das ist sehr wichtig. Begrenze dich nicht damit, was bisher in deiner Vorstellungskraft möglich oder unmöglich war...

Auch bedenklich realistische Aspekte wie „das kann ich mir nicht leisten", „so etwas ist nie möglich", „das wird sowieso nichts" oder „bei mir funktioniert das nicht" solltest du unbedingt ausschließen, denn das sind die Gedanken, die dich möglicherweise in Disharmonie gebracht haben.
Sprenge deine Glaubenssätze! Denn: Alles ist möglich – im eigenen Kopf! Der Fantasie und der Kreativität sind keine Grenzen gesetzt. Beginne bitte sofort, die bisherige unreale Wunschwelt in deinem Kopf real werden zu lassen. Beginne, Träume und Wünsche, die du möglicherweise in deiner Kindheit noch hattest, in Gedanken auszuleben. Visualisiere dir Bilder und intensive Gedanken, denn diese Vorstellungen in unserem Kopf sind die Informationen, die unser Körper als direkte Sprache versteht. Er wird sofort darauf reagieren.

3. **Gefühle**

Dieses Ereignis kannst du noch um ein Vielfaches steigern, indem du möglicherweise zu deinem positiven Wunschgedanken eine entsprechende Gefühlswelt wirken lässt.
Beispiel: Du träumst von einem wunderbaren Auto (das du dir eigentlich nicht leisten kannst) und stellst dir dabei sehr intensiv vor, wie schön es ist, mit diesem Auto herumzufahren. Du empfindest dieses Freuden- und vollkommene Autofahrgefühl so intensiv, dass es im Bauch anfängt zu kribbeln. Das Gefühl ist sehr ähn-

lich dem Verliebtheitsgefühl (es sind die berühmten „Schmetterlinge im Bauch").
Beispiel: Du warst früher gerne in den Bergen, weil du die Berge liebst und auch Lieblingsplätze hast. Nun kannst du dir einen Ausflug in die Berge intensiv vorstellen und dir wunderschöne Details ausdenken, wie zum Beispiel einen Sonnenaufgang. Das könntest du dir so intensiv vorstellen und gefühlsmäßig miterleben, dass du dieses schöne Gefühl im Bauch spürst.
Die Fantasie ist frei, und natürlich sind unendlich viele Gegebenheiten möglich, mit denen wir in unserer Gedankenwelt Fröhlichkeit erschaffen könnten, wir brauchen es nur zu versuchen.Wenn dir das mit etwas Übung oder einer hilfreichen Anleitung gelingt, sind alle Voraussetzungen für eine Heilung gegeben, denn dieses „Verliebtheitsgefühl" (zu einer Person, einer Reise, einem Auto oder zu jedem anderen Wunsch in der Vorstellung), das wir im Bauch spüren, hat einen extrem hohen Signalwert für unseren Körper: Dieses Gefühl ist Heilung pur!
Wem es gelingt, dieses Gefühl immer wieder entstehen zu lassen (das oft über lange Zeit vergessen oder vorübergehend zugeschüttet wurde), hat den Weg zur Heilung erkannt. Gefühle haben als Signal für unseren Körper eine noch höhere Ausdruckskraft als Gedanken.
Beispiel: Wer dieses Verliebtheitsgefühl ständig im Bauch spürt, kann nicht krank werden. Auch frisch Verliebte werden niemals krank, nicht einmal eine Erkältung oder ansteckende Grippe kann diesen in Har-

monie schwingenden Körper erreichen. Das kannst du selbst testen. Beobachte, zu welchem Zeitpunkt du dir eine Erkältung oder andere Ansteckung geholt hast: Die Ansteckung wird mit Sicherheit zu einem Zeitpunkt geschehen sein, in dem du nicht in Harmonie warst, das heißt, du warst „nicht gut drauf" (Ärger, Wut, Zorn, Hass usw.).

4. Was kannst du sofort konkret für deinen Körper tun?

- Du lernst wieder, deine Wunschgedanken zu aktivieren, und in deiner kreativen Vorstellungskraft präparierst du ab sofort und für alle Zeiten folgende Gedanken- und Lebenssituation: Schaffe dir zu Hause ein ruhiges, eigenes meditatives Ruheplätzchen, wo du dich täglich regelmäßig zurückziehen kannst und von deiner Familie oder dem Telefon nicht gestört wirst. Wenn du einen solchen Platz bisher nicht hattest, ist es höchste Zeit, diesen „seelischen Freiraum" zu schaffen. Sprich mit deiner Familie darüber, sie wird dir dabei helfen.
- Ziehe dich täglich zur möglichst selben Zeit zurück und verbringe diese ab sofort wertvollste Zeit deines Lebens an deinem eigenen „Ort der Ruhe und der Heilung". Zünde dir eine Kerze an, lass die Ruhe wirken und beginne, tief ein- und auszuatmen.
- Stell dir vor, du würdest (neben Luft) weißes Licht einatmen. Atme mit jedem Atemzug weißes Licht in deinen gesamten Körper, und auch wenn du

dieses weiße Licht nicht „sehen" kannst, versuche, es dir vorzustellen oder „einzubilden" (du machst dir ein „Bild").
Wenn es dir nicht gelingt, dir weißes Licht vorzustellen, darst du auch gerne rotes oder orangefarbenes Licht wählen... „Manipuliere" deinen Körper mit dieser positiven Vorstellung und „bilde dir ein", das weiße Licht würde deinen Körper durchströmen und füllen.
Stell dir vor, das weiße Licht fließt automatisch dort in deinen Körper, wo er Hilfe am dringendsten benötigt. Das weiße Licht wird jede Zelle deines Körpers beeinflussen und Harmonie herstellen, weißes Licht erweckt in jeder Zelle Wachstum und Lebenskraft und vor allem „Lebensfreude".
Lass diese virtuelle oder kosmische Kraft auf deinen Körper wirken, und denke am besten nicht darüber nach, ob dies wirklich sein kann oder tatsächlich funktioniert, oder ob du dir Heilung in dieser Form „nur einbildest". Wie gesagt, ist eine positive „Einbildung" ein intensiver Datenträger zur Übermittlung von heilenden Veränderungen. Diese Sprache versteht der Körper.
Diese Form von Heilmeditation lässt sich in allen Bereichen wunderbar ausbauen. Bitte bedenke, dass diese (und für viele Menschen als einzige Möglichkeit einer bevorstehenden Heilung) ein natürliches Ereignis ist und dich keinen Pfennig Geld kostet. Du bist nicht abhängig von Arztterminen

und kannst deinen zeitlichen Ablauf selbst bestimmen. Ab sofort kannst du deine gesamte Situation selbst in die Hand nehmen und verändern, wenn du es möchtest.

Gegenbeispiel: Leider kenne ich auch Beispiele von Menschen, die sich eine solche Krankheit „zulegten", um endlich einmal im Mittelpunkt zu stehen. Oder sie machten die Bewältigung aller anfallenden Arzttermine zum Lebenswerk, und das gedankliche Krankheitsthema wurde kopfmäßig zum traurigen Dauerbrenner. Wie könnte da ein Körper gesund werden?

Heilung per Musik, Handauflegen...?

Abschließend möchte ich noch die Geschichte von der Frau erzählen, die ihren Lungenkrebs bewältigt hat: Sie entdeckte das Saxophon als Instrument ihres Ausdrucks. Bisher ohne jede musikalische Ambition, lernte sie plötzlich das Saxophonspielen und wurde dabei sehr glücklich. Sie spielte sich die Krankheit aus der Lunge und sagte, sie hätte ihren Weg gefunden und wäre im Kopf bereits geheilt, nur der Körper wäre noch nicht ganz so weit, aber er würde ebenso in Harmonie kommen und sie sähe einer wunderbaren musikalischen Zukunft entgegen...!

Inzwischen ist sie längst geheilt.

Selbstverständlich ist auch „Hand auflegen" hilfreich. Du legst dir deine Hand auf die erkrankte Stelle und stellst dir vor, dass aus deiner Hand Heilkraft (dies könnte beispielsweise das eingeatmete weiße Licht sein) fließt und direkt die betroffenen Zellen positiv umwandelt.

Wie gesagt, „Einbildung" (also sich ein Bild machen) ist als Träger für die zu übermittelnde Information an den Körper sehr wichtig, es ist die Sprache, die der Körper versteht. Ich habe selbst durch Übertragung der Heilenergie über die Hände jemandem Metastasen aus der Leber (bei wöchentlich zwei bis drei Sitzungen) oder in einem anderen Fall auch einen Nierenstein (bei einer 20minütigen Sitzung) entfernt, und es ist dabei nicht von Bedeutung, was die allgemein gültige gesellschaftliche Meinung sagt, sondern was du selbst mit deinen Gedanken bewirkst. Nur du kannst deine Zukunft so verändern und steuern, dass du Harmonie in Körper und Seele erlebst. Den ersten Schritt darst du jetzt tun. Bitte nicht irgendwann. Jetzt!

Wenn dir ein Heiler oder ein Freund die Hand auflegt, kann das äußerst wirksam sein und zur Heilung führen. Jedoch im Falle des Krebspatienten ist dies nicht wirklich die Lösung auf Dauer. Denn was nützt der heilsame Vorgang, wenn im Kopf des Leidenden – noch immer geprägt von früheren Glaubenssätzen – der Körper wieder und wieder beginnt, krank zu werden. Es ist nicht immer langfristig hilfreich, jemandem ein Leben lang wöchentlich durch Handauflegen den Schmerz zu nehmen, Heilkraft zuzuführen oder das Leben überhaupt lebensfähig zu machen (mit möglicherweise entsprechendem finanziellen

Aufwand), wenn der/die Betroffen nicht selbst sein/ihr Leben entsprechend verändert und bestimmte lebensnotwendige Dinge selbst regeln möchte.

Wenn ein betroffener Mensch Kontakt mit mir aufnimmt und mich fragt, ob ich bei Krebs helfen könnte, würde ich dazu eine wesentliche Frage stellen. Ich frage den Betreffenden/die Betreffende: „Was machen Sie mit Ihrem Leben, wenn Sie wieder gesund sind?" Wenn sie dazu keine Antwort hat, würde ich sagen: „Sehen Sie, genau das ist Ihr Problem..."

Bitte bedenke, alles ist möglich! Wenn der Mensch allerdings sagt: „Dies ist nicht möglich", ist es auch nicht möglich... Es ist das Grundprinzip für alle erfolgreichen Menschen: Glück, Erfolg, Gesundheit – sind nichts Zufälliges!

Die Licht-Atem-Meditation

Die „Licht-Atem-Meditation“ dient zur Entspannung und Selbstheilung für zwischendurch – am Morgen, in der Mittagspause, nach dem Tagesstress am Abend oder wann immer du das Bedürfnis hast, dir etwas Gutes zu geben. Wir harmonisieren den Gesamtzustand und erfrischen uns mit der unbegrenzten Kraft des Feinstofflichen. In einem harmonischen Zustand bleiben wir gesund und schöpfen körperliche und geistige Kraft für unsere tägliche Arbeit und für positive Gedanken, die ihre kreative Wirkung haben.

Die Übung wurde in den ‚Achtzigerjahren von mir entwickelt und seitdem in unendlich vielen Einzel- und Gruppensitzungen praktiziert.

Der Originaltext

Wir legen uns bequem auf den Rücken, die Arme neben uns, und atmen tief ein.

Wir atmen tief ein, und mit jedem Atemzug wird der Körper immer ruhiger.

Wir atmen tief ein, und mit jedem Atemzug wird der Körper immer ruhiger.

Wir gestatten unserem Körper, dass er die Ruhe aufnimmt und wirken lässt.

Und wir atmen tief ein.

(Kurze Pause)

Wir lassen die Ruhe wirken, wir lassen es geschehen, denn es ist gut so.

Und wir atmen tief ein, und mit jedem Atemzug wird der Körper immer ruhiger.

Wir lassen die Ruhe wirken, wir lassen es geschehen, denn es ist gut so.

(Kurze Pause)

Wir atmen tief ein und spüren deutlich, dass der Körper bereits wesentlich ruhiger geworden ist.

Wir atmen tief ein.

Wir lassen es geschehen, denn es ist gut so.

(Kurze Pause)

Wir atmen tief ein, und beide Arme werden schwer.

Beide Arme werden angenehm schwer.

Und wir atmen tief ein.

Beide Arme werden angenehm schwer.

Und wir atmen tief ein.

(Kurze Pause)

Und wir atmen tief ein.

Beide Arme strömen warm.

Beide Arme strömen angenehm warm.

Und wir atmen tief ein.

Beide Arme strömen angenehm warm.

(Kurze Pause)

Wir lassen die Wärme fließen, von oben herunter bis an die Fingerspitzen.

Wir lassen die Wärme fließen, wir lassen sie wirken, denn es ist gut so.

(Kurze Pause)

Und wir atmen tief ein, und beide Beine werden schwer.

Wir atmen tief ein, und beide Beine werden schwer.

Beide Beine werden angenehm schwer.

Beide Beine werden angenehm schwer.

Und wir atmen tief ein.

(Kurze Pause)

Beide Beine strömen warm.

Beide Beine strömen angenehm warm.

Beide Beine strömen angenehm warm.

Wir lassen die Wärme fließen, von oben herunter bis an die Fußsohlen.

Wir lassen die Wärme fließen, und wir lassen sie wirken, denn es ist gut so.

(Kurze Pause)

Und wir atmen tief ein.

Wir atmen tief ein, und mit jedem Atemzug atmen wir direkt zum Sonnengeflecht in der Bauchgegend.

Wir atmen mit jedem Atemzug direkt zum Sonnengeflecht in der Bauchgegend.

Wir atmen tief ein.

Wir atmen mit jedem Atemzug direkt zum Sonnengeflecht in der Bauchgegend.

(Kurze Pause)

Wir atmen tief ein, und unser Sonnengeflecht strömt warm.

Wir atmen tief ein, und unser Sonnengeflecht strömt warm.

Wir lassen die Wärme aus unserer inneren Mitte fließen.

Wir lassen die Wärme fließen, die sich gleichmäßig im ganzen Bauch verteilt.

(Kurze Pause)

Und wir lassen mehr Wärme fließen, die vom Bauch aus gleichmäßig in alle Richtungen fließt.

Und wir atmen tief ein.

Wir lassen die Wärme fließen, unser Bauch strömt warm, die Wärme verteilt sich gleichmäßig in alle Richtungen.

Wir lassen es geschehen, denn es ist gut so.

(Kurze Pause)

Wir atmen tief ein.

Mit jedem Atemzug atmen wir die reine kosmische Kraft in den ganzen Körper.

Mit jedem Atemzug atmen wir die reine kosmische Kraft in den ganzen Körper, bis in jede Zelle unseres Körpers.

Bis in jede Zelle unseres Körpers.

Wir atmen tief ein und gestatten unserem Körper, die Kraft aufzunehmen und sie in wunderbarer Weise wirken zu lassen.

(Kurze Pause)

Wir atmen tief ein.

Und wir atmen tief ein.

Wir atmen mit jedem Atemzug die reine Harmonie in den ganzen Körper.

Wir atmen die reine Harmonie in den ganzen Körper.

Wir gestatten unserem Körper, dass er die Kraft aufnimmt und wirken lässt.

(Kurze Pause)

Gedanken kommen.

(Kurze Pause)

Gedanken gehen.

(Kurze Pause)

Wir lassen die Gedanken los und spüren nur noch unseren Atem.

(Kurze Pause)

Wir hören nur noch die Stimme, die uns in liebevoller Absicht führt.

(Kurze Pause)

Und wir sehen mit unserem inneren Auge, wie wir mit jedem Atemzug weißes Licht atmen.

Wir atmen weißes Licht in den ganzen Körper.

Wir atmen tief ein, und mit jedem Atemzug atmen wir immer mehr weißes Licht in den ganzen Körper.

(Kurze Pause)

Wir sehen mit unserem inneren Auge, wie mit jedem Atemzug immer mehr weißes Licht in unseren Körper fließt.

Und wir sehen, wie unser Körper allmählich gefüllt wird mit weißem Licht.

Und wir atmen tief ein.

(Kurze Pause)

Wir atmen tief ein, und unser ganzer Körper wird gefüllt mit weißem Licht.

Wir atmen tief ein und sehen mit unserem inneren Auge, wie mit jedem Atemzug immer mehr weißes Licht in unseren Körper fließt.

Wir gestatten unserem Körper, unsere Kraft aufzunehmen und in wunderbarer Weise wirken zu lassen.

Und wir atmen tief ein.

(Kurze Pause)

Wir schauen nach innen und sehen, wie der Körper allmählich mit weißem Licht gefüllt wird.

Und wir schauen nach innen und wir sehen, wie der Körper die Kraft aufnimmt.

(Kurze Pause)

Wir sehen, wie alle Bereiche unseres Körpers, die vom weißen Licht erreicht worden sind, in wunderbarer Weise hell aufgehen.

Wir lassen die Kraft des Lichtes wirken.

Und wir atmen tief ein.

Wir atmen immer mehr weißes Licht in unseren ganzen Körper – bis in jede Zelle.

Bis in jede Zelle unseres Körpers.

(Kurze Pause)

Wir lassen die Kraft wirken und dürfen spüren, wie alles in wunderbarer Weise gewandelt wird.

Überall, wo uns das weiße Licht erreicht, wird alles gewandelt, und es entstehen Lebensfreude und Lebenskraft. Und wir atmen tief ein.

(Kurze Pause)

Und wir atmen tief ein.

Wir schauen nach innen und sehen mit unserem inneren Auge, dass inzwischen unser ganzer Körper gefüllt ist mit weißem Licht.

Der ganze Körper ist gefüllt mit weißem Licht.

Und wir gestatten unserem Körper, dass er in vollkommene Harmonie aufgeht....

Jetzt! (intensiv)

Und wir lassen es geschehen, denn es ist gut so.

(Kurze Pause)

Wir atmen immer weiter weißes Licht in unseren Körper und dürfen spüren, wie unser Körper das weiße Licht ausstrahlt.

Wir dürfen spüren, wie unsere Aura rund um unseren Körper ganz hell wird.

In Gedanken lassen wir unsere Aura ganz hell leuchten.

Wir atmen weißes Licht in unsere Aura.

Dabei darf unsere Aura immer größer werden und kraftvoll leuchten.

Jetzt! (intensiv)

Wir lassen es geschehen, denn es ist gut so.

(Kurze Pause)

Wir lassen uns treiben im Zustand des vollkommenen Friedens.

Wir lassen uns treiben im Klang der Harmonie.

Wir lassen uns treiben im Glanz des weißen Lichts.

Wir lassen uns treiben, und wir dürfen es genießen.

Und unser Sein versinkt tiefer...

(Kurze Pause)

und tiefer...

(Kurze Pause)

und tiefer.

(Kurze Pause)

Wir bleiben im Zustand der Ruhe und des Friedens.

Wir lassen uns treiben, und unser Sein versinkt tiefer...

(Kurze Pause)

und tiefer...

(Kurze Pause)

und tiefer.

(Kurze Pause)

Wir lassen uns treiben, und wir sind vollkommen frei.

Wir sind frei von Raum und Zeit.

Wir können uns frei bewegen und bewegen uns in die Richtung, in die uns das Licht führt.

Und wir lassen es geschehen in der Stille.

(10 – 15 Minuten Pause, treiben lassen, genießen)

Wir werden diese Heilkraft immer in uns tragen.

Wir werden uns immer daran erinnern, jederzeit, im Alltag und überall.

Und wir werden uns immer daran erinnern.

Das weiß unser Körper.

Das weiß unser Geist.

Und das weiß unsere Seele.

Und wir werden diese Harmonie immer in uns tragen.

(Kurze Pause)

Und wir dürfen langsam und allmählich wieder zurückkommen.

(Kurze Pause)

Und wir dürfen allmählich wieder hier ankommen.

(Kurze Pause)

Und wenn wir angekommen sind, dürfen wir die Augen wieder öffnen.

Die oben beschriebene Übung kannst du auch online praktizieren. Auf meiner Seite *www.online-meditation.de* wirst du 28 Minuten lang durch die Übung geführt. Sie können die Seite unbegrenzt oft anklicken, das Online-Angebot ist kostenfrei.

Anmerkung für Krebspatienten

Die „Licht-Atem-Meditation" ist hervorragend geeignet zur Unterstützung für Heilungsvorgänge bei diesem Krankheitsbild. Wenn der Patient diese Übung mit eigenen Gedanken ausführt, ist das äußerst hilfreich zur Wiederfindung eigener positiver Glaubenssätze.

Dazu ein Tipp:

Die Textzeile „Wir sehen, wie alle Bereiche unseres Körpers, die vom weißen Licht erreicht wurden, in wunderbarer Weise hell aufgehen" darf gerne abgeändert werden in „warm aufgehen". Dies ist für manche Patienten hilfreich. Manche erinnern sich bedauerlicherweise bei „hell aufgehen" an das ärztliche Röntgenbild, in dem der Krankheitsbefall hell dargestellt wird – eine denkbar ungünstige Assoziation. In solchen Fällen sind Textänderungen hilfreich.

Lenke deine Gedanken in eine positive Zukunftsgeschichte, stell dir vor, wie du mit einem ganz normalen und gesunden Körper zum Tanzen gehst, auf Berge kletterst oder dich wieder neu verliebst. Gedanken wie „das kann nicht sein" haben keine Gültigkeit. In Gedanken ist alles möglich, spiele mit deinen wunderbaren Gedanken ein völlig neues Spiel ohne Begrenzungen und hab unendlichen Spaß. Beginne das Spiel mit deinen Gedanken, dein Körper wird dir folgen.

Dr. med. Andrea Hofer

Eine Portion Gesundheit bitte!

Heilung durch Gedankenkraft

248 Seiten, A5, broschiert

ISBN 978-3-941363-90-8

Welchen Einfluss haben unsere Gedanken und Handlungen auf unsere Gesundheit? Wieso gibt es Menschen, die immer krank sind, und andere, die vor Gesundheit strotzen? Durch humorvolle Darstellung von falschen Denkweisen können Sie Ihre negativen Gedankenmuster erkennen. Sie sind nicht mehr Opfer Ihrer Krankheit, sondern können durch Änderung Ihrer Gedankenstrukturen die Gesundheit zurückerhalten. Nachdem sich die Autorin selbst durch Bewusstwerdung und Änderung ihrer falschen Denkart von einer schweren Knieerkrankung geheilt hatte, konnte sie vielen Menschen in ihrer Praxis helfen, Heilung auf spirituelle Weise zu erzielen. Anhand von praktischen Beispielen wird erläutert, wie Sie sich selbst auf diese Weise heilen können.
Ein Teil der Erlöse dieses Buches kommt den Entwicklungshilfeprojekten, die die Autorin in Lima leitet, zugute.

Leila Eleisa Ayach

Die Erbauer des Goldenen Zeitalters

Entstehung neuer Strukturen

112 Seiten, A5, broschiert, vierfarbig

ISBN 978-3-941363-87-8

Die Erbauer des Goldenen Zeitalters heißen Indigo-, Kristall- und Regenbogenkinder. Doch hier sind alle angesprochen, im Besonderen die Erwachsenen, unabhängig davon, ob sie Eltern sind oder nicht.
Die Kinder, die auf die Strukturen des Goldenen Zeitalters ausgerichtet sind, tragen Wissen und Lösungen in sich und verkörpern alle Eigenschaften des göttlich erwachten Menschen auf Erden. Durch ihr Sein erinnern sie uns immer wieder an unsere ureigenen Fähigkeiten, die wir längst vergessen haben. Die Geistige Welt erinnert uns an verborgene Lösungen, die jeder von uns in sich trägt. Es geht um die Zukunft dieses Planeten und die Erschaffung von weltweitem Wohlstand und Fülle. Eine große Vision wird hier beschrieben, es ist ein Weckruf für eine ganze Generation. Wir alle tragen einen wichtigen Mosaikstein für die neu entstehenden Strukturen in uns.